AF254210

La reliure traditionnelle 1994

La reliure traditionnelle 1994

ŒUVRES

DE

DANTON

VOLUMES PARUS

OEUVRES DE ROBESPIERRE, 1 vol. gr. in-18 jésus. . . . 3 fr.

OEUVRES DE DANTON, 1 vol. gr. in-18 jésus. . . . . . 3 fr.

SOUS PRESSE

OEUVRES DES GIRONDINS (VERGNIAUD, CONDORCET, GUADET

BRISSOT, ETC.)

OEUVRES DE MIRABEAU.

OEUVRES DE CAMILLE DESMOULINS.

OEUVRES DE SAINT JUST.

POISSY, TYP. ET STÉR. DE AUG. BOURET.

ŒUVRES

DE DANTON

RECUEILLIES ET ANNOTÉES

PAR

A. VERMOREL

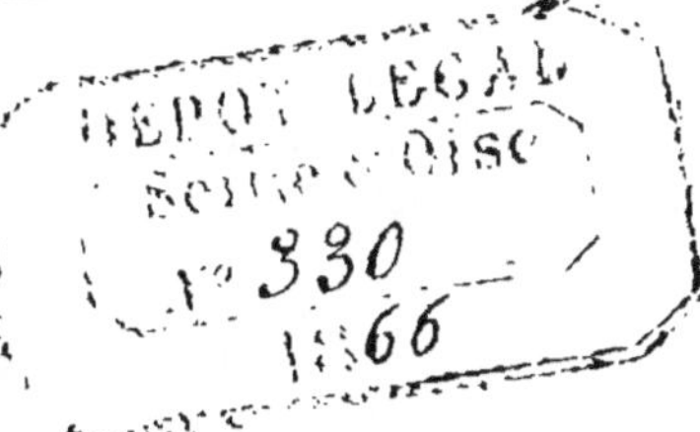

PARIS

F. COURNOL, LIBRAIRE-ÉDITEUR

20, RUE DE SEINE, 20

1866

INTRODUCTION HISTORIQUE

CONTENANT

L'INDICATION DES PRINCIPAUX DISCOURS ET DES PRINCIPALES

OPINIONS DE DANTON

Georges-Jacques Danton naquit à Arcis-sur-Aube, le 26 octobre 1759. Il était fils de Jacques Danton, procureur au bailliage d'Arcis, et de Marie-Madeleine Camut son épouse.

Nous empruntons les détails suivants sur sa famille à l'intéressant travail de M. Bougeart [1] qui les a recueillis auprès de M. Menuel-Seurat, propriétaire à Arcis sur-Aube, et de M. Danton, inspecteur général de l'Université, neveux du célèbre conventionnel :

« Jacques Danton, procureur au bailliage d'Arcis-sur-Aube, avait épousé Marie-Madeleine Camut en 1754, et mourut le 24 février 1762, âgé d'environ 40 ans, laissant sa femme enceinte et quatre enfants en bas âge. Cette circonstance de la grossesse et le nombre de quatre enfants sont

1. *Danton. Documents authentiques pour servir à l'histoire de la Révolution française*, par Alfred Bougeart. Un vol. in-8°. 1861. Paris et Bruxelles, Librairie internationale.

attestés par M. Béon, camarade d'école du conventionnel, mais ils ne sont pas confirmés par les deux fils du montagnard dans le *Mémoire inédit* qu'ils ont laissé sur leur père, Mémoire dont nous parlerons plus tard. Selon toutes les probabilités, Georges Danton avait deux sœurs et un frère. La sœur aînée fut mariée à M. Menuel, l'autre mourut religieuse à Troyes, il y a quelques années ; et le frère est sans doute le père de M. Danton, aujourd'hui inspecteur de l'Université. Nous ne savons quelles furent les suites de la grossesse de Marie-Madeleine Camut, femme de Jacques Danton.

» Marie-Madeleine Camut (les petits-fils l'appellent Jeanne-Madeleine) épousa en secondes noces, en 1770, Jean Récordain ; elle mourut à Arcis au mois d'octobre 1813.

« Georges-Jacques Danton, le conventionnel, se maria deux fois. En juin 1787, il épousa Antoinette-Gabrielle Charpentier, qui mourut le 10 février 1793. Vers le mois de juin de cette même année, il épousa en secondes noces mademoiselle Sophie Gély. Celle-ci, après la mort de Danton, se remaria avec M. Dupin, conseiller à la cour des comptes ; elle vivait encore en 1844 ; elle n'osait avouer, dit-on, son premier mariage. Tant pis pour elle.

« Danton ne laissa que deux fils issus de sa première femme ; l'aîné naquit le 18 juin 1790 ; l'autre, le 2 février 1792. Nous lisons dans la correspondance de Camille Desmoulins (tome II) : « J'ai nommé mon fils Horace-Camille Desmoulins. Il est allé aussitôt en nourrice à l'Ile-Adam (Seine-et-Oise) avec le petit Danton. » Sa seconde femme était enceinte au moment de sa mort.

« Après la catastrophe du 5 avril 1794, les pauvres orphelins, déshérités de la fortune de leur père, furent recueillis par M. François-Jérôme Charpentier, leur grand-père maternel et leur tuteur. Celui-ci mourut en 1804, son fils, François-Victor Charpentier, n'abandonna pas les deux enfants. Mais il mourut aussi en 1810, ce fut alors la bonne grand'mère, madame Récordain, qui prit avec elle ses petits-fils et les aima, comme autrefois elle avait aimé son Georges.

« Les deux fils de Danton avaient été ramenés à Arcis en 1805 par leur tuteur Victor Charpentier. Ils ne devaient plus quitter cette ville. Ils s'y sont fait estimer comme industriels ; en 1832, ils étaient à la tête d'une filature de coton qu'ils avaient fondée. L'un d'eux est mort il y a douze ans, l'autre en 1858. »

M. Bougeart dit encore :

« Dans les journaux de 1789 et 1790 on trouve quelquefois le nom de famille écrit ainsi : d'Anton, notamment dans le *Moniteur* et dans les *Révolutions de Camille Desmoulins*. Aucun autographe n'a pu nous prouver que Danton adhérât à cette prétention nobiliaire ; nous devons ajouter aussi que nous n'avons trouvé aucune réclamation de sa part. Aussi le girondin Brissot, devenu l'ennemi du montagnard, écrivait-il plus tard : « Il sera plaisant de nous voir mis en jugement par le républicain Danton qui, il n'y a pas deux ans, se faisait appeler M. d'Anton. » Le républicain ne daigna pas répondre. »

Danton n'entre dans l'histoire qu'en 1789, où on le trouve à Paris à la tête du district des Cordeliers, lequel district, dit Fréron, « était la terreur de l'aristocratie et le refuge de tous les opprimés de la capitale. »

Danton exerçait alors la profession d'avocat au Parlement et au Conseil d'État. On n'a pas de renseignement précis sur sa vie antérieure. On sait seulement qu'il avait acheté son office, de M. Huet de Paisy, le 29 mars 1787, et qu'il s'était marié, le 9 juin de la même année avec mademoiselle Charpentier, fille d'un contrôleur des fermes[1].

---

1. M. Robinet, dans son intéressant *Mémoire sur la vie de Danton* (Paris, Chamerot, éditeur, 1865, un vol. in-8°), publie le texte de

Danton prit une part active aux journées des 5 et 6 octobre. C'est Camille Desmoulins qui nous l'apprend : « Danton, de son côté, dit-il, sonne le tocsin aux Cordeliers. Le dimanche, ce district immortel affiche son manifeste et dès ce jour faisait avant-garde de l'armée parisienne, et marchait à Versailles, si M. de Crèvecœur, son commandant, n'eût ralenti cette ardeur martiale. On prend les armes, on se répand dans les rues.... » *(Révolutions de France et de Brabant.)*

La première fois que le nom de Danton apparaît au *Moni-*

l'acte de vente à Danton, par M. Huet de Paisy, de sa charge d'avocat, moyennant la somme de soixante-dix-huit mille livres. Cette pièce établit que Danton paya au contrat cinquante-six mille livres en espèces. Il ne laissait due qu'une somme de douze mille livres, et une autre quittance notariée, que publie aussi M. Robinet, nous apprend que Danton la remboursa le 3 décembre de la même année. « Avec quels deniers, dit M. Robinet, Danton avait-il pu consommer le payement de ces soixante-dix-huit mille livres? D'abord au moyen de ceux provenant de deux obligations, l'une de trente-six mille livres, à demoiselle Duhaultois, et l'autre de quinze mille livres, à sieur François-Jérôme Charpentier, contrôleur des fermes, toutes deux souscrites par Danton avec le cautionnement de ses oncles et tantes d'Arcis, qui s'étaient engagés en sa faveur, par actes notariés, jusqu'à concurrence de quatre-vingt-dix mille livres; ensuite les vingt-sept mille autres sur un patrimoine porté comme caution dans le traité d'achat, et sans doute aussi sur ses profits comme avocat au Parlement. » — M. Robinet publie toutes ces pièces. Il publie aussi le contrat de mariage de Danton avec Mlle Charpentier, duquel il résulte que la future apportait en dot vingt mille livres, dont l'obligation de quinze mille souscrite le 29 mars précédent en faveur de son père par le futur, et qui lui fut remise à la signature du contrat; le reste en espèces sonnantes. Le futur, de son côté, apportait sa charge d'avocat aux conseils, soit une valeur de soixante-dix-huit mille livres, et son patrimoine en terres, maisons, etc., montant à douze mille livres; en tout une fortune de quatre-vingt-dix mille francs.

leur, c'est le 30 novembre 1789, à propos de l'organisation des municipalités. « Les membres du district des Cordeliers, à l'instigation de leur président, y est-il dit, crurent devoir exiger de leurs députés à la Commune qu'ils jurassent et promissent de s'opposer à tout ce que les représentants de la Commune pourraient faire de préjudiciable aux droits généraux des citoyens constituants ; qu'ils jurassent de se conformer *scrupuleusement à tous les mandats* particuliers de leurs constituants, qu'ils *reconnussent qu'ils sont révocables à la volonté de leurs districts* après trois assemblées tenues consécutivement pour cet objet. »

« On sent, observe M. Bougeart, qu'il ne s'agit ici de rien moins que de la responsabilité des députés, de leur révocabilité, de la nécessité des mandats impératifs. »

Le *Moniteur* du 13 décembre 1789 publie encore l'extrait suivant des délibérations du district des Cordeliers du 7 décembre 1789 :

« L'assemblée du district des Cordeliers, vivement affectée de l'état de crise où se trouve la capitale, par la cessation presque absolue de son commerce, ce qui réduira un grand nombre d'ouvriers dans la dernière misère :..... arrête que jusqu'au mois d'avril prochain, tous les citoyens du district seront tenus de payer vingt sols par chaque mois ; il sera libre à tous les citoyens fortunés de se taxer à raison de leurs facultés...

Signé, DANTON, président. »

Le rédacteur du *Moniteur*, en rapportant cet arrêté, remarque, au sujet de Danton « que si les principes politiques de ce président se ressentent trop d'un régime *purement démocratique*, absolument inadmissible dans une grande ville comme Paris, ils ne sont sûrement point incompatibles avec l'ordre et le bonheur des citoyens pauvres. »

Lafayette, dans ses *Mémoires*, accuse Danton d'avoir été complétement et sciemment dans le parti orléaniste. L'accusation se retrouve dans les *Mémoires* de madame Roland, et elle est répétée dans plusieurs autres publications contemporaines. On l'a aussi accusé d'avoir reçu de l'argent de la Cour.

Ces accusations de vénalité sont généralement articulées à cette époque par les contemporains et ont été plus facilement encore recueillies par les historiens. Robespierre est à peu près le seul que n'ait pas atteint cette manie diffamatoire qui était dans les mœurs du temps. Nous croyons que, d'une façon générale, il ne faut accueillir les assertions de cette nature qu'avec une très-grande réserve. Pour ce qui est de Danton spécialement, M. Bougeart, M. Robinet et M. Despois (ce dernier dans un article de la *Revue de Paris* du 1er juillet 1857), ont discuté avec beaucoup de soin toutes les allégations des contemporains et nous paraissent les avoir repoussées victorieusement[1]. D'ailleurs, c'est aux

[1]. La principale accusation de vénalité formulée contre Danton se base sur une note des *Mémoires de Lafayette*, disant que Danton avait reçu cent mille francs pour le remboursement de sa charge d'avocat au Conseil, qui venait d'être supprimée. Mais la valeur réelle de la charge, selon la note, n'était que de dix mille francs : le présent du roi fut donc de quatre-vingt-dix mille francs. Les documents publiés par M. Robinet, et que nous avons analysés plus haut, établissent d'une façon irrécusable que la valeur de sa charge d'avocat était beaucoup plus rapprochée de cent mille francs que de dix mille francs. Mais, pour qu'aucun doute ne puisse rester à cet égard, M. Robinet publie encore la *Reconnaissance définitive de la liquidation* de la charge possédée par Danton et sa *Quittance à l'État*, qui constatent qu'il avait fait le dépôt de ses titres avant le 20 avril 1791 pour obtenir remboursement, et qu'aux termes du décret du 30 octobre 1790, il fut liquidé, le 8 octobre 1791, à soixante-neuf mille trente-et-une livres quatre sous, c'est-à-dire au prix même qu'il avait acheté. « De plus, observe M. Robinet, les documents en question prouvent qu'à la date du 10 octobre de cette même année, aucune

actes publics des hommes, c'est à leurs paroles publiquement exprimées qu'il faut les juger, et cette publication a précisément pour objet de réagir contre les petites discussions étroitement personnelles auxquelles ont trop sacrifié les historiens de cette époque. Il faut à l'histoire un aliment plus sérieux et plus mâle.

Jusqu'au 10 août 1792, Danton n'apparaît que de loin en loin, mais toujours pour se signaler par des actes d'une singulière énergie et d'une singulière audace.

En mars 1790, il s'oppose formellement à l'exécution du décret de prise de corps lancé contre Marat par le Châtelet. La délibération prise à cette occasion par le district des Cor-

opposition n'existait sur Danton au remboursement de sa charge, *d'où l'on peut conclure qu'il n'avait à cette époque aucune dette.* » Voici donc un point désormais élucidé, et qui explique comment, dans cette même année 1791, il put acheter à Arcis pour quatre-vingt-cinq mille francs environ de biens immeubles, et il résulte de tous les autres documents, réunis avec un soin méritoire par MM. Bougeart et Robinet (inventaire, liquidation de sa succession mobilière et immobilière, tutelle de ses fils), que Danton est mort ne possédant de fortune que ce qu'il avait apporté de biens en 1789, au moment où il entra sur la scène politique. Il résulte encore de tous ces documents que Danton n'était pas l'homme débauché, prodigue et perdu de dettes qu'on suppose généralement, mais que c'était au contraire un homme d'ordre, rangé et économe. — « Peut-on citer les maîtresses de Danton? demande M. Despois. On a beaucoup parlé de son libertinage, et cependant rien n'est mieux constaté que sa tendresse passionnée pour ses deux femmes; veuf de sa première femme, qu'il avait aimée pourtant au point de faire exhumer son cadavre sept jours après sa mort pour faire mouler sa figure et pour l'embrasser une dernière fois; la vie de famille était pour lui un besoin si impérieux, qu'on le voit se remarier presque immédiate-ment avec une jeune fille *sans fortune :* chose bizarre chez cet homme qu'on nous peint si cupide. Combien il l'a aimée, chacun le sait; c'était elle dont la pensée le poursuivait sur l'échafaud et torturait en cet instant suprême cette âme orgueilleuse et violente : « Ma deliers, mérite d'être rapportée : c'est un document intéressant pour l'histoire de la liberté individuelle :

« Le district des Cordeliers, persévérant dans les principes de son arrêté du 11 janvier, et ayant délibéré de nouveau sur la matière qui a donné lieu à cet arrêté, considérant que dans ces temps d'orage que produisent nécessairement les efforts du patriotisme luttant contre les ennemis de la Constitution naissante, il est du devoir des bons citoyens, et par conséquent de tous les districts de Paris, qui se sont déjà signalés glorieusement dans la révolution, de veiller à ce qu'aucun individu de la capitale ne soit privé de sa liberté, sans que le décret ou l'ordre en vertu duquel on voudrait se saisir de sa personne n'ait acquis un caractère extraordinaire de vérité capable d'écarter tout soupçon de vexation ou d'autorité absolue ;

» Considérant encore que, sous quelque rapport qu'on

pauvre femme !... Allons, Danton, point de faiblesse ! » Tout cela ne prouve pas une vie bien désordonnée. Quant aux *hôtels somptueux*, s'il les a rêvés, il ne les a jamais habités. Ministre un moment, après le 10 août, il se hâte, au bout de six semaines, à la première séance de la Convention, de déposer son portefeuille, acte singulier pour un homme réputé si avide ; car c'était renoncer aux avantages de toute espèce que sa position de ministre semblait lui assurer, et surtout — puisqu'on en fait un fripon — à la puissance qui facilite les gains illicites et permet de les enfouir dans l'ombre. On peut voir encore aujourd'hui le *somptueux hôtel* qu'habitait Danton en 1788, et qu'il habitait encore le jour où il fut arrêté ; c'est la première maison à gauche en entrant dans le passage du Commerce, par la rue de l'École-de-Médecine (n° 30). Chacun peut s'assurer par ses yeux de la modestie bourgeoise de cette habitation : maison triste, point de porte cochère. Ce point est important, car une habitation modeste suppose qu'on n'a ni nombreux domestiques, ni riche mobilier, ni chevaux, ni voiture, rien enfin de ces grandes dépenses, qui ne sont, en effet, possibles qu'avec un hôtel somptueux. »

envisage, soit les décrets émanés du Châtelet (qui n'a été
que provisoirement institué juge des crimes de lèse-nation),
soit tous les ordres émanés du pouvoir municipal établi provisoirement dans la ville de Paris, on ne doit qu'applaudir
aux districts qui soutiennent que ces décrets ou ordres ne
doivent pas être exécutés qu'après avoir été visés par des
commissaires honorés à cet effet du choix de la véritable
Commune, jusqu'à ce que le grand œuvre de la régénération française soit tellement accompli qu'on n'ait plus à
craindre de voir les hommes attachés aux principes de l'ancien régime, et imbus des préjugés et des fausses maximes
de la vieille magistrature à finance, tenter d'étouffer la voix
des écrivains patriotes dont le zèle, en le supposant même
exagéré, ne peut que contribuer au triomphe de la vérité
et à l'affermissement d'une Constitution qui deviendra su-
périeure à celle de quelques peuples que nous ne regardions
comme véritablement libres que parce que nous étions plon-
gés dans le plus honteux esclavage ;

» A arrêté qu'il serait nommé cinq commissaires conser-
vateurs de la liberté, au nombre desquels le président se
trouverait de droit, et que nul décret ou ordre, quelqu'en
soit la nature, tendant à priver un citoyen de sa liberté, ne
serait mis à exécution dans le territoire du district, sans
qu'il n'eût été revêtu du visa des cinq commissaires qui
seront convoqués par le président, et dont les noms seront
affichés dans le corps de garde.

» Et l'assemblée ayant procédé à l'élection desdits commissaires, son choix est tombé sur MM. Danton, Saintin
Cheftel et Lablée.

» L'assemblée a arrêté en outre que le commandant du
bataillon du district et tous les officiers du poste tiendraient
la main à l'exécution du présent arrêté, qui serait imprimé,
affiché, envoyé à tous les districts, pour les inviter à y accé-
der ; et en outre communiqué aux mandataires provisoires,
à la Ville, aux juges du Châtelet, au commandant général

de la milice parisienne, et enfin porté par deux commissaires à monsieur le président de l'Assemblée nationale.

> *Signé :* PARÉ, président,
>
> FABRE D'ÉGLANTINE, vice-président,
>
> DANTON, LABLÉE, secrétaires. »

Cette intervention sauva Marat, mais elle attira l'orage sur la tête de Danton. Un décret de prise de corps fut lancé contre lui pour des propos séditieux tenus dans l'assemblée de son district, précisément à l'occasion des recherches contre Marat : « Eh bien! s'il le faut, aurait dit Danton, nous ferons venir le faubourg Saint-Antoine. » Ce nouvel attentat à la liberté individuelle souleva tout Paris. Les journaux prirent fait et cause pour la liberté de parler persécutée en la personne de Danton : « Trois questions se présentent ici à juger, écrivait notamment Brissot, dans le *Patriote français.* Des propos peuvent-ils jamais être un délit capital ou digne d'un décret de prise de corps? Des propos tenus dans une assemblée légale peuvent-ils être la matière d'une accusation hors de cette assemblée? Et enfin, M. Danton a-t-il tenu les propos qu'on lui prête? Les deux premières questions tiennent essentiellement à la liberté de penser et de parler, et à la Constitution. Il n'en existerait bientôt plus, s'il était permis de travestir en délits capitaux des discours quels qu'ils soient, lorsqu'ils échappent dans une discussion légale [1]. »

Est-il besoin d'ajouter qu'à une époque où l'opinion était souveraine, le décret lancé contre Danton n'eut guère d'au-

---

1. On a dit — et c'est une calomnie toute gratuite dont quelques historiens se sont trop crédulement fait l'écho — que le motif réel de ce décret était les dettes du fougueux tribun du peuple. On voit que cette opinion ne peut être en aucune façon soutenable.

tre conséquence que celle d'accroître considérablement la popularité de celui qu'il prétendait frapper?

Danton, d'ailleurs, ne voulut pas paraître avoir bravé la force légale, et il prit soin de se justifier par la proclamation suivante :

« L'assemblée générale du district des Cordeliers, calomniée dans ses principes par les ennemis de la chose publique, croit se devoir à elle-même de repousser ces attaques de la manière la plus authentique. En conséquence, fidèle au serment civique, qu'elle a prêté solennellement, et qu'elle scellerait même de son sang, elle déclare que son opinion est qu'on doit regarder comme infâme et traître à la patrie, tout citoyen ou toute assemblée de citoyens qui refuse d'obéir aux décrets de l'Assemblée nationale, ou qui se permet des protestations contre un seul de ses décrets ?

» Arrête en outre, que la présente proclamation sera imprimée, affichée, et envoyée aux 59 autres districts.

DANTON, président. »

Nous empruntons à Marat, dans l'*Ami du peuple,* la petite anecdote suivante qui se rapporte à la première fédération, en juillet 1790 : « Les députés de Marseille, au pacte fédératif, désiraient voir *Charles IX* (tragédie de J. Chénier). Une députation du district des Cordeliers, dans l'arrondissement duquel se trouve le Théâtre-Français (aujourd'hui Odéon) demanda la pièce, plusieurs acteurs firent des difficultés, et finirent par déclarer qu'ils avaient ordre de ne pas la jouer. Cet ordre était émané du maire et du commandant de la milice parisienne, tous les deux bas valets de la cour. Une nouvelle députation des Cordeliers triompha de cette résistance. Cependant une faction de jeunes gens formée, dit-on, par les soins du sieur Mottié (Lafayette) auxquels il fit distribuer des billets d'entrée remplit le parterre. Au

lever de la toile commença le tumulte... Les factieux soudoyés pour faire vacarme contre les patriotes des Cordeliers.
n'attendaient qu'un prétexte. Danton, l'énergique Danton,
le leur fournit au premier acte, en se couvrant la tête.
Comme aucune loi n'interdit l'usage des chapeaux lorsque
les acteurs ne sont point en scène, Danton ne crut pas devoir obéir aux ordres impérieux des automates, qui voulaient perpétuer cet usage servile, reste de l'ancien régime.
J'ai vu pendant quelques jours une multitude de citoyens
abusés prendre parti contre Danton ; ils le blâmaient hautement d'avoir voulu jouir des droits de l'homme libre ; et
les raisons qu'ils en donnaient, c'est qu'il faut respecter les
usages, et ne pas donner l'exemple de l'insubordination.
Juste ciel ! si cette funeste maxime eût toujours été suivie,
quel peuple eût jamais rompu ses fers, et comment aurions-
nous secoué nous-mêmes le joug? Avec ce penchant funeste
qu'ont presque tous les hommes à la servitude, que devien-
draient les nations, s'il ne se trouvait au milieu d'elles
quelques hommes de tête, assez intrépides pour fouler aux
pieds les ordres des despotes, lever l'étendard de l'insurrection, attaquer les remparts de la tyrannie, et monter les
premiers à l'assaut? »

M. Bougeart cite l'arrêté que prit le bataillon du district
des Cordeliers, dont Danton venait d'être nommé commandant, à propos du massacre de Nancy, « arrêté sublime,
dit-il, comparable aux plus beaux monuments que l'antiquité nous ait transmis en ce genre : »

« Quelqu'opinion que nous ayons de la valeur de toutes
les gardes nationales qui ont eu part à la malheureuse affaire
de Nancy, nous ne pouvons manifester d'autre sentiment
que celui de la douleur. C'est la réponse du chancelier de
l'Hospital, à l'éloge qu'on lui demandait de la Saint-Bar-
thélemi : *excidat illa dies œvo.* »

En février 1791, Danton fut nommé administrateur du
départemeut de Paris. Fréron nous a conservé, dans l'*Ora-*

tcur du peuple, la lettre qu'il écrivit au corps électoral le lendemain de sa nomination ; elle est adressée à M. Cérutti, président :

« Monsieur le président,

» Je vous prie d'annoncer à l'assemblée électorale que j'accepte les fonctions auxquelles elle a cru devoir m'appeler.

» Les suffrages dont m'honorent les véritables amis de la liberté ne peuvent rien ajouter au sentiment de mes devoirs envers la patrie ; la servir est une dette qui se renouvelle chaque jour, et qui s'augmente à mesure qu'on trouve l'occasion de la mieux acquitter.

» J'ignore si je me fais illusion, mais j'ai l'assurance d'avance que je ne tromperai point l'espérance de ceux qui ne m'ont pas regardé incapable d'allier aux élans d'un patriotisme bouillant, sans lequel on ne peut pas concourir ni à la conquête ni à l'affermissement de la liberté, l'esprit de modération nécessaire pour goûter les fruits de notre heureuse révolution.

» Jaloux d'avoir toujours pour ennemis les derniers partisans du despotisme abattu, je n'aspire point à réduire au silence la calomnie ; je n'ai d'autre ambition que de pouvoir ajouter à l'estime des citoyens qui m'ont rendu justice, celle des hommes bien intentionnés que de fausses préventions ne peuvent pas induire pour toujours en erreur.

» Mais quels que doivent être le flux et le reflux de l'opinion sur ma vie publique, comme je suis convaincu qu'il importe à l'intérêt général que la surveillance des fonctionnaires du peuple soit sans bornes, et son exercice sans danger, même pour ceux qui se permettraient des inculpations aussi fausses que graves, ferme dans mes principes et dans ma conduite, je prends l'engagement de n'opposer à mes détracteurs que mes actions elles-mêmes, et

de ne me venger qu'en signalant de plus en plus mon attachement à la nation, à la loi et au roi, et mon dévouement
éternel au maintien de la Constitution [1].

Signé : DANTON.

« C'est à peu près à cette époque, dit M. Bougeart, que
nous apercevons pour la première fois Danton aux Jacobins. »
Le 19 juin, il combattit très-vivement à cette tribune la
proposition émise par Sieyès, de constituer deux chambres
dans la législature : « Le prêtre Sieyès, dit-il, qui a défendu
la dîme, le prêtre Sieyès qui ne voulait pas que les biens
du clergé fussent déclarés nationaux ; le prêtre Sieyès qui a
fait un projet de loi pour modérer la liberté de la presse...
Et c'est ce même homme tant prôné qui, déserteur de cette
société, est l'auteur de ce projet dans un temps de régénération où tout homme qui cherche à morceler un établissement utile à la liberté est un traître. Ils espèrent rester
nobles en dépit de l'horreur que la noblesse inspire à toute
la France. Ils veulent les deux chambres. Mais non. Il y
aura toujours unité de lieu, de temps et d'action et la pièce
restera. Mais quoique votre ennemi soit plus qu'à demi
battu puisque sa trame est découverte, ne vous endormez
pas dans une fausse sécurité. Songez que vous avez à faire
au prêtre Sieyès. »

[1]. « Nous prions le lecteur, observe M. Bougeart, en rapportant cette
lettre de ne pas oublier cet engagement ; c'est pour n'avoir jamais voulu
entretenir le public de détails qui lui fussent personnels, c'est pour
n'avoir jamais voulu répondre par des incriminations aux calomnies,
que Danton a laissé tout dire sur son compte sans daigner rien relever,
et ses ennemis ont profité d'autant plus ardemment de cet avantage
qu'ils savaient le pouvoir faire impunément. On comprendra dès
lors aussi que nous n'ayons cherché à réfuter ces calomnies qu'en y
opposant les actes de patriotisme de Danton ; il semblait lui-même
nous en avoir intimé l'ordre. »

A quelques jours de là, à la même tribune, il fit une sortie plus vive encore contre Lafayette qu'il accusait d'avoir favorisé la fuite du roi à Varennes, dans la nuit du 21 juin. A la nouvelle annoncée par le président, que le maire, le commandant général et les ministres allaient venir : « M. le président, s'était-il écrié, si les traîtres se présentent, je demande à parler. Je consens qu'on dresse deux échafauds ; je consens de périr sur l'un, si je ne lui prouve en face que leur tête doit rouler aux pieds de la nation, contre laquelle elle n'a cessé de conspirer. » L'arrivée de Lafayette lui donna la parole. Voici comment il termine ses interpellations véhémentes : « Vous aviez répondu de la personne du roi sur votre tête. Croyez-vous que vous présenter ici, ce soit avoir payé cette dette? Quel moment attendez-vous pour vous réconcilier? Celui où le peuple a acquis le droit de vous exterminer. Et vous venez vous réfugier ici, dans cet asile que tous vos amis, tous vos journalistes, tous vos confidents, vos flagorneurs n'ont cessé de représenter comme le repaire de factieux, de calomniateurs, de brigands, de régicides. Ces factieux, ces assassins seront plus généreux. Ils vous donnent un asile, mais répondez ! Vous avez juré que le roi ne partirait pas, vous vous êtes fait sa caution. De deux choses l'une : ou vous êtes un traître qui avez livré votre patrie, ou vous êtes stupide d'avoir répondu d'une personne dont vous ne pouviez pas répondre. Dans le cas le plus favorable, vous êtes déclaré incapable de nous commander. Je descends de la tribune, j'en ai dit assez pour montrer que, si je méprise les traîtres, je ne crains pas les assassins [1]. »

1. C'est Camille Desmoulins qui, dans ses *Révolutions de France et de Brabant*, nous a conservé le texte de ce discours. — Quelques semaines auparavant, le 18 avril, le roi avait été empêché par le peuple d'aller à Saint-Cloud. C'était Danton qui avait donné l'alarme, et il avait eu déjà à cette occasion une prise violente avec Lafayette,

On vient d'apprendre que le roi a été arrêté dans sa fuite. Plusieurs questions s'agitent à ce propos ; quelques-uns prétendent que par le fait Louis XVI a abdiqué la royauté. Un membre de la société prétend le contraire. Danton prend la parole : — « L'individu déclaré roi des Français après avoir juré de maintenir la Constitution s'est enfui, et j'entends dire qu'il n'est pas déchu de sa couronne. Mais cet individu, déclaré roi des Français, a signé un écrit par lequel il déclare qu'il va chercher les moyens de détruire la Constitution. L'Assemblée nationale doit déployer toute la force publique pour pourvoir à sa sûreté. Il faut ensuite qu'elle présente son écrit ; s'il l'avoue, certes, il est criminel à moins qu'on ne le répute imbécile. Ce serait un spectacle horrible à présenter à l'univers, si ayant la faculté de trouver ou un roi criminel, ou un roi imbécile, nous ne choisissions pas ce dernier parti. L'individu royal ne peut plus être roi, dès qu'il est imbécile, et ce n'est pas

C'est encore Camille Desmoulins qui rapporte les détails suivants : « On sait que le roi se disposait à se retirer pour quelques jours à Saint-Cloud ; mais la foule s'effraie de ces préparatifs de départ et le retient aux Tuileries. — « Lafayette court au Directoire, le département s'assemble. Il demande à mains jointes la loi martiale. Garnier et ses pareils la lui accordent. Mais Danton y était. Et Lafayette et Bailly qui la sollicitaient, et Garnier qui l'accordait, sont terrassés par son éloquence victorieuse, par l'empire de la raison et plus encore par l'empire des circonstances, et il fait rejeter le réquisitoire de la loi martiale ; Lafayette offre sa démission : « Il n'y a qu'un lâche, dit Danton, qui puisse déserter son poste dans le péril ; au surplus, ce n'est pas le département qui vous a nommé, allez porter votre démission aux quarante-huit sections qui vous ont fait général. » Le même jour, le département de Paris présenta au roi une adresse, la première peut-être qui ait été écrite dans le style d'un peuple libre, aussi avait-elle été rédigée par Danton et Kersaint ; il lui dit : « Sire, cachant sous un saint voile leur orgueil humilié, les prêtres versent sur la religion des larmes hypocrites... On voit avec peine que vous favorisez les réfractaires, que vous n'êtes servi presque que par des un régent qu'il faut, c'est un conseil à l'interdiction, ce conseil ne peut être pris dans le corps législatif. Il faut que les départements s'assemblent, que chacun d'eux nomme un électeur qui nomme ensuite les dix ou douze membres qui devront composer ce conseil et qui seront changés comme les membres de la législature, tous les deux ans. »

Le 15 juillet, M. La Clos venait de demander aux Jacobins qu'on fît une pétition signée par tous les citoyens sans distinction, pour décider sur le sort de la royauté : M. Biauzat fit remarquer que la motion du préopinant tombait d'elle-même, puisqu'à l'Assemblée nationale Robespierre avait fait remarquer que puisqu'il existait un décret national qui déclarait le roi inviolable, Louis XVI ne pouvait pas être mis en cause. — « Et moi aussi j'aime la paix, intervient Danton ; mais non la paix de l'esclavage. Je suis bien éloigné d'inculper les intentions du préopinant, mais

ennemis de la Constitution. Sire, les circonstances sont fortes. Une fausse politique doit répugner à votre caractère, et ne serait bonne à rien. Éloignez de vous les ennemis de la Constitution. Annoncez aux nations étrangères qu'il s'est fait une glorieuse Constitution en France, que vous êtes maintenant le roi d'un peuple libre, et chargez de cette instruction d'un nouveau genre des ministres qui ne soient pas indignes d'une si auguste fonction. Le conseil que vous offre le département de Paris vous serait donné par les quatre-vingt-trois départements du royaume, si tous étaient à portée de se faire entendre aussi promptement que nous. » C'est parler en romain, en héros, en grand homme. Courage, cher Danton, combien doivent se féliciter aujourd'hui les écrivains patriotes qui ont lutté d'obstination à te louer, avec la calomnie acharnée à te décrier, et t'ont désigné constamment aux suffrages du peuple. Par le parallèle de ton éloquence tribunitienne, de ton incorruptibilité, de ton mâle courage, avec les phrases académiques et lacrymatoires du courtisan Bailly, et son télescope qui nous eût fait tomber dans le puits avec l'astronome en écharpe : continue à couvrir de honte tous les citoyens, qui lui ont porté des suffrages dus à ton patriotisme. »

il doit penser, ce me semble, qu'il est impossible d'allier
l'amour de la paix avec la faculté d'émettre son opinion.
Qu'est-ce que le droit de pétition, sinon le droit d'exprimer
sa pensée. Que devons-nous aux décrets? l'obéissance et le
respect; mais rien ne peut ôter le droit de montrer dans
des pétitions les sentiments qu'on a pour tel ou tel décret.
Je passe au fait que nous assure M. Biauzat, que l'Assemblée nationale a déclaré le roi inviolable. Mais elle l'a fait
en des termes obscurs et entortillés qui décèlent toujours la
turpitude de ceux qui s'en servent. Or, si l'intention est
manifeste et la lettre obscure, n'est-ce pas le cas de refaire
une pétition. Car je déclare que si l'intention est manifeste
pour nous qui avons vu les manœuvres, elle ne l'est pas
également pour les citoyens des départements qui n'ont
pas vu les jeux des ressorts. Si nous avons de l'énergie,
montrons-là. Les aristocrates de l'Assemblée nationale, ont déclaré positivement qu'ils ne voulaient pas de la Constitution,
puisqu'ils ont protesté contre elle. L'Assemblée nationale, il
est vrai, a conspué cet acte ridicule, mais elle n'a pas sévi
contre ses auteurs, elle ne les a pas trouvés coupables pour
avoir exprimé leur pensée, elle ne les a pas expulsés de
son sein. Pourquoi serait-on tenté de nous trouver coupables pour oser exprimer notre sentiment d'une manière
franche et énergique. Que ceux qui ne se sentent pas le
courage de lever le front de l'homme libre, se dispensent
de signer notre pétition. N'avons-nous pas besoin d'un
scrutin épuratoire? Eh bien, le voilà tout trouvé. (On applaudit.) »

A la suite du massacre du Champ-de-Mars qui fut la conséquence de cette pétition, Danton, fortement compromis,
se réfugia, pour laisser passer l'orage, à Arcis-sur-Aube.

Le Journal des débats des Jacobins nous apprend qu'il fit
sa rentrée à la société le 12 septembre : « M. Danton est
entré dans la salle et a été fort applaudi. »

On s'occupait des élections pour l'Assemblée législative ;

Danton ne fut point élu, mais il fut en butte à de nouvelles persécutions, et on tenta de l'arrêter dans l'Assemblée électorale. Mais l'huissier chargé d'exécuter le décret de prise de corps fut lui-même mis en état d'arrestation par l'Assemblée électorale, qui se considéra comme outragée par cette violation de la liberté du corps électoral. Après avoir interrogé l'huissier, l'Assemblée arrêta qu'il serait écrit sur-le-champ au ministre de la justice pour l'instruire de ce qui venait de se passer et qu'il serait rédigé une adresse à l'Assemblée nationale pour lui demander réparation de ce crime de lèse-souveraineté : ce qui fut fait à l'instant. L'huissier, qui s'appelait Damiens, déféra de son côté son arrestation illégale à l'Assemblée constituante, et malgré les observations de Robespierre, l'Assemblée, dans sa séance du 17 septembre, improuva par décret la conduite tenue par les électeurs du département de Paris à l'égard de l'huissier Damiens, et renvoya ledit huissier à se pourvoir devant les juges compétents. L'affaire en resta là; l'huissier ne jugea pas à propos de poursuivre, et on n'essaya plus de mettre à exécution le décret de prise de corps contre Danton.

Au mois de novembre, on renouvela la municipalité de Paris. Danton fut nommé second substitut adjoint du procureur de la commune; il prononça à l'occasion de son installation un remarquable discours qu'on trouvera plus loin.

ANNÉE 1792.

Danton prend une part plus active et plus remarquée aux discussions des Jacobins.

Dans la célèbre discussion sur la guerre, il prend un moyen terme entre l'opinion de Brissot et celle de Robespierre. Il veut bien la guerre, mais il veut qu'on surveille bien les agents du pouvoir exécutif pour n'être pas leur dupe, car il y a tout à craindre de leur part : « Si la question était de savoir si, en définitif, nous aurons la guerre, je dirais : oui, les clairons de la guerre sonneront ; oui, l'ange exterminateur de la liberté fera tomber ces satellites du despotisme. Ce n'est point contre l'énergie que je viens parler. Mais, messieurs, quand devons-nous avoir la guerre ? N'est-ce pas après avoir bien jugé notre situation, après avoir tout pesé ; n'est-ce pas surtout après avoir bien scruté les intentions du pouvoir exécutif qui vient nous proposer la guerre. Nous avons à nous prémunir contre cette faction d'hommes qui veulent mettre à profit une guerre générale, qui voudraient, comme je l'ai dit, nous donner la Constitution anglaise dans l'espérance de nous donner bientôt celle de Constantinople. Je veux que nous ayons la guerre, elle est indispensable; nous devons avoir la guerre ; mais il faut avant tout épuiser les moyens qui peuvent nous l'épargner. »

On demandait une garde pour l'Assemblée : — « Je suis surpris que cette société s'égare au point de désirer une garde particulière pour l'Assemblée nationale, il viendra un temps où les baïonnettes n'éblouiront point les yeux des citoyens ; car, messieurs, en parcourant l'Angleterre, on ne voit des baïonnettes que dans les lieux qu'habite le pouvoir exécutif de ce pays. Voilà ce que peut la liberté, c'est que tout citoyen puisse commander sans armes au nom de la loi, voilà le terme de la liberté. L'Assemblée nationale ne peut pas avoir une garde particulière, il ne doit entrer dans l'Assemblée nationale aucun corps armé, excepté dans des circonstances de nécessité. »

Une députation de la section des feuillants vient déposer une somme de 1415 livres, produit de la quête faite dans la section des Tuileries, pour les malheureux soldats de Château-Vieux : la famille royale a contribué pour 110 livres. Le président remercie la députation. Danton demande la parole pour faire quelques observations qui importent à la justice et à l'honneur de la société : — « Les dons des citoyens sont les dons de la fraternité. Mais est-ce par une aumône que le pouvoir exécutif croit pouvoir récompenser des hommes exposés par lui aux baïonnettes du traître Bouillé. De quel front la famille royale ose-t-elle faire une telle aumône ? Comment oseriez-vous ratifier cette insolence? (*Murmures généraux, quelques applaudissements.*) Quoi, messieurs, la nation entière avait proclamé l'innocence des soldats de Château-Vieux, la nation entière réclame justice; il a fallu conquérir ce décret dans l'Assemblée et sur le pouvoir exécutif, et il a fallu le réclamer longtemps, et nous applaudirions à une aumône de 110 livres! » Danton demande que l'on rejette cette somme, afin de manifester que c'était autrement qu'il fallait satisfaire les soldats de Château-Vieux. Mais sa proposition est assez mal accueillie, et, sur les observations de Robespierre, la société passe à l'ordre du jour.

À propos de cette même affaire, Danton donnait au peuple de Paris un sage conseil. — « M. Danton annonce que le département, après avoir tenu une séance de huit heures et avoir pris plusieurs arrêtés contradictoires relativement à la fête des soldats de Château-Vieux, avait décidé de se concerter avec la municipalité; il engage les citoyens, dans le cas où le département s'oublierait au point de porter une telle atteinte à la liberté, de n'opposer à cette résolution que l'immuabilité du mépris et la tranquillité qui caractérise les hommes libres. » (*Journal des débats de la société des amis de la Constitution.*)

Le 3 juin, Louis XVI renvoie ses trois ministres Servan, Roland et Clavières, suspects de républicanisme. Une violente discussion s'élève à ce sujet aux Jacobins; Danton, quoiqu'elle durât déjà depuis deux jours, monte à la tribune :
— « Je propose que la discussion soit continuée demain à 9 heures. Je prends l'engagement de porter la terreur dans une cour perverse. Le pouvoir exécutif n'a déployé son audace que parce qu'on a été trop faible. »

Voici comment le lendemain Danton tint son engagement : — « Après avoir rapporté la loi rendue à Rome après l'expulsion des Tarquins, par Valerius Publicola, loi qui permettait à tout citoyen de tuer, sans aucune forme judiciaire, tout homme convaincu d'avoir manifesté une opinion contraire à la loi de l'État, avec l'obligation de prouver ensuite le délit de la personne qu'il avait tuée ainsi, M. Danton propose deux mesures pour remédier aux dangers auxquels la chose publique est exposée : — La première est d'asseoir l'impôt d'une manière plus équitable qu'il ne l'est, c'est-à-dire en rejetant sur la classe riche la plus grande partie des contributions supportées par la classe des citoyens moins aisés, de sorte que celle-ci ne payât qu'une excessivement petite portion. — La seconde est que l'Assemblée nationale porte une loi fondée sur le bien de l'État, continuellement opposé à l'intérêt de la maison d'Autriche qui toujours a fait le malheur de la France, loi qui forçât le roi à répudier sa femme et à la renvoyer à Vienne avec tous les égards, les ménagements et la sûreté qui lui sont dus. » (*Journal des débats de la société, n° 214.*)

Un membre dénonce la lettre adressée à l'Assemblée nationale par Lafayette, dans laquelle il donne des conseils qui ressemblent à des lois, et injurie l'Assemblée en parlant de la manière la plus indécente des trois ministres qu'elle a cru devoir honorer en déclarant qu'ils emportent les regrets de la nation. « C'est un beau jour, s'écrie Danton, que celui où Lafayette est venu se dévoiler à la France entière. Lafayette réduit à un visage ne peut plus être aussi dangereux. *(Applaudissements.)* »

Le 30 juillet, Danton faisait prendre par les Cordeliers l'arrêté suivant : — « La section du Théâtre-Français déclare que, la patrie étant en danger, tous les hommes français sont de fait appelés à la défendre ; qu'il n'existe plus ce que les aristocrates appelaient des citoyens passifs, que ceux qui portaient cette injuste dénomination sont appelés tant dans le service de la garde nationale que dans les sections et dans les assemblées primaires pour y délibérer.

Signé : DANTON, président. »

Danton fut un des principaux instigateurs du mouvement du 10 août. Nommé ministre de la justice par l'insurrection victorieuse, voici en quels termes il prête, à la tribune de l'Assemblée législative, le serment d'usage : « Citoyens, la nation française, lasse du despotisme, avait fait une révolution ; mais trop généreuse elle a transigé avec les tyrans. L'expérience lui a prouvé qu'il n'est aucun retour à espérer des anciens oppresseurs du peuple. Elle va rentrer dans ses droits... Mais dans tous les temps, et surtout dans les débats particuliers, là où commence l'action de la justice, là doivent cesser les vengeances populaires. Je prends devant l'Assemblée nationale l'engagement de protéger les hommes qui sont dans son enceinte : je marcherai à leur tête, et je réponds d'eux. *(On applaudit.)* »

On lit dans le compte-rendu de la séance du 20 août, au *Moniteur :* — « Le ministre de la justice annonce que depuis le 10 il a expédié cent quatre-vingt-trois décrets ; que les retards d'un jour ou de deux que peuvent éprouver ceux qui sont les plus volumineux, ne proviennent que des lenteurs inévitables du tirage. »

Le 28 août Danton vient proposer à l'Assemblée les mesures que requiert le salut de la patrie en danger [1] ; le 1er septembre il lui soumet le complément de ces mesures

---

1. « Le 28 août 1792, dit Barère dans ses *Mémoires,* Danton, ministre de la justice, voulant s'assurer des individus qu'il regardait comme suspects d'attachement au roi déchu et prisonnier, vint demander à l'Assemblée législative l'*Autorisation de faire des visites domiciliaires.* On était alors en pleine révolution, la Convention n'existait pas ; cependant les ministres, au milieu des circonstances les plus dangereuses, se croyaient obligés de demander l'intervention

et il termine par ces paroles célèbres : « Pour vaincre les ennemis de la patrie, il nous faut de l'audace, encore de l'audace, toujours de l'audace, et la France est sauvée. »

Pendant que Danton parlait ainsi à la tribune de l'Assemblée législative, les massacres commençaient dans les prisons. Faut-il imputer à Danton la responsabilité de ces sanglantes exécutions? Il est, aux époques de révolutions, des actes de violence populaire qui éclatent comme la foudre : ceux à qui semble devoir en revenir la responsabilité légale n'ont pu ni les prévenir, ni les empêcher, et ils ne peuvent ensuite ni les désavouer, ni les sanctionner. De cette nature sont les massacres de septembre, et si on ne peut en justifier absolument Danton, on ne pourrait non plus sans injustice les lui imputer [1].

du législateur pour pénétrer dans le domicile des citoyens. La liberté civile était respectée par le pouvoir au point qu'il ne se croyait pas en droit d'y porter momentanément atteinte autrement que par une loi qui servit du moins d'avertissement aux citoyens. »

1. On peut lire dans le *Mémoire* de M. Robinet une intéressante *Réponse aux imputations relatives aux massacres de septembre*. « Bien qu'il n'ait pris aucune mesure collective directe contre les massacres, dit M. Robinet, rien n'indique qu'il les ait approuvés ou excités, ni qu'il aurait pu les éviter ; rien ne prouve surtout que Danton y ait opiné dans un sens fâcheux. » Comme indice de la situation et aussi des sentiments de Danton, on peut citer sa lettre à Réal, accusateur public près le tribunal extraordinaire, institué à Paris le 17 août 1792 pour juger des actes de contre-révolution relatifs à la journée du 10, en date du 17 septembre, dans laquelle on remarque cette phrase : « J'ai lieu de croire que ce peuple outragé, dont l'indignation est soutenue contre ceux qui ont attenté à la liberté, et qui annonce un caractère digne enfin d'une éternelle liberté, *ne sera pas réduit à se faire justice lui-même*, mais l'obtiendra de ses représentants et de ses magistrats. » — On a produit des faits particuliers, et la plupart des écrivains ont rapporté, d'après les *Mémoires* de Mme Roland et de Bertrand de Molleville, que la circulaire adressée le 3 septembre par le Comité de surveillance de la commune de Paris aux départements,

CONVENTION NATIONALE

Le 8 septembre Danton fut nommé par les électeurs de
Paris, représentant à la Convention nationale. Il n'hésita
pas à résigner ses fonctions de ministre de la justice pour
prendre possession de celles de mandataire du peuple. Le
discours qu'il prononça à cette occasion dans la première
séance de la nouvelle Assemblée, le 21 septembre, est une
remarquable déclaration de ses principes révolutionnaires.
Il repousse toute idée de dictature, déclare l'inviolabilité
des propriétés et semble considérer la terreur comme le co-
rollaire de la justice.

pour leur annoncer les massacres qui avaient eu lieu dans la capitale
et les engager à les reproduire, avait été expédiée des bureaux et sous
le contre-seing du ministre de la justice, et l'on a cru tenir dans ce
fait la preuve certaine de sa complicité. M. Bougeart a entre les mains
cette pièce ; il l'a textuellement reproduite, et il a prouvé que non-
seulement il n'y était aucunement question de Danton, mais que ni
son contre-seing ni sa griffe n'y étaient apposés. M. Bougeart observe
que si la signature de Danton ne se trouve pas au bas de cette pièce,
celle de Marat s'y trouve : « Croyez bien, ajoute-t-il, que Danton
n'était pas homme à demi-mesures. Le contre-seing n'existe pas au
bas de la circulaire, on peut donc affirmer qu'il n'y a pas adhéré.
Croyez bien que si Marat eût eu la puissance de faire adhérer Danton
à la libre circulation d'une brochure aussi compromettante à l'aide
du couvert ministériel, il eût eu celle aussi de la lui faire signer ;
que si Danton lui avait refusé la moitié de sa demande, Marat n'aurait pas manqué de le lui reprocher dans la suite, comme une
lâcheté, comme un acte contre-révolutionnaire ; que si Marat avait
obtenu une demi-adhésion, il s'en fût appuyé plus tard pour donner
plus d'autorité à la mesure qu'on lui reprochait tant. Qui connaît le
caractère de Marat sait qu'il n'a jamais caché aucun de ses actes,
nié aucune de ses paroles tant il se croyait fort de sa conscience, de
la droiture de ses intentions. Or, il n'aurait pas manqué l'occasion
de parler de cette tentative auprès du ministre, il en aurait reparlé

Séance du 22 septembre. — Une députation du peuple d'Orléans vient annoncer à la Convention qu'elle a suspendu ses officiers municipaux dévoués à la cour : ceux-ci résistent ; en conséquence, les délégués demandent à l'Assemblée un décret qui confirme la résolution de la ville. Danton monte à la tribune : — « Vous venez d'entendre les réclamations de toute une commune contre ses oppresseurs. Il ne s'agit point de traiter cette affaire par des renvois à des comités ; il faut par une décision prompte épargner le sang du peuple, *il faut faire justice au peuple pour qu'il ne se la fasse pas lui-même.* Vous ne devez pas hésiter à frapper du glaive des lois des magistrats qui, dans une

vingt fois, comme il lui arrive pour des circonstances moins graves. Or, je défie qu'on nous cite la dénonciation du fait dans un seul de ses numéros. Ajoutez qu'il n'avait pas intérêt plus tard à rien dissimuler de cette affaire, puisqu'il s'offre, si l'on veut, à en prendre seul la responsabilité ; il ne pouvait pas avoir de faiblesse pour Danton, puisque bientôt nous allons voir Danton rejeter dédaigneusement toute solidarité avec l'individu Marat. » Reste cette parole, prêtée à Danton, par laquelle il aurait complimenté les gardes nationaux parisiens (et non les massacreurs !) à leur retour d'Orléans : « Celui qui vous remercie, ce n'est pas le Ministre de la justice, c'est le Ministre de la Révolution. » La plupart des historiens modernes affirment le fait, mais les contemporains n'en parlent pas ; cette approbation n'est mentionnée ni par Mme Roland, ni par Peltier, ni par Prudhomme dans l'*Histoire impartiale des crimes de la Révolution,* ni par les *deux amis de la liberté,* si acharnés contre Danton. On peut donc croire que le mot a été inventé après coup. « D'ailleurs, observe M. Bougeart, ces paroles ont-elles la portée qu'on leur prête ? Pour qui sait comprendre, c'était répondre : Bonne ou mauvaise, votre œuvre est achevée, c'est à la justice à reprendre son cours. » — Il faut rappeler enfin ses démarches couronnées de succès pour sauver Adrien Duport, ancien membre de l'assemblée constituante, et qui sont, comme l'observe M. Bougeart, « la protestation la plus formelle contre la fameuse adresse du comité de surveillance aux départements. »

crise telle que celle dont il s'agit, ne savent pas faire à la tranquillité publique le sacrifice de leurs intérêts particuliers. Dans de pareilles circonstances l'homme bien intentionné cède à la volonté fortement prononcée de tout un peuple, et on ne le voit pas, pour le plaisir de conserver une place, chercher à opposer les citoyens aux citoyens, et jeter dans une cité des germes de guerre civile. Je demande qu'à l'instant, trois membres de la Convention soient chargés d'aller à Orléans pour vérifier les faits ; et s'il est constaté que les municipaux d'Orléans ont fait ce qu'a voulu faire à Paris, dans la journée du 20 juin, un département contre-révolutionnaire, il faut que leur tête tombe sous le glaive des lois. Que la loi soit terrible, et tout rentrera dans l'ordre. Prouvez que vous voulez le règne des lois, mais prouvez aussi que vous voulez le salut du peuple, et surtout épargnez le sang des Français[1]. (*On applaudit.*) »

Dans la même séance, à propos des réformes à introduire dans l'ordre judiciaire, Danton demande que le peuple puisse choisir les juges parmi tous les citoyens, la Conven-

---

1. Le lendemain, des députés extraordinaires du conseil général du Loiret justifient les autorités constituées des mesures qu'elles ont prises. Danton répond de sa place : « Je demande l'impression de ce long plaidoyer pour le *drapeau rouge* : on examinera ensuite cette question. » — « L'impression était, en effet, observe M. Bougeart, le seul châtiment que méritassent ces conseillers, car c'était les mettre au ban de la France républicaine. » M. Bougeart ajoute : « La mesure que Danton propose contre les municipaux d'Orléans est terrible ; mais qu'on n'oublie pas que, dans le moment même qu'il faisait cette proposition, on répandait à profusion la fameuse circulaire de la Commune, qui provoquait le peuple des provinces à imiter les Parisiens ; or, le seul moyen de prévenir de si grands malheurs était de se montrer inflexible. Il ne fallait pas laisser aux massacreurs le moindre prétexte, dans un moment où on n'aurait pu ni les arrêter ni les punir, n'ayant pas sévi contre ceux de Paris. »

tion lui donne raison et déclare que les juges pourront être indistinctement choisis parmi tous les citoyens.

Séance du 23 septembre. — Il appuie la destitution du général Montesquiou, accusé de complicité avec Lafayette : « Il faut nous montrer terribles; c'est du caractère qu'il faut pour soutenir la liberté. *(On applaudit.)* »

Séance du 24 septembre. — La Convention n'avait pas encore prononcé sur la démission de Danton; un membre prétend, en conséquence, qu'en vertu de la loi des incompatibilités, il n'a pas le droit de voter dans l'Assemblée : — « L'opinion du préopinant me force à réclamer un des plus beaux titres dont puisse jouir un citoyen, celui de mandataire du peuple à la Convention nationale. » Il soutient que s'il est toujours ministre de la justice jusqu'à ce qu'il ait un successeur, il a aussi le droit de voter à la Convention.

Séance du 25 septembre. — Lasource attaque la députation de Paris : il dénonce l'existence d'un parti « qui veut dépopulariser la Convention, qui veut la dominer et la perdre, qui veut régner sous un autre nom, en réunissant tout le pouvoir national entre les mains de quelques individus », et il fait allusion à un triumvirat qui serait composé de Marat, Robespierre et Danton [1]. — Danton répond à ces accusations, demandant qu'on prononce la peine de mort

1. Marat disculpa en ces termes Danton, ainsi que Robespierre d'aspirer à la tyrannie : « Je dois à la justice de déclarer que mes collègues, nommément Robespierre, Danton, ainsi que tous les autres, ont constamment improuvé l'idée, soit d'un tribunal, soit d'une dictature. Si quelqu'un est coupable d'avoir jeté dans le public ces idées, c'est moi. J'appelle sur ma tête la vengeance de la nation; mais avant de faire tomber l'opprobre ou le glaive, daignez m'entendre. »

contre quiconque se déclarerait en faveur de la dictature et du triumvirat, et aussi contre quiconque voudrait détruire l'unité en France.

Séance du 27 septembre. — Cambon propose une réduction sur le traitement des prêtres. — DANTON : « Par motion d'ordre, je demande que, pour ne pas vous jeter dans une discussion immense, vous distinguiez le clergé en général des prêtres qui n'ont pas voulu être citoyens : Occupez-vous à réduire le traitement de ces traîtres qui s'engraissèrent des sueurs du peuple, et renvoyez la grande question à un autre moment. »

Séance du 28 septembre. — Bancal avait demandé, à propos de la Savoie, qu'il fût décrété qu'elle ne serait point un 84e département de la République, mais qu'il lui serait libre de se donner un gouvernement particulier. Lasource propose de renvoyer la question à l'examen du comité diplomatique. — « J'appuie la proposition du renvoi au comité, dit Danton, avec d'autant plus de raison que le principe qu'on vient d'énoncer paraîtra peut-être susceptible de quelques restrictions. En même temps que nous devons donner aux peuples voisins la liberté, vous devez leur dire : vous n'aurez plus de roi ; car tant que vous serez entourés de tyrans, leur coalition pourra mettre votre liberté en danger. En nous députant ici, la nation française a créé un grand comité d'insurrection générale des peuples; remplissons notre mission, mûrissons nos principes et ne précipitons pas nos décisions. »

Séance du 29 septembre. — Un député avait demandé que Roland, ministre de l'intérieur, et Servan, ministre de la guerre, fussent invités, au nom de la patrie, à continuer au moins provisoirement leurs fonctions. Philippeaux émet le vœu qu'on étende l'invitation au ministre de la justice,

Danton : « Je déclare, dit Danton, que je me refuse à cette invitation, parce que je crois qu'elle n'est pas de la dignité de la Convention ; parce que s'il était une manière de retenir Roland au ministère, c'était de prononcer sur l'invalibilité de son élection, parce que je déclare que la santé de Servan s'oppose à ce qu'il défère à l'invitation. »

Séance du 4 octobre. — Une lettre de Custine annonçait la prise de Spire sur les Autrichiens. L'Assemblée éclate en applaudissements enthousiastes. Danton demande qu'il soit déclaré que la patrie n'est plus en danger. Quelques murmures s'élèvent. Il continue : « Je prévois toutes les objections qu'on pourra me faire ; mais je déclare d'avance qu'elles sont indignes des Français républicains. Lorsque vous avez déclaré la patrie en danger, vous connaissiez le principe de ce danger ; c'était la royauté que vous avez abolie. Certes, il n'est aujourd'hui aucun de nous qui ne soit convaincu que, loin d'avoir à craindre pour notre liberté, nous pouvons la porter chez tous les peuples qui nous entourent. Lille, il est vrai, est assiégé, mais il y a plus de 9,000 hommes effectifs qui le défendent ; et si cette garnison n'avait pas été commandée par un chef plus que suspect et que le pouvoir exécutif vient de destituer, déjà cette ville aurait, par des sorties vigoureuses, fait repentir l'ennemi de son audace. Je vois d'un autre côté non-seulement les Prussiens repoussés-et tombant, soit sous le fer de la liberté, soit sous le poids des maladies, mais le général Custine prenant Spire, et, par une combinaison savante, pouvant se réunir au général Biron pour porter la guerre dans tout l'empire. Quel est donc actuellement le danger de la patrie ? » Cette proposition n'est pas appuyée.

Le 10 octobre, Danton avait été nommé président de la société des Jacobins, dont il suivait assidûment les séances, c'est en cette qualité que le 14 octobre il félicita Dumouriez qui, était venu à Paris : — « Lorsque Lafayette, lorsque ce vil eunuque de la révolution prit la fuite, vous servîtes déjà bien la république en ne désespérant pas de son salut ; vous ralliâtes nos frères : vous avez depuis conservé avec habileté cette station qui a ruiné l'ennemi, et vous avez bien mérité de votre patrie. Une plus belle carrière encore vous est ouverte : que la pique du peuple brise le sceptre des rois, et que les couronnes tombent devant ce bonnet rouge dont la société vous a honoré ; revenez ensuite vivre parmi nous, et votre nom figurera dans les plus belles pages de notre histoire (*Applaudissements*) [1]. »

Séance du 10 octobre. — Cambon, ministre des finances, établit le compte général des dépenses faites par les ministres avant son entrée en fonctions, et il demande que les ministres soient tenus de rendre compte même des dépenses secrètes. Danton observe que ceci a été fait par le conseil exécutif. « En mon particulier, ajoute-t-il, je déclare que j'ai été autant l'adjudant du ministre de la guerre que ministre de la justice. S'il a paru étonnant que le ministre de la justice ait employé 200,000 livres en dépenses secrètes et près de 2,000,000 livres en dépenses extraordinaires, qu'on

---

1. Cette même séance des Jacobins fut marquée par un incident assez curieux, ainsi rapporté par le *Journal des débats de la Société* : — « Une société populaire demande la réduction des traitements de certains fonctionnaires publics et l'augmentation des honoraires de quelques autres. — Chabot : Je demande la question préalable sur le renvoi ; je sais que dans le comité de constitution se trouvent Danton, Barère et Condorcet ; l'adresse dont il s'agit sera aussi bien dans les mains de nos trois amis que si on la mettait à la disposition du comité tout entier. Danton observe qu'il ne doute pas que la société forme un comité auxiliaire de constitution : cette idée est accueillie par de vifs applaudissements ; cependant la société arrête l'envoi de l'adresse au comité de la Convention. — Laveaux : Rien de plus utile que ce comité auxiliaire dont vient de parler Danton ; il éclairera la Convention qui, à bien des égards, a besoin de lumières. »

se rappelle que la patrie était en péril, que nous étions responsables de la liberté. Nous avons rendu nos comptes. J'ai rendu le mien particulièrement, je crois n'avoir mérité aucun reproche dans ma conduite politique. »

Séance du 11 *octobre.* — Danton est nommé membre du comité de constitution.

Séance du 16 *octobre.* — Il fait rejeter la proposition faite par Manuel, de soumettre à la sanction du peuple l'établissement de la République : « Songez que la République est déjà sanctionnée par le peuple, par l'armée, par le génie de la liberté qui réprouve tous les rois. (*Il s'élève des applaudissements unanimes dans l'Assemblée et dans les tribunes.*) Si donc il n'est pas permis de mettre en doute que la France veut être et sera éternellement une République, ne nous occupons plus que de faire une constitution qui soit la conséquence de ce principe ; et quand vous l'aurez décrétée, quand par la solennité de vos discussions vous aurez pour ainsi dire décrété l'opinion publique, vous aurez une acceptation rapide, et la concordance de toutes les parties de votre gouvernement en garantira la stabilité. (*On applaudit.*) Attachons-nous à ce principe que les lois, telles qu'elles soient, doivent être exécutées par provision, comme lois absolues, sous peine d'une anarchie perpétuelle et de la dissolution de la République. C'est d'après ces vérités, les seules conservatrices de l'union avec laquelle nous devons être invincibles, que je demande la question préalable sur la proposition. »

Séance du 17 *octobre.* — Brissot avait proposé que la Convention approuvât les ordres donnés par le conseil exécutif pour faire évacuer la ville de Genève par les troupes de Berne et de Zurich, en respectant néanmoins la neutralité et l'indépendance du territoire de Genève. Danton demande que ces expressions, « *en respectant néanmoins la neutralité et l'indépendance du territoire de Genève,* » soient modifiées de manière que nous ne nous interdisions pas la faculté d'occuper Genève, si cette occupation devient absolument indispensable pour notre sûreté. « Certes, dit-il, quoique Genève soit une république en miniature, je respecte autant son indépendance et ses droits que ceux du peuple le plus puissant ; mais elle a rompu elle-même les traités qui garantissaient sa neutralité, et il a été reconnu dans le conseil exécutif qu'il pouvait y avoir des circonstances où nous ne pourrions nous dispenser d'occuper son territoire. »

Séance du 18 octobre. — On revient sur la comptabilité des dépenses secrètes. Roland présente ses comptes dans le plus minutieux détail. Rebecqui demande que tous les ministres rendent compte comme Roland. Monge, ministre de la marine, déclare qu'il n'a fait aucune dépense extraordinaire ou secrète. Danton rappelle qu'il a déjà dit à l'Assemblée qu'il n'avait rien fait que par ordre du conseil pendant son ministère, et le conseil a pensé que, d'après le décret de l'Assemblée législative, il n'était comptable qu'en masse : « D'ailleurs, il est telle dépense qu'on ne peut énoncer ici ; il est tel émissaire qu'il serait impolitique et injuste de faire connaître ; il est telle mission révolutionnaire que la liberté approuve, et qui occasionne de grands sacrifices d'argent. *(On applaudit.)* Lorsque l'ennemi s'empara de Verdun, lorsque la consternation se répandait même parmi les meilleurs et les plus courageux citoyens, l'Assemblée législative nous dit : n'épargnez rien, prodiguez l'argent, s'il le faut pour ranimer la confiance et donner l'impulsion à la France entière. Nous l'avons fait, nous avons été forcés à des dépenses extraordinaires ; et pour la plupart de ces dépenses, j'avoue que nous n'avons pas de quittances bien légales. Tout était pressé, tout s'est fait avec précipitation :

vous avez voulu que les ministres agissent tous ensemble,
nous l'avons fait et voilà notre compte. (*Murmures.*) On a
dû attacher une confiance morale à ceux qui ont été choisis
pour faire la révolution ; et il serait bien pénible, bien flé-
trissant pour des ministres patriotes, de les forcer à remettre toutes les pièces qui constatent ces opérations extraordinaires. Il est vrai que Roland n'a point assisté au compte
que les ministres se sont rendus mutuellement, mais il
pouvait y assister. J'observerai, en finissant, que si le conseil eût dépensé dix millions de plus, il ne serait pas sorti
un seul ennemi de la terre qu'ils avaient envahie. »

Cambon reconnaît que pour les dépenses secrètes, il ne
peut pas demander un compte public; mais Roland devait
assister au conseil pour en recevoir compte avec ses autres
collègues. La nation l'a nommé son agent pour surveiller
l'emploi de ces fonds, et lui garantir qu'on ne s'en est servi
que pour le bien et le salut de l'État. — Roland dit qu'il est
très-éloigné de blâmer les dépenses secrètes faites par ses
collègues pour opérer le salut de la chose publique, mais il
a dû déclarer qu'il ignorait comment ces dépenses avaient
été faites. Il ne le pouvait savoir, il est vrai, puisqu'il n'a
point assisté au conseil où ces comptes ont été rendus; mais
il n'en a point trouvé les traces sur le registre du conseil.
— Danton : « J'observe que le compte des dépenses secrètes
ne se porte point sur le registre du conseil. » Sur la proposition de Lasource, la Convention décrète que le pouvoir
exécutif justifiera, dans les 24 heures, de la délibération
qu'il a dû prendre à l'effet d'arrêter le compte des sommes
mises à sa disposition pour dépenses secrètes.

Séance du 20 octobre. — Lindou demande que le pouvoir
exécutif soit tenu de déclarer, en exécution du décret prononcé dans une séance précédente, si chaque ministre a
rendu le compte de l'emploi des sommes destinées aux dépenses extraordinaires ou secrètes. — Danton : « J'appuie

cette proposition, et je rendrai compte, s'il le faut de toute ma vie. »

Séance du 19 octobre. — Danton présente, au nom de la commission nommée *ad hoc*, le projet d'adresse pour inviter les volontaires des bataillons formés en 1791, à renoncer à la faculté qui leur a été accordée par la loi de leur formation, de quitter leurs drapeaux au 1er décembre prochain. Sur la demande de Barère, la priorité est donnée au projet qui a été rédigé par le citoyen Lefort, et ce projet mis aux voix est décrété.

Séance du 23 octobre. — Danton avait été nommé secrétaire avec Gensonné, Barbaroux et Kersaint. Il insiste à cette occasion sur le besoin que l'Assemblée a de greffiers : « Les secrétaires ne perdent pas par cette fonction le caractère de représentants du peuple. Ils sont obligés d'écouter la discussion et d'émettre leur opinion. Il faut nommer des greffiers révocables à volonté, chargés de rédiger, sous l'inspection des secrétaires, les procès-verbaux de l'Assemblée. » L'Assemblée n'ayant pas adopté cette proposition, Danton donne sa démission de secrétaire : « Car, dit-il, comme député, je dois prendre part aux délibérations, et, comme membre du comité de constitution, je veux élaborer mes idées. »
Buzot demande que la Convention décrète que les émigrés soient bannis à perpétuité, et que, s'ils remettent le pied en France, ils soient punis de mort. Danton appuie cette motion : « Je n'ai qu'un mot à y ajouter. Sans doute quand la liberté est en péril, elle a soif du sang de la tyrannie ; mais quand elle porte la guerre chez les tyrans, elle doit froidement délibérer ses lois. Or, vous aurez fait une loi froide en portant la loi que Buzot vous propose. Ce sont les émigrés eux-mêmes qui se sont bannis de la France. Eh bien! rendez perpétuel le bannissement qu'ils se sont imposé,

qu'ils aient été faibles ou lâches, ils ne doivent plus revoir la patrie. Que leur dit la patrie? Malheureux! vous m'avez abandonnée au moment du danger, je vous repousse de mon sein. Ne revenez plus sur mon territoire, je deviendrais un gouffre pour vous. *(On applaudit.)* »

Séance du 26 octobre. — Une députation du conseil général de la Commune de Paris est introduite à la barre. Son discours est interrompu par des murmures. « On n'interrompt pas même un criminel, s'écrie Danton, et ici on a l'audace... » Les tribunes applaudissent. On demande de tous côtés que Danton soit rappelé à l'ordre. « Danton, dit le président, je vous rappelle à l'ordre pour vous être servi d'une expression très-déplacée. » Guadet demande que le pouvoir exécutif soit tenu de déclarer, en exécution du décret prononcé dans une séance précédente, si chaque ministre a rendu compte de l'emploi des sommes destinées aux dépenses extraordinaires et secrètes. — DANTON : « J'appuie cette proposition, et je rendrai compte, s'il le faut, de toute ma vie. Mais je vois qu'on poursuit avec acharnement ces bons citoyens... » L'Assemblée murmure, les tribunes applaudissent. Danton monte à la tribune. L'Assemblée passe à l'ordre du jour.

Séance du 29 octobre. — Il s'oppose à l'envoi du rapport de Roland aux départements et défend Robespierre.

Séance du 30 octobre. — Discussion sur la liberté de la presse. Lepelletier demande la liberté indéfinie de la presse et rappelle les efforts patriotiques, grâce auxquels la liberté de la presse est sortie pure et entière des travaux de l'Assemblée constituante : — « Malouet, qui était du parti de l'aristocratie, d'André, qui était le modéré du parti prétendu patriote, Desmeuniers, Chapelier, qui parlaient sans cesse des mauvais placards, nous harcelaient sans cesse; mais plusieurs bons esprits ont alors formé une coalition, un pacte civique pour conserver à l'État la liberté de la presse, et ils résistèrent à ces différents assauts. J'ai pour témoins; et j'interpelle ici tous les bons citoyens qui ont conspiré dans cette trame et participé à cette œuvre vraiment civique; j'interpelle Buzot qui était alors un des plus ardents défenseurs de la liberté indéfinie de la presse, Pétion... (*Grégoire, Lepeaux, Dubois-Crancé et plusieurs autres membres tous ensemble:* Et moi! *Il s'élève de nombreux applaudissements.*) Danton s'écrie : « La liberté de la presse ou la mort! » (Les *applaudissements continuent dans une grande partie de l'Assemblée et dans les tribunes.*)

Séance du 6 novembre. — Il appuie la demande d'impression du rapport de Valazé sur les crimes de Louis XVI : « Vous avez à justifier à l'univers et à la postérité le jugement que vous devez porter contre un roi parjure et tyran. Dans une pareille matière, il ne faut pas épargner les frais d'impression ; toute opinion qui paraîtra mûrie, quand elle ne contiendrait qu'une bonne idée, doit être publiée. Certes la dissertation du rapporteur sur l'inviolabilité n'est pas complète. Il y aura beaucoup d'idées à y ajouter. Il sera facile de prouver que les peuples aussi sont inviolables, qu'il n'y a pas de contrat sans réciprocité, et que, si le ci-devant roi a voulu violer, trahir, perdre la nation française, il est dans la justice éternelle qu'il soit condamné. (*On applaudit.*) »

Séance du 9 novembre. — Il appuie le décret d'accusation, demandé par Ducos, contre Lacoste, ex-ministre : « Un des membres de cette Assemblée a dit, dans une circonstance bien grave, lors du décret d'accusation contre Delessart, une vérité politique bien précieuse. Il a dit qu'il ne *fallait pas de preuves judiciaires pour mettre un ministre en accusation.* Lacoste n'est plus en place, mais vous avez un grand procès à juger, et il est heureux pour vous d'avoir à confronter au roi un de ses anciens ministres. Que signifie cette distinction faite par Lacoste, entre un contre-révolutionnaire et un homme qui n'aime pas la révolution. Dans la langue de la liberté, tout fonctionnaire public qui n'aime pas la révolution, est un traître. (*On applaudit.*) Certes, je m'étonne que des membres qui crient sans cesse contre les ministres révolutionnaires, qu'ils accusent de ne pas rendre leurs comptes, semblent incliner à l'indulgence pour un ex-ministre évidemment prévaricateur. Lacoste n'a jamais été désigné par les vrais patriotes pour être ministre; il est resté au ministère jusqu'au 10 août; il n'en est sorti que pour avoir une ambassade à Gênes. Il n'était donc évidemment point haï de la cour. Je souhaite qu'il soit innocent, mais le salut de l'État exige que vous vous assuriez de sa personne. J'appuie le décret d'accusation. »

Séance du 30 *novembre.* — Il s'oppose à la suppression du salaire des prêtres. « On bouleversera la France, dit-il, par l'application trop précipitée de principes philosophiques que je chéris, mais pour lesquels le peuple, et surtout celui des 'campagnes, n'est pas mûr encore. » Il demande que pour faire cesser les agitations royalistes, « on accélère le jugement du ci-devant roi. »

ANNÉE 1793.

Le 1ᵉʳ décembre 1792, Danton, par ordre de l'Assemblée, avait été envoyé comme commissaire en Belgique avec Lacroix, auprès de Dumouriez. Il ne revint à Paris que le 14 janvier 1793. Aussitôt de retour, il prit une part active aux débats du procès du roi [1].

1. On trouve sous le nom de Danton, dans la *Réimpression de l'ancien Moniteur,* à la date du 14 janvier, une série de propositions

Séance du 16 janvier. — Il demande que le jugement soit prononcé à la simple majorité : « On a prétendu que telle était l'importance de cette question, qu'il ne suffisait pas qu'on la vidât dans la forme ordinaire. Je demande pourquoi, quand c'est par une simple majorité qu'on a prononcé sur le sort de la nation entière, quand on n'a pas même pensé à soulever cette question lorsqu'il s'est agi d'abolir la royauté, on veut prononcer sur le sort d'un individu, d'un conspirateur avec des formes plus sévères et plus solennelles. Nous prononçons comme représentant par provision la souveraineté. Je demande si, quand une loi pénale est portée contre un individu quelconque, vous renvoyez au peuple, ou si vous avez quelques scrupules à lui donner son exécution immédiate? Je demande si vous n'avez pas voté à la majorité absolue seulement la république, la guerre; et je demande si le sang qui coule au milieu des combats ne coule pas définitivement? Les complices de Louis n'ont-ils pas subi immédiatement la peine sans aucun recours au peuple? et en vertu de l'arrêt d'un tribunal extraordinaire? Celui qui a été l'âme de ces complots, mérite-t-il une exception? Vous êtes envoyés par le peuple pour juger le tyran, non pas comme juges proprement dits, mais comme représentants : vous ne pouvez dénaturer votre caractère; je demande qu'on passe à l'ordre du jour sur la proposition de Lehardy; je me motive et sur les principes, et sur ce

à propos de la manière de présenter les notes sur le jugement du roi. C'est le conventionnel *Dannon,* et non *Danton,* qui est l'auteur de ces propositions. L'erreur commise par M. Léonard Gallois est d'autant plus grave que ces propositions ne sont nullement conformes au caractère de Danton, et semblent, par leurs dispositions calculées, incliner au *sursis* de la peine à infliger. Danton, qui était revenu à Paris seulement le 14, ne parut à l'Assemblée que le 16 janvier, ainsi que le prouve son absence aux deux appels nominaux qui eurent lieu le 15, où Danton est porté comme « absent par mission. »

que vous avez déjà pris deux délibérations à la simple majorité. »

Voici quel fut son vote motivé au troisième appel nominal sur cette question : « Quelle peine Louis, ci-devant roi des français, a-t-il encourue? — Je ne suis point de cette foule d'hommes d'État qui ignorent qu'on ne compose point avec les tyrans, qui ignorent qu'on ne frappe les rois qu'à la tête, qui ignorent qu'on ne doit rien attendre de ceux de l'Europe que par la force de nos armes. Je vote pour la mort du tyran. »

Séance du 17 janvier. — Le président annonce une lettre des défenseurs du roi qui demandent à être entendus, et une lettre du ministre d'Espagne. Garan-Coulon prend la parole, Danton la prend en même temps que lui et le coupe. — Louvet. Tu n'es pas encore roi, Danton... *(Violents murmures.)* Quel est donc ce privilége?... Je demande que le premier qui interrompra soit rappelé à l'ordre. — Danton : — Je demande que l'insolent qui dit que je ne suis pas encore roi, soit rappelé à l'ordre avec censure... Puisque Garan prétend avoir demandé la parole avant moi, je la lui cède. — Garan croit qu'on ne peut pas refuser d'entendre les défenseurs de Louis. — Danton : — Je consens à ce que les défenseurs de Louis soient entendus après que le décret aura été prononcé, persuadé qu'ils n'ont rien de nouveau à vous apprendre, et qu'ils ne vous apportent point de pièces capables de faire changer votre détermination. Quant à l'Espagne, je l'avouerai, je suis étonné de l'audace d'une puissance qui ne craint pas de prétendre à exercer son influence sur votre délibération. Si tout le monde était de mon avis, on voterait à l'instant, pour cela seul, la guerre à l'Espagne. Quoi! on ne reconnaît pas notre République et l'on veut lui dicter des lois? On ne la reconnaît pas, et l'on veut lui imposer des conditions, participer au jugement que ses représentants vont rendre? Cependant qu'on entende, si on le veut cet ambassadeur, mais que le président lui fasse une réponse digne du peuple dont il sera l'organe et qu'il lui dise que les vainqueurs de Jemmapes ne démentiront pas la gloire qu'ils ont acquise, et qu'ils retrouveront, pour exterminer tous les rois de l'Europe conjurés contre nous, les forces qui déjà les ont fait vaincre. Défiez-vous. citoyens, des machinations qu'on ne va cesser d'employer pour vous faire changer de détermination ; on ne négligera aucun moyen ; tantôt, pour obtenir des délais, on prétextera un motif politique ; tantôt une négociation importante on à entreprendre ou prête à terminer. Rejetez, rejetez, citoyens, toute proposition honteuse; point de transaction avec la tyrannie; soyez dignes du peuple qui vous a donné sa confiance et qui jugerait ses représentants, si ses représentants l'avaient trahi. »

Séance du 18 janvier. — On soulève la question du sursis. Tallien demande qu'on la décide sans désemparer par raison d'humanité. Danton appuie la question préalable sur la proposition de Tallien : « On vous a parlé d'humanité, mais on en a réclamé les droits d'une manière dérisoire... Il ne faut pas décréter, en sommeillant, les plus chers intérêts de la patrie. Je déclare que ce ne sera ni par la lassitude, ni par la terreur qu'on parviendra à entraîner la Convention nationale à statuer, dans la précipitation d'une délibération irréfléchie, sur une question à laquelle la vie d'un homme et le salut public sont également attachés. Vous avez appris le danger des délibérations soudaines; et certes, pour la question qui nous occupe, vous avez besoin d'être préparés par des méditations profondément suivies. La question qui vous reste à résoudre est une des plus importantes. Un de vos membres, Thomas Payne, a une opinion importante à vous communiquer. Peut-être ne sera-t-il pas sans importance d'apprendre de lui ce qu'en Angleterre.... *(des murmures s'élèvent.)* Je n'examine point comment on peut flatter

le peuple, en adulant en lui un sentiment qui n'est peut-
être que celui d'une curiosité atroce. Les véritables amis
du peuple sont, à mes yeux, ceux qui veulent prendre
toutes les mesures nécessaires pour que le sang du peuple
ne coule pas, que la source de ses larmes soit tarie, que son
opinion soit ramenée aux véritables principes de la morale,
de la justice et de la raison. Je demande donc la question
préalable sur la proposition de Tallien; et que, si cette proposition était mise aux voix, elle ne pût l'être que par l'appel nominal. »

Séance du 16 janvier. — Le conseil exécutif avait interdit
la représentation de la pièce : l'*Ami des lois*, et enjoint
aux directeurs de théâtres de ne pas représenter des pièces
qui pourraient occasionner des troubles. La Convention,
sur la proposition de Pétion, casse cet arrêté. Danton demande la parole : « Je l'avouerai, citoyens, je croyais qu'il
était d'autres objets qui doivent nous occuper que la comé-
die. (*Quelques voix* : Il s'agit de la liberté.) Oui, il s'agit de
la liberté. Il s'agit de la tragédie que vous devez donner aux
nations, il s'agit de faire tomber sous la hache des lois la
tête d'un tyran (*on murmure*), et non de misérables comé-
dies. Mais puisque vous cassez un arrêt du conseil exécutif,
qui défendait de jouer des pièces dangereuses à la tranquillité publique, je soutiens que la conséquence nécessaire
de votre décret est que la responsabilité ne puisse peser sur
la municipalité. Je demande donc que la municipalité soit
déchargée de sa responsabilité [1]. »

1. La motion de Danton fut repoussée par la question préalable,
sur l'observation de Pétion : « Le langage que vient de tenir à cette
tribune un ancien magistrat, avait répondu celui-ci, a droit, sans
doute, de nous surprendre tous. Vous venez de rendre un décret
qu'il ne vous était pas permis de ne pas rendre. Vous avez consacré
un principe que vous ne pouviez pas méconnaitre. Le pouvoir exécutif

Séance du 21 janvier. — A propos de l'assassinat de Lepelletier, Danton touche à diverses questions : il se plaint de l'attitude prise par Roland et ses amis, il demande que des mesures de sûreté générale soient prises, que l'on réorganise le ministère, et que la nation tourne toute son énergie vers la guerre.

Séance du 31 janvier. — Danton demande la réunion de la Belgique à la France.

Le jour même, 31 janvier, Danton et Lacroix repartirent pour la Belgique, où ils étaient renvoyés par la Convention [1].

Séance du 8 mars. — La situation était grave. A leur retour, les commissaires en présentèrent un tableau qui n'était rien moins que rassurant, et que Lacroix terminait

a outre-passé ses limites ; il a violé la plus sainte des lois, la liberté. Son arrêté est conçu en termes généraux ; il est attentatoire à la liberté de la presse. C'est toujours en interdisant ainsi vaguement ce qui pourrait occasionner du trouble, qu'on a, sous l'ancien régime, enchaîné toutes les espèces de liberté. »

1. Sa femme, Antoinette-Gabrielle Charpentier, qu'il laissait malade à Paris, mourut pendant son absence le 10 février 1793. Collot-d'Herbois fit ainsi son oraison funèbre aux Jacobins : « Les Girondins ont fait périr une citoyenne que nous regrettons, que nous pleurons tous. Ah ! payons-lui le tribut de nos larmes : elle en est bien digne, la généreuse femme du citoyen Danton. Son mari était absent, elle était gisante dans son lit ; elle venait d'enfanter un nouveau citoyen, et c'est dans ce moment que Roland et ses partisans lui ont porté le coup mortel. Danton était dans la Belgique, ils ont profité de son absence, les lâches ! ils l'ont représenté comme désignant, dans les journées des 2 et 3 septembre, les victimes qu'on devait égorger. Son épouse a reçu le coup de la mort, en lisant dans les journaux cette atroce imputation. Ceux qui savent combien cette femme aimait Danton, peuvent se faire une idée de ses souffrances. Danton n'y était pas, mais ses ennemis étaient présents dans le fatal imprimé qui déchirait son âme. »

ainsi : « Voilà la position où nous en sommes; il paraît, d'après les dépêches que le ministre de la guerre vient de vous lire que la réunion de l'armée de Valence avec celle de Miranda peut être regardée comme un avantage; elle n'est rien moins que telle, puisque l'avant-garde n'a pu abandonner sa position devant Liége sans abandonner à l'ennemi et cette ville et une partie de nos magasins. Il faut donc prendre les mesures les plus promptes et les plus efficaces pour faire lever la nation, pour la faire marcher contre l'armée des despotes. »

Après ce récit de Lacroix, sur la proposition de Danton, la Convention décrète : « que des commissaires, pris dans son sein, se rendront le soir même dans les 48 sections de Paris, pour leur faire part de l'état des armées françaises en Belgique, rappeler à tous les citoyens en état de porter les armes, les serments qu'ils ont prêtés et les sommer, au nom de la liberté et de l'égalité, de voler au secours de leurs frères dans la Belgique; — Décrète, en outre, que des commissaires seront envoyés dans les départements pour le même objet. »

Séance du 9 mars. — Il réclame la mise en liberté de tous les prisonniers pour dettes. Sa proposition est décrétée par acclamation et à l'unanimité.

Séance du 10 mars. — Les plus mauvaises nouvelles arrivent des armées : Liège est occupée par les ennemis, on a dû lever le siége de Maëstricht. Danton prononce un discours éloquent pour ranimer tous les courages et pour faire taire toutes les querelles de parti en face de la patrie à sauver. Il demande l'organisation du tribunal révolutionnaire, séance tenante.

Dans la même séance, Danton intervient pour Stengel qui, né sujet de l'électeur palatin, avait dit ne pas vouloir porter les armes contre son pays et avait demandé à être employé ailleurs, et qui était dénoncé pour ce fait à la Convention : « Je suis bien éloigné de croire Stengel républicain ; je ne crois pas qu'il doive commander nos armées. Mais je pense qu'avant de le décréter d'accusation, il faut qu'il vous soit fait un rapport ou que vous l'entendiez vous-mêmes à la barre. Il faut de la raison et de l'inflexibilité ; il faut que l'impunité, portée jusqu'à présent trop loin, cesse ; mais il ne faut pas porter de décret d'accusation au hasard. Je demande que le ministre de la guerre soit chargé de faire traduire à la barre Stengel et Lanoue [1]. » La motion de Danton est adoptée.

Séance du 11 *mars.* — A propos de la démission de Beurnonville, Danton insiste sur la nécessité d'une unité et d'une cohésion plus grandes dans le gouvernement intérieur et extérieur de la République.

Séance du 26 *mars.* — Il est nommé membre du comité de salut public.

Séance du 27 *mars.* — Danton demande une fois de plus avec une pressante éloquence, qu'on fasse trève à toutes les discussions misérables de personnes pour ne songer qu'à sauver la République.

Séance du 28 *mars.* — Danton insiste pour faire respecter le droit de défense, dans la personne du lieutenant-général Lanoue, traduit à la barre de l'Assemblée pour rendre

---

1. Ce même général Stengel, dont la tête fut si menacée à l'époque de la déroute d'Aix-la-Chapelle, commanda ensuite, sous le Directoire, la cavalerie de l'armée d'Italie ; le général Bonaparte lui confia ses escadrons lors de son entrée en Piémont. Stengel fut tué en chargeant l'ennemi en avant de Mondovi, et il fut remplacé par Murat. (Note de Léonard Gallois dans la *Réimpression du Moniteur*).

compte de sa conduite. Julien demandait que son aide-de-camp, qui était à la barre aussi, fût tenu de se retirer pendant les explications que le général allait donner. Danton s'y oppose : « L'Assemblée doit être froide. Le citoyen qui est à la barre n'est point décrété d'accusation ; il a le droit de se faire dire, par ceux qui commandaient avec lui, ce qu'il a pu oublier, et ce qu'il croit propre à établir sa justification (*Murmures de l'extrémité.*) Je serai inexorable envers tous les ennemis de la patrie ; mais je serai impassible lorsqu'il s'agira de remplir les fonctions sacrées de juge. Quand même le citoyen qui est à la barre serait décrété d'accusation, *il aurait encore le droit d'avoir un conseil.* J'observe, d'ailleurs, que ce n'est point ici un interrogatoire judiciaire, que tout doit porter sur les faits, et que les réponses du général ne peuvent rien changer s'il est coupable. Ainsi, je vous invite, citoyens, à ne pas montrer cette envie de trouver sans cesse des coupables. (*Applaudissements.*) « L'Assemblée passe à l'ordre du jour sur la proposition de Julien. Le président, annonçant qu'il a épuisé la série des questions à faire à l'inculpé, Danton reprend la parole : « Ces questions sont insuffisantes ; il faut que les comités fassent un rapport de l'ensemble de cette affaire, qu'ils proposent une série de questions, qu'elles soient discutées dans l'Assemblée, et ensuite on les présentera à l'accusé. » La proposition est décrétée.

Séance du 30 mars. —Après une dénonciation faite contre le député Salles, plusieurs voix s'élèvent pour accuser Danton. — *Un membre du côté droit :* « Je demande que Danton rende ses comptes. « — *Un autre :* « qu'il nous dise à quoi il a employé les quatre millions de dépenses secrètes. » — N... : « Je demande l'exécution du décret en vertu duquel Danton devait nous rendre compte de l'état de la Belgique, au moment de son départ. Il importe que nous connaissions toutes les opérations de nos commissaires dans cette partie. » — Danton répond qu'il est prêt à rendre compte de sa conduite et à entrer dans toutes les explications qu'on exigera.

Séance du 1er avril. — Il répond aux accusations de Lasource.

Séance du 3 avril. — Isnard avait présenté un projet de décret pour créer dans le sein de la Convention un comité d'exécution composé de neuf membres qui aient le pouvoir de destituer tous les agents du pouvoir exécutif. — « Je demande aussi la parole pour une motion d'ordre, dit Danton. Quelle qu'ait été la divergence des opinions, il n'en est pas moins vrai que la majorité de la Convention veut la république. (*Un grand nombre de voix* : Tous la veulent!) Nous voulons repousser et anéantir la conjuration des rois ; nous sentons que telle est la nature des circonstances, telle est la grandeur du péril qui nous menace, qu'il nous faut un développement extraordinaire de forces et de mesures de salut public ; nous cherchons à établir une agence funeste pour les rois ; nous sentons que, pour créer des armées, trouver de nouveaux chefs, il faut un pouvoir nouveau toujours dans la main de la Convention, et qu'elle puisse anéantir à volonté ; mais je pense que ce plan doit être médité, approfondi. Je crois qu'une République, tout en proscrivant les dictateurs et les triumvirs, n'en a pas moins le pouvoir et même le devoir de créer une autorité terrible. Telle est la violence de la tempête qui agite le vaisseau de l'État, qu'il est impossible, pour le sauver, d'agir avec les seuls principes de l'art. Écartons toute idée d'usurpation. Eh! qui donc pourrait être usurpateur? Vous voyez que cet homme qui avait remporté quelques victoires va appeler contre lui toutes les forces des Français. Déjà le département où il est né demande sa tête. Rapprochons-nous, rapprochons-nous fraternellement ; il y va du salut de tous. Si la conjuration triomphe, elle proscrira tout ce qui aura porté le nom de patriote, quelles qu'aient été les nuances. Je demande le renvoi du projet de décret, et l'ajournement à demain. » Les neuf membres désignés pour le nouveau comité furent Barère, Delmas, Bréard, Cambon, Jean Debry, *Danton*, Guiton-Morvaux, Treilhard, Lacroix.

Séance du 5 avril. — Lacroix avait fait la motion qu'aucun ci-devant privilégié ne soit admis dans l'armée ni comme volontaire ni comme officier, mais qu'elle fût exclusivement composée de sans-culottes. Cette proposition avait été adoptée par acclamation. « Le décret que vous venez de rendre, dit Danton, annoncera à la nation et à l'univers entier quel est le grand moyen d'éterniser la république ; c'est d'appeler le peuple à sa défense. Vous allez avoir une armée de sans-culottes (*on applaudit a plusieurs reprises dans toutes les parties de la salle*); mais ce n'est pas assez ; il faut que, tandis que vous irez combattre les ennemis de l'extérieur, les aristocrates de l'intérieur soient mis sous la pique des sans-culottes. *(Les applaudissements recommencent.)* Je demande qu'il soit créé une garde du peuple qui sera salariée par la nation. Nous serons bien défendus, quand nous le serons par les sans-culottes. J'ai une autre proposition à faire; il faut que dans toute la France, le prix du pain soit dans une juste proportion avec le salaire du pauvre : ce qui excédera sera payé par le riche. (*On applaudit.*) Par ce seul décret, vous assurez au peuple et son existence et sa dignité ; vous l'attacherez à la révolution ; vous acquerrez son estime et son amour. Il dira : nos représentants nous ont donné du pain; ils ont plus fait qu'aucun de nos anciens rois. Je demande que vous mettiez aux voix les deux propositions que j'ai faites, et qu'elles soient renvoyées au comité pour vous en présenter la rédaction. » Ces deux propositions sont adoptées au milieu des applaudissements de toute l'Assemblée.

Séance du 10 *avril.* — A propos d'une adresse rédigée dans la section de la Halle-aux-Blés, adresse qui circulait dans toutes les autres sections, demandant que Roland fût décrété d'accusation ainsi que tous les autres députés coupables, Pétion avait fait la motion que le président et les secrétaires de la motion fussent appelés à la barre pour être de là envoyés au tribunal révolutionnaire. Danton monte alors à la tribune, aux applaudissements d'une partie de l'Assemblée et des spectateurs : « C'est une vérité incontestable, que vous n'avez pas le droit d'exiger du peuple ou d'une portion du peuple plus de sagesse que vous n'en avez vous-mêmes. Le peuple n'a-t-il pas le droit de sentir des bouillonnements qui le conduisent à un délire patriotique, lorsque cette tribune semble continuellement être une arène de gladiateurs? N'ai-je pas été moi-même, tout à l'heure, assiégé à cette tribune? Ne m'a-t-on pas dit que je voulais être dictateur?... Je vais examiner froidement le projet de décret présenté par Pétion; je n'y mettrai aucune passion, moi; je conserverai mon immobilité, quels que soient les flots d'indignation qui me pressent en tous sens. Je sais quel sera le dénouement de ce grand drame; le peuple restera libre; je veux la République, je prouverai que je marche constamment à ce but. (*On applaudit.*) La proposition de Pétion est insignifiante. On sait que dans plusieurs départements on a demandé tour à tour la tête des membres qui siégeaient dans l'un ou l'autre des côtés de la salle. N'a-t-on pas aussi demandé la mienne?... Tous les jours il arrive des pétitions plus ou moins exagérées; mais il faut les juger par le fond. J'en appelle à Pétion lui-même. Ce n'est pas d'aujourd'hui qu'il se trouve dans les orages populaires. Il sait bien que lorsqu'un peuple brise sa monarchie pour arriver à la République, il dépasse son but par la force de projection qu'il s'est donnée. Que doit faire la représentation nationale. Profiter de ces excès mêmes. Dans la première Assemblée constituante, Marat n'était ni moins terrible aux aristocrates, ni moins odieux aux modérés. Eh bien! Marat y trouva des défenseurs; il disait aussi que la majorité était mauvaise, et elle l'était. Ce n'est pas que je croie qu'il en soit de même de cette assemblée. Mais que devez-vous répondre au peuple quand il vous dit des vérités sévères? Vous devez lui répondre en sauvant la République. Et depuis quand vous doit-on des éloges? Êtes-vous à la fin de votre mission? On parle des calomniateurs : la calomnie dans un État vraiment libre n'est rien pour l'homme qui a la conscience intime de son devoir. Encore une fois, tout ce qui a rapport à la calomnie ne peut être la base d'une délibération dans la Convention. Il existe des lois, des tribunaux; que ceux qui croient devoir poursuivre cette adresse, l'y poursuivent. Oui, je le déclare, vous seriez indignes de votre mission, si vous n'aviez pas constamment devant les yeux ces grands objets : vaincre les ennemis, rétablir l'ordre dans l'intérieur, et faire une bonne constitution. Nous la voulons tous, la France la veut; elle sera d'autant plus belle qu'elle sera née au milieu des orages de la liberté; ainsi un peuple de l'antiquité construisait ses murs, en tenant d'une main la truelle, et de l'autre l'épée pour repousser les ennemis. N'allons pas nous faire la guerre, animer les sections, les mettre en délibération sur des calomnies, tandis que nous devons concentrer leur énergie pour la diriger contre les Autrichiens... Que l'on ne vienne donc plus nous apporter des dénonciations exagérées, comme si l'on craignait la mort. (*On murmure.* Lépaux. — Je ne crains pas la mort pour moi, mais je crains celle de la République.) Voilà l'exemple que vous donnez! Vous voulez sévir contre le peuple, et vous êtes plus virulents que lui! (*Quelques rumeurs.*) Je demande la question préalable et le rapport du comité de salut public. »

Séance du 12 avril. — Guadet, répondant aux accusations de Robespierre, met en cause Danton : « Dans tous les spectacles de Paris, qui était sans cesse aux côtés de Dumouriez? Votre Danton! » — « Ah! tu m'accuses, moi!... s'écrie Danton, tu ne connais pas ma force... Je te répondrai, je prouverai tes crimes... A l'Opéra, j'étais dans une loge à côté de lui, et non dans la sienne... Tu y étais aussi [1]. »

Marat, pour avoir voulu défendre à la tribune une proclamation de la société des *Amis de la Constitution*, concluant à ce qu'on marchât contre l'Assemblée pour faire justice des traîtres, est décrété d'accusation. Une voix demande que ceux-là seuls qui voudraient parler en faveur de Marat soient entendus. Cette proposition est adoptée. — « Je savais bien, dit Danton, que la majorité de la Convention ne voudrait pas prononcer sur le sort d'un de ses membres sans avoir entendu parler, non en faveur d'un homme, mais de l'intérêt public... Marat n'est-il pas représentant du peuple, et ne vous souvenez-vous plus de ce grand principe que vous ne devez entamer la Convention qu'autant qu'une foule de preuves irréfragables en démontreraient la nécessité? Si je demande quel est le coupable dans cette affaire, vous me direz : C'est Marat. Il répondra :

1. « On a dit que ce qui anima le plus les Girondins contre Danton et les rendit irréconciliables, ce fut le trait amer qu'il lança contre le ministre de l'intérieur, au moment où celui-ci offrait de donner sa démission de ministre pour conserver son titre de député. Voici le passage : « Personne ne rend plus justice que moi à Roland; mais je » vous dirai, si vous lui faites une invitation, faites-la donc aussi à » Mme Roland, car tout le monde sait que Roland n'était pas seul » dans son département. Moi, j'étais seul dans le mien... Puisqu'il » s'agit de dire hautement sa pensée, je rappellerai, moi, qu'il fut » un moment où la confiance fut tellement abattue, qu'il n'y avait » plus de ministres, et que Roland lui-même eut l'idée de sortir de » Paris. » La seconde partie de cette allocution prouve la vérité de ce que nous a appris Fabre d'Églantine à propos des journées de septembre. L'histoire ne doit pas l'oublier, les ministres voulaient fuir. » (Alfred Bougeart. *Danton. Documents authentiques*).

ce sont les hommes d'État. La grande question est de savoir ce que c'est que la conspiration d'Orléans, et si elle existe; j'ai cru longtemps que cette faction n'était qu'une chimère, mais je pense aujourd'hui qu'elle peut avoir quelque réalité. Le vrai coupable, c'est d'Orléans. Pourquoi n'est-il pas déjà traduit au tribunal révolutionnaire, au lieu d'être confondu avec les femmes de sa famille? Eh! remarquez bien que ce n'est que par cette instruction immédiate que l'on connaîtra enfin et la faction et les complices... Je demande donc, car cette mesure doit précéder toute décision à prendre sur Marat, qu'avant tout il soit statué sur cette proposition : que d'Orléans sera traduit devant le tribunal révolutionnaire. Je demande aussi que ce tribunal soit tenu d'envoyer à la Convention copie exacte de la procédure qui sera faite dans l'affaire d'Orléans, afin que la Convention puisse connaître ceux de ses membres qui ont pu y tremper; et comme j'aime à lier deux grands objets, je demande aussi que la tête des Capets émigrés soit mise à prix... Je passe à Marat, et, à son égard, je dis qu'il est impossible que vous vous écartiez assez des principes de justice pour le décréter d'accusation, — je ne dis pas sur son écrit, mais sur tous les faits dont on l'accuse, — sans avoir envoyé à un comité; et pour qu'il y ait réciprocité, je demande le renvoi au même comité, des accusations faites par Marat contre ses accusateurs. Mais examinez quel moment vous choisissez pour traiter cette question. (*Plusieurs membres:* Nos collègues sont absents.) Voulez vous saisir cet à propos pour entamer une partie de l'Assemblée, tandis que cette même partie a eu le courage de vous quitter pour aller échauffer l'esprit public dans les départements, et diriger de nouvelles forces contre les ennemis; si Marat est coupable, Marat n'a pas l'intention de vous échapper. (*Marat:* non.) Tous les griefs qu'on croit pouvoir lui reprocher ne seront point affaiblis par ce renvoi à un comité. Je demande que mes propositions soient mises aux voix. »

Séance du 13 avril. — Danton demande que la peine de mort soit décrétée contre quiconque proposerait à la République de transiger avec les ennemis qui, pour préliminaire ne reconnaîtraient pas la souveraineté du peuple.

Séance du 19 avril. — Danton s'associe à Vergniaud pour faire consacrer la liberté des cultes.

Séance du 24 avril. — Marat, mis en accusation par l'Assemblée, avait été acquitté par le tribunal révolutionnaire; le peuple le ramena en triomphe à la Convention. Danton prit la parole : « Ce doit être un beau spectacle pour tout bon français, de voir que les citoyens de Paris portent un tel respect à la Convention, que ça été pour eux un jour de fête que celui où un député inculpé a été rétabli dans son sein. *(On applaudit.)* La Convention a dû applaudir à de pareils sentiments : elle l'a fait. Elle décrète que les citoyens qui venaient lui manifester ici leur satisfaction de ce que la représentation nationale est restée intacte, défileraient dans cette salle. Eh bien! que ce décret s'exécute. Nous avons vu leur satisfaction, nous avons partagé leurs sentiments : maintenant il faut que les citoyens défilent, qu'ils évacuent le lieu de nos délibérations, et que nous reprenions nos travaux. *(On applaudit [1].)* »

1. Marat reconnaissant écrivait à quelques jours de là, dans l'*Ami du peuple* : « Je regrette de n'avoir pas le temps de rapporter ici le discours de Danton; j'observerai qu'il est de main de maître, et d'autant plus précieux qu'il contient l'engagement solennel qu'a pris Danton de combattre désormais avec un courage indomptable. Or, on doit beaucoup attendre des moyens de ce patriote célèbre; le peuple a les yeux sur lui et l'attend dans le champ de l'honneur. » — Ce n'est pas d'ailleurs que Marat ne garda quelques griefs contre celui qui avait déclaré peu de temps auparavant « ne pas aimer l'individu Marat. » Un peu plus tard, le bruit s'étant répandu à nouveau d'une prétendue dictature partagée entre Danton, Marat et Robes-

Séance du 27 avril. — Danton appuie l'idée de l'impôt sur les riches, et fait décréter l'envoi de vingt mille hommes dans l'Ouest.

Séance du 1er mai. — La Convention avait infligé un blâme à une pétition, outrageante pour elle, du faubourg Saint-Antoine. Danton proteste au nom du droit de pétition : « Sans doute la Convention nationale peut éprouver un mouvement d'indignation quand on lui dit qu'elle n'a rien fait pour la liberté; je suis loin de désapprouver ce sentiment; je sais que la Convention peut répondre qu'elle a frappé le tyran, qu'elle a déjoué les projets d'un ambitieux, qu'elle a créé un tribunal révolutionnaire pour juger les ennemis de la patrie; enfin qu'elle dirige l'énergie française contre les révoltés; voilà ce que nous avons fait. Mais ce n'est pas par un sentiment d'indignation que nous devons prononcer sur une pétition bonne en elle-même. Je sais qu'on distingue la pétition du dernier paragraphe, mais on aurait dû considérer ce qu'était la plénitude du droit de pétition. Lorsqu'on répète souvent ici que nous sommes incapables de sauver la chose publique; ce n'est pas un crime de dire que, si telles mesures ne sont pas adoptées, la nation a le droit de s'insurger... (*Plusieurs voix :* Les pétitionnaires ne sont pas la nation.) On conviendra sans doute que la volonté générale ne peut se composer en masse que de volontés individuelles. Si vous m'accordez cela, je dis que tout français a le droit de dire que, si telle mesure n'est pas adoptée, le peuple a le droit de se lever en masse. Ce n'est pas que je ne sois convaincu que de mauvais citoyens égarent le peuple, ce n'est pas que j'approuve la pétition qui vous a été présentée; mais j'examine le droit

pierre, l'*Ami du peuple* répondit, à l'égard de Danton : « Il réunit et les talents et l'énergie d'un chef de parti, mais ses inclinations naturelles l'emportent si loin, qu'il préfère une chaise percée à un trône. »

de pétition en lui-même, et je dis que cet asile devrait être sacré, que personne ne devrait se permettre d'insulter un pétitionnaire, et qu'un simple individu devrait être respecté par les représentants du peuple comme le peuple tout entier. (*Quelques rumeurs.*) Je ne tirerais pas cette conséquence de ce que je viens de dire, que vous assuriez l'impunité à quiconque semblerait être un conspirateur dangereux, dont l'arrestation serait nécessaire à l'intérêt public ; mais je dis que quand il est probable que le crime d'un individu ne consiste que dans des phrases mal digérées, vous devez vous respecter vous-mêmes. Si la Conventiou sentait sa force, elle dirait avec dignité et non avec passiou, à ceux qui viennent lui demander des comptes et lui déclarer qu'ils sont dans un état d'insurrection : voilà ce que nous avons fait, et vous, citoyens, qui croyez avoir l'initiative de l'insurrection, la hache de la justice est là pour vous frapper si vous êtes coupables. Voilà comme vous devez leur répondre. Les habitants du faubourg Saint-Antoine vous ont dit qu'ils vous feraient un rempart de leur corps, après cette déclaration, comment n'avez-vous pas répondu aux pétitionnaires : citoyens, vous avez été dans l'erreur, ou bien : si vous êtes coupables, la loi est là pour vous punir. Je demande l'ordre du jour, et j'observe que quand il sera notoire que la Convention a passé à l'ordre du jour motivé sur l'explication qui lui a été donnée, il n'y aura pas de pusillanimité dans sa conduite ; croyez qu'un pareil décret produira plus d'effet sur l'âme des citoyens qu'un décret de rigueur. Je demande qu'en accordant les honneurs de la séance aux pétitionnaires, l'Assemblée passe à l'ordre du jour sur le tout. » Cette proposition est décrétée.

Séance du 8 mai. — Il propose des mesures pour activer le recrutement dans les sections.

Séance du 10 mai. — A propos de la mort du général

Dampierre, on avait proposé de lui décerner les honneurs du Panthéon : — « L'événement malheureux que vous venez d'apprendre, vous fournit l'occasion de consacrer un grand principe. Dampierre est déjà dans un temple de mémoire supérieur à tous ceux élevés par la main des hommes, celui de l'immortalité. Décrétons pour principe que nul ne pourra entrer au Panthéon français que vingt ans après sa mort ; laissons à une génération entière le soin de juger si cet honneur fut mérité. »

Sur la motion d'Isnard qui avait proposé de décréter un pacte social avant la Constitution : — « Isnard aurait dû sentir que les éléments de la justice humaine et la source de la liberté des nations sont dans la déclaration des droits ; il aurait dû sentir qu'une Constitution était le véritable pacte social, et qu'une Constitution acceptée par le peuple était éternelle comme lui... Puisque vous allez de nouveau écrire la Constitution, je pense qu'il faut déclarer de nouveau que le gouvernement de la France est républicain, et discuter ensuite une série d'idées fondamentales. Il faudra que le pouvoir exécutif soit élu par le peuple ; il faudra l'investir d'une grande puissance et le balancer par une autre ; il faudra qu'un tribunal, créé par la nation, soit chargé d'acquitter ou de condamner tous les fonctionnaires sortant de place ; il faudra surtout se pénétrer de cette vérité que le peuple est essentiellement bon, et que les fonctionnaires publics ont intérêt d'être mauvais. Je demande donc que la Convention nationale, écartant la motion d'Isnard, proclame encore, à la face de l'univers, que la France est une République. »

Séance du 10 mai. — A propos du soulèvement des provinces : — « Une loi que l'humanité réclame et que vous avez déjà adoptée, pourra contribuer efficacement à éteindre cette guerre civile. Il y a parmi les révoltés des hommes qui ne sont qu'égarés et contraints. Il ne faut pas les réduire au

désespoir. Je demande qu'on décrète que les peines rigoureuses portées par la Convention nationale ne porteront que
sur ceux qui seront convaincus d'avoir commencé ou pro-
pagé la révolte. »

Séance du 23 mai. — Les Girondins avaient proposé un
décret ainsi conçu : « La Convention nationale met sous la
» sauvegarde spéciale des bons citoyens la fortune publique,
» la représentation nationale et la ville de Paris. » « L'objet
de cet article n'a rien de mauvais en soi, dit Danton. Sans
doute la représentation nationale a besoin d'être sous la sauvegarde de la nation. Mais comment se fait-il que vous soyez
assez dominés par les circonstances pour décréter aujour-
d'hui ce qui se trouve dans toutes vos lois ? Sans doute l'a-
ristocratie menace de renverser la liberté, mais quand les
périls sont communs à tous, il est indigne de nous de faire
des lois pour nous seuls, lorsque nous trouvons notre sûreté
dans celles qui protégent tous les citoyens. Je dis donc que
décréter ce qu'on vous propose c'est décréter la peur. (N...
— Eh bien, j'ai peur, moi !...) Je ne m'oppose pas à ce que
l'on prenne des mesures pour rassurer chaque individu qui
craint pour sa sûreté ; je ne m'oppose pas à ce que vous donniez une garde de crainte au citoyen qui tremble ici. Mais
la Convention nationale peut-elle annoncer à la République
qu'elle se laisse dominer par la peur. Remarquez bien jusqu'à
quel point cette crainte est ridicule. Le comité vous annonce
qu'il y a des dépositions portant qu'on a voulu attenter à la
représentation nationale. On sait bien qu'il existe à Paris
une multitude d'aristocrates, d'agents soudoyés par les puissances ; mais les lois ont pourvu à tout ; on dit qu'elles ne
s'exécutent pas ; mais une preuve qu'elles s'exécutent c'est
que la Convention nationale est intacte, et que si un de ses
membres a péri, il était du nombre de ceux qui ne tremblent pas. Ainsi donc, quand il est démontré que les propositions faites par des hommes pervers de porter atteinte à la

représentation nationale, ont été rejetées avec horreur, quand
Paris est prêt à s'armer contre tous les traîtres qu'il renferme, pour protéger la Convention nationale, il est absurde
de créer une loi nouvelle. Pour protéger la Convention nationale, il ne s'agit que de bien diriger l'action des lois exis-
tantes contre le vrai coupable. Encore une fois, je ne combats pas le fond du projet ; mais je dis qu'il se trouve dans
les lois préexistantes. Ne faisons donc rien par peur ; ne faisons rien pour nous-mêmes ; ne nous attachons qu'aux considérations nationales ; ne nous laissons point diriger par les
passions. »

Séance du 25 mai. — Il combat la demande de supprimer
toute correspondance entre les sociétés populaires.

Isnard, président de la Convention, répond à une députation de la Commune : « Si jamais par ses insurrections sans
» cesse renaissantes, il arrivait que Paris portât atteinte à la
» représentation nationale, je vous le déclare au nom de la
» France entière, Paris serait anéanti ; bientôt on chercherait
» sur les rives de la Seine, si Paris a existé. » Un instant
après Isnard fait un accueil tout différent à une députation
de la section des gardes françaises. Danton prend la parole :
— « Si le président eût présenté l'olivier de la paix à la Commune avec autant d'art qu'il a présenté le signal du combat
aux guerriers qui viennent de défiler ici, j'aurais applaudi à
sa réponse, mais je dois examiner quel peut être l'effet politique de son discours. Assez et trop longtemps on a calomnié Paris en masse. (*On applaudit dans la partie gauche et
dans les tribunes. Il s'élève de violents murmures dans la
partie droite*). Ce n'est pas pour disculper Paris que je me
suis présenté à cette tribune, il n'en a pas besoin. (*Applaudissements*). Mais c'est pour la République entière. Il importe de détruire auprès des départements les impressions
défavorables que pourrait faire la réponse du président.
Quelle est cette imprécation du président contre Paris. Il est

assez étrange qu'on vienne présenter la dévastation que feraient de Paris tous les départements, si cette ville se rendait coupable... (Oui, *s'écrient un grand nombre de voix,* ils le feraient. — *On murmure dans l'extrême gauche*). Je me connais aussi, moi, en figures oratoires. (*Murmures dans la partie droite*). Il entre dans la réponse du président un sentiment d'amertume. Pourquoi supposer qu'un jour on cherchera vainement sur les rives de la Seine, si Paris a existé? Loin d'un président de pareils sentiments, il ne lui appartient que de présenter des idées consolantes. Il est bon que la République sache que Paris ne déviera jamais des principes; qu'après avoir détruit le trône d'un tyran couvert de crimes, il ne le relèvera pas pour y asseoir un nouveau despote. Que l'on sache aussi que les représentants du peuple marchent entre deux écueils; ceux qui servent un parti lui apportent leurs vues comme leurs vertus. Si dans le parti qui sert le peuple, il se trouve des coupables, le peuple saura les punir; mais faites attention à cette grande vérité, c'est que s'il fallait choisir entre deux excès, il vaudrait mieux se jeter du côté de la liberté que de rebrousser vers l'esclavage. Depuis quelque temps les patriotes sont opprimés dans les sections. Je connais l'insolence des ennemis du peuple ; ils ne jouiront pas longtemps de leur avantage; bientôt les aristocrates, fidèles aux sentiments de fureur qui les animent, vexeraient tout ce qui a porté le caractère de la liberté; mais le peuple détrompé les fera rentrer dans le néant. (*On applaudit*). Qu'avons-nous à faire, nous législateurs, qui sommes au centre des événements? Réprimons tous les audacieux ; mais tournons-nous d'abord vers l'aristocrate, car il ne changera pas. (*On applaudit*). Parmi les bons citoyens, il y en a de trop impétueux, mais pourquoi leur faire un crime d'une énergie qu'ils emploient à servir le peuple? S'il n'y avait pas eu des hommes ardents, si le peuple lui-même n'avait pas été violent, il n'y aurait pas eu de révolution. (*On applaudit à plusieurs reprises*)... Il faut réunir les départements, il faut bien se garder de les aigrir contre Paris. Quoi ! cette cité immense qui se renouvelle tous les jours, porterait atteinte à la représentation nationale ! Paris qui a brisé le premier le sceptre de fer, violerait l'Arche sainte qui lui est confiée ! Non ; Paris aime la révolution ; Paris par les sacrifices qu'il a faits à la liberté, mérite les embrassements de tous les Français. Ces sentiments sont les vôtres, eh bien ! manifestez-les ; faites imprimer la réponse de votre président, en déclarant que Paris n'a jamais cessé de bien mériter de la République. Puisque la municipalité... (*Il s'élève de violents murmures dans une grande partie de la salle*). Puisque la majorité de Paris a bien mérité... (*On applaudit dans toutes les parties de la salle*). Et cette majorité, c'est la presque totalité de Paris. (*Mêmes applaudissements*). Par cette déclaration, la nation saura apprécier la proposition qui a été faite de transporter le siége de la Convention dans une autre ville. (*On applaudit*). Tous les départements auront de Paris l'opinion qu'ils doivent en avoir, et qu'ils en ont réellement. Paris, je le répète, sera toujours digne d'être le dépositaire de la représentation générale. Le peuple français, quelles que soient vos opinions, se sauvera lui-même, s'il le faut, puisque tous les jours il remporte des victoires sur les ennemis, malgré nos dissensions. Le masque arraché à ceux qui jouent le patriotisme... (*On applaudit successivement dans toutes les parties de la salle*) et qui servent de rempart aux aristocrates, la France se lèvera et terrassera ses ennemis. (*Applaudissements*). »

Séance du 27 mai. — Une députation de la section de la cité vient réclamer contre la commission des douze qui a fait enlever nuitamment son président et son secrétaire. Robespierre demande la parole, elle lui est refusée. DANTON. — « Je vous le déclare, tant d'impudence commence à nous peser, nous vous résisterons. » Tous les membres à l'extrême gauche. — « Oui, nous résisterons. » (*On applaudit à plu-*

sieurs reprises dans les tribunes). On demande dans la partie droite que la déclaration de Danton soit consignée dans le procès-verbal. DANTON. — « Oui, je le demande moi-même. » La déclaration de Danton est consignée dans le procès-verbal. Danton monte à la tribune. — « Je demande la parole. » *Plusieurs voix.* — « Vous ne serez pas privilégié. » *Le président.* — « Danton a fait une déclaration ; comme elle doit être insérée dans le procès-verbal, il demande à la répéter. » DANTON. — Je déclare à la Convention et à tout le peuple français, que si l'on persiste à retenir dans les fers des citoyens qui ne sont que présumés coupables, dont tout le crime est un excès de patriotisme ; si l'on refuse constamment la parole à ceux qui veulent les défendre : je déclare, dis je, que s'il y a ici cent bons citoyens, nous résisterons. (Oui, oui, *s'écrie-t-on à l'extrême gauche).* Je déclare en mon propre nom, et je signerai cette déclaration, que le refus de la parole à Robespierre est une lâche tyrannie. (*Les mêmes voix.* — Oui, un despotisme affreux). Je déclare à la France entière que vous avez mis souvent en liberté des gens plus que suspects sur de simples réclamations, et que vous retenez dans les fers des citoyens d'un civisme reconnu, qu'on les tient en charte privée, sans vouloir faire aucun rapport... Tout membre de l'Assemblée a le droit de parler sur et contre la commission des douze. C'est un préalable d'autant plus nécessaire, que cette commission des douze tourne les armes qu'on a mises dans ses mains, contre les meilleurs citoyens ; cette commission est d'autant plus funeste, qu'elle arrache à leurs fonctions des magistrats du peuple. (*On murmure dans la partie droite).* Si vous vous obstinez à refuser la parole à un représentant du peuple qui veut parler en faveur d'un patriote jeté dans les fers, je déclare que je proteste contre votre despotisme, contre votre tyrannie. Le peuple français jugera. » Danton descend de la tribune, au milieu des applaudissements d'une partie de l'assemblée et des tribunes.

Dans la même séance, Danton prend encore la parole pour protester de son amour de la paix et de son zèle pour la conciliation : « J'interpelle le ministre de l'intérieur de dire si je n'ai pas été plusieurs fois chez lui pour l'engager à calmer les troubles, à unir les départements, à faire cesser les préventions qu'on leur avait inspirées contre Paris; j'interpelle le ministre de dire si depuis la révolution je ne l'ai pas invité à apaiser toutes les haines, si je ne lui ai pas dit : je ne veux pas que vous flattiez tel parti plutôt que tel autre, mais que vous prêchiez l'union. Il est des hommes qui ne peuvent se dépouiller d'un ressentiment. Pour moi, la nature m'a fait impétueux, mais exempt de haine. Je l'interpelle de dire s'il n'a pas reconnu que les prétendus amis de l'ordre étaient la cause de toutes les divisions, s'il n'a pas reconnu que les citoyens les plus exagérés sont les plus amis de l'ordre et de la paix. »

Séance du 28 mai. — Le 28, on était revenu sur le décret qui cassait la commission des douze, on voulait le rapporter. « Votre décret d'hier, dit Danton, était un grand acte de justice; j'aime à croire qu'il sera reproduit avant la levée de la séance. Mais si la commission conservait le pouvoir que, je le sais de bonne part, elle voulait exercer sur les membres mêmes de cette Assemblée... (*Plusieurs voix.* — Oui, oui. *D'autres.* — Cela est faux). Je dis que si le fil de la conjuration n'était pas rompu, si les magistrats du peuple n'étaient pas rendus à leurs fonctions, et entourés du respect qui doit les accompagner, si les bons citoyens ont encore à craindre les arrestations arbitraires, après avoir prouvé que nous passons nos ennemis en prudence, nous leurs prouverions que nous les passons en audace et en vigueur révolu-ionnaire. »

Dans la même séance une députation se présente, l'orateur dans son discours prétend qu'on a laissé trop longtemps entre les mains du peuple les instruments révolutionnaires, qu'il sert les projets des ambitieux. Isnard admet les pétitionnaires aux honneurs de la séance ; d'autres demandent l'impression du discours. « Personne ne respecte plus que moi le droit de pétition, dit Danton ; j'ai applaudi à l'opinion principale contenue dans celle que vous venez d'entendre. Nous sentons tous la nécessité d'une Constitution, et sous ce rapport je partage les vœux des pétitionnaires. Mais ordonnerez-vous l'impression d'une adresse où l'on dit qu'il faut arracher au peuple les instruments de la révolution. Si j'entends bien ce que signifient ces mots, cela veut dire la faculté de se réunir pour délibérer sur les affaires publiques. Or, les pétitionnaires nous ont demandé ce qu'il nous est impossible de faire ; car le peuple français est au-dessus de nous. Il est digne de se servir de ces instruments de révolution, il est prêt à les tourner contre ses ennemis. Le peuple français, avec ces mêmes instruments, fera, quand il le voudra, rentrer en un seul jour dans le néant les hommes assez stupides pour croire qu'il y a une distinction entre le peuple et les citoyens. Il serait ridicule de livrer, par un décret, à l'impression une pétition par laquelle *quelques honnêtes gens* de section viennent censurer ici la minorité. Songez que si l'on se vante d'avoir contre nous la majorité, vous avez dans la République, et Paris en est un exemple, une majorité immense. (Oui, oui, *s'écrie une partie de l'Assemblée*). Il est temps que le peuple ne se borne plus à la guerre défensive, et qu'il attaque tous les fauteurs de modérantisme ; il est temps que nous marchions fièrement dans la carrière ; il est temps que nous raffermissions les destinées de la France ; il est temps de signaler notre courage ; il est temps que nous nous coalisions contre les complots de tous ceux qui voudront détruire la République. Nous avons montré de l'énergie un jour et nous avons vaincu. Paris ne périra pas ; aux brillantes destinées de la République se joindront celles de cette cité fameuse que les tyrans voulaient anéantir. Paris sera toujours la terreur des amis de la liberté, et ses sections, dans les grands jours, lorsque le peuple s'y réunira en masse, feront toujours disparaître ces misérables *Feuillants,* ces lâches modérés dont le triomphe est d'un moment. *(Applaudissements dans une partie de l'Assemblée et dans les tribunes).* »

Séance du 31 mai. — Danton revient sur la nécessité de supprimer la commission des douze. « Vous avez créé une commission impolitique... — *(Plusieurs voix : — Nous ne savons pas cela.)* Vous ne le savez pas, il faut donc vous l'apprendre. Oui, votre commission a mérité l'indignation populaire. Rappelez-vous mon discours à ce sujet, ce discours trop modéré. Elle a jeté dans les fers des magistrats du peuple, par cela seul qu'ils avaient combattu, dans des feuilles, cet esprit de modérantisme que la France veut tuer pour sauver la République. Je ne prétends pas inculper ni disculper la commission, il faudra la juger sur un rapport et sur leur défense. Vous l'avez créée, non pas pour elle, mais pour vous. Si elle est coupable, vous en ferez un exemple terrible qui effrayera tous ceux qui ne respectent pas le peuple, même dans son exagération révolutionnaire. Le canon a tonné, mais si Paris n'a voulu donner qu'un grand signal pour vous apporter ses représentations, *(Les citoyens des tribunes applaudissent avec une partie de l'Assemblée)* si Paris, par une convocation trop solennelle, trop retentissante, n'a voulu qu'avertir tous les citoyens de vous demander une justice éclatante, Paris a encore bien mérité de la patrie. Je dis donc que si vous êtes législateurs politiques, loin de blâmer cette explosion, vous la tournerez au profit de la chose publique, d'abord en réformant vos erreurs, en cassant votre commission. *(On murmure.)* Ce n'est qu'à ceux qui ont reçu quelques talents politiques que je m'adresse, et non à ces hommes stupides qui ne savent faire parler que leurs passions. Je leur dis : considérez la grandeur de votre but, c'est de sauver le peuple de ses ennemis, des aristocrates, de le sauver de sa propre colère... (*Quelques voix : — Quel peuple ?*) Quel peuple, dites-vous? ce peuple est immense, ce peuple est la sentinelle avancée de la République. Tous les départements haïssent fortement la tyrannie. (*Un grand nombre de voix :* Oui, oui.) Tous les départements exècrent ce lâche modérantisme qui ramène la tyrannie. Tous les départements en un jour de gloire pour Paris avoueront ce grand mouvement qui exterminera tous les ennemis de la liberté. Tous les départements applaudiront à votre sagesse, quand vous aurez fait disparaître une commission impolitique. Je serai le premier à rendre une justice éclatante à ces hommes courageux qui ont fait retentir les airs... (*Les tribunes applaudissent.*)

« Je vous engage, vous, représentants du peuple, à vous montrer impassibles; faites tourner au profit de la patrie cette énergie que de mauvais citoyens seuls pourraient présenter comme funeste. Et si quelques hommes, vraiment dangereux, n'importe à quel parti ils appartiennent, voulaient prolonger un mouvement devenu inutile, quand vous aurez fait justice, Paris lui-même les fera rentrer dans le néant; je demande froidement la suppression pure et simple de la commission sous le rapport politique seul, sans rien préjuger, ni pour, ni contre; ensuite vous entendrez le commandant général, vous prendrez connaissance de ce qui est relatif à ce grand mouvement, et vous finirez par vous conduire en hommes qui ne s'effraient pas des dangers. (*Salles. —* Nous savons bien que ce n'est qu'un simulacre, les citoyens courent sans savoir pourquoi.) Vous sentez que s'il est vrai que ce ne soit qu'un simulacre, quand il s'agit de la liberté de quelques magistrats, le peuple fera pour sa liberté une insurrection entière. (*Applaudissements des tribunes.*) Je demande que pour mettre fin à tant de débats fâcheux, que pour marcher à la Constitution qui doit comprimer toutes les passions, vous mettiez aux voix, par l'appel nominal, la révocation de la commission. »

Séance du 2 juin. — Il s'élève contre donné l'ordre à la force armée d'empêcher les députés de sortir : « Afin que le mouvement qui paraît se préparer ne tourne pas au profit de l'aristocratie, je demande que l'Assemblée charge son comité de salut public de remonter à la source de cet ordre, et vous pouvez compter sur son zèle à vous présenter les moyens de venger vigoureusement la majesté nationale outragée en ce moment. »

Séance du 6 juin. — Il appuie la motion faite par Barère, d'envoyer aux départements dont les députés étaient détenus un nombre égal d'otages pris dans le sein de la Convention.

Séance du 8 juin. — Il demande le renvoi au comité de salut public du décret contre les étrangers : « Nous sommes, je crois, assez généralement d'accord que les principales mesures proposées peuvent êtres mieux conçues, mieux rédigées, mieux accommodées aux circonstances, et même qu'elles peuvent être différées sans inconvénient. Par exemple, tout le monde sent la nécessité d'une loi sur les étrangers; mais on sent aussi qu'il faut une loi développée, et que ce qu'on vous propose n'est qu'un principe déjà établi par vous, mais qui serait d'une exécution dangereuse, si on ne le modifiait par aucune exception. Il faut bannir les étrangers qui nous troublent par leurs intrigues, mais il ne faut pas imprudemment appauvrir la population et le commerce. Il est tel étranger qui établi et domicilié en France, est plus patriote que beaucoup de Français. Je dis donc que ce décret dont le principe est bon, doit encore être mûri dans un comité. »

Séance du 10 juin. — Fonfrède proteste contre l'accusation que Bordeaux aurait envoyé des agents à Londres pour traiter avec le roi d'Angleterre. Danton confirme ses paroles : « Fonfrède n'a pas fait complétement l'éloge des citoyens de Bordeaux ; s'ils n'ont pas formé le projet de traiter avec la ville de Londres, jamais aussi ils n'ont conçu le projet de marcher contre Paris, ni contre la Convention ; il peut y avoir des intrigues à Bordeaux, mais les Bordelais sont et seront toujours de dignes Français, et le plan de constitution qu'on vient de lire sera une pièce d'opposition contre ceux qui auraient pu les égarer. (*On applaudit*). »

Séance du 13 juin. — Sur le mode d'exprimer les suffrages dans les élections : « Nous sommes tous d'accord sur un principe consacré par la déclaration des droits. Ce principe veut que chacun puisse émettre librement son opinion, et ce principe doit surtout être reconnu lorsque le peuple exerce sa souveraineté. Vous ne pouvez donc pas empêcher un citoyen qui ne sait pas signer, de voter à haute voix. Je ne demande pas que vous obligiez personne à voter de telle ou telle manière ; je demande que chacun ait la liberté de voter à son choix ; j'observe seulement que la lumière et la publicité sont les aliments naturels de la liberté. Je demande donc que le riche puisse écrire, et que le pauvre puisse parler. »

Séance du 14 juin. — Danton demande que la Convention approuve l'insurrection du 31 mai.

Séance du 15 juin. — Il demande que la constitution consacre ce grand principe, que le peuple français ne peut jamais faire de guerre offensive.

Séance du 6 juillet. — Levasseur annonce que deux bataillons de la Gironde veulent quitter l'armée pour retourner dans leur département; il propose en conséquence de décréter que les bataillons qui quitteront leur poste seront déclarés traîtres à la patrie et traités comme tels. — « Il est impossible, dit Danton, de rendre un pareil décret. Ce ne sont point les bataillons qui sont coupables, ce sont quelques scélérats qui sèment la division dans les armées... Mais il ne faut point calomnier les bataillons, comme il ne faut point dire non plus que les départements sont en révolte; mais bien que les administrateurs sont d'adroits coquins qui veulent envahir la puissance nationale. N'en doutez pas, le vœu national s'est manifesté, la conduite de Buzot est jugée. Citoyens, vous avez créé une constitution populaire et elle sera rivée par le peuple et la France entière se ralliera autour d'elle. Or, si dans un moment où la France n'a point encore de gouvernement, l'étranger n'a pu entamer le territoire de la République, quel sera donc le peuple français lorsqu'il défendra cette constitution qui devient son ouvrage... Je demande l'ajournement de toutes les propositions relatives aux bataillons, jusqu'à ce que nous ayons reçu des renseignements plus certains. Je demande aussi qu'en envoyant à Paris deux députés pour apporter le procès-verbal de son vote pour la constitution, chaque Assemblée primaire envoie deux hommes armés qui, réunis à Paris, pourront former une armée centrale de réserve pour rétablir la paix intérieure, et se porter aux points des frontières où la République serait le plus imminemment menacée. *(On applaudit.)* » La proposition est renvoyée en comité de salut public.

Séance du 19 juillet. — Il demande la destitution des évêques qui s'opposent au mariage des prêtres : « Les évêques qui s'opposent au mariage des prêtres sont d'autant plus coupables, qu'ils sont salariés par la nation. La sagesse ne doit pas être pusillanime. Nous avons conservé les traitements des évêques, qu'ils imitent leurs fondateurs; ils rendront à César ce qui appartient à César. Eh bien, la nation est plus que tous les Césars. Je demande donc la destitution de tout évêque qui s'opposerait au mariage des prêtres; je demande même une année de fers, si cette opposition a une source d'incivisme. »

Séance du 22 juillet. — Il demande que des mesures rigoureuses soient prises contre les assassins de Beaucaire, et contre les officiers municipaux qui ont laissé égorger les patriotes. La destitution et la dégradation civique ne lui paraissent pas des peines suffisantes : « Attendez que le peuple vous ait remis sa foudre dans la fédération du 10 août: alors vous frapperez des coups plus forts sur les administrateurs qui n'en sont pas moins coupables quoiqu'ils se soient rétractés. Vous les rendrez inhabiles à venir empoisonner la législature. (*On applaudit.*) »

Il demande que le ministre de la guerre et le comité de salut public fassent un rapport à la Convention sur Custine : « La Convention ne peut pas rester dans l'incertitude sur un pareil objet; il faut qu'elle sache ce qu'est Custine. Condé a été obligé de se rendre, faute de vivres; Valenciennes est cernée de toutes parts, et chauffée de très près. L'armée du Nord a besoin d'un général; la nation a des doutes sur Custine, il faut que Custine soit jugé. »

Séance du 24 juillet. — Le comité de législation propose le mode d'exécution du décret qui ordonne la déportation des prêtres réfractaires à la Guyane française. « Il ne faut pas nous venger du poison que nous avons reçu du Nouveau-Monde, dit Danton, en lui envoyant un poison non moins mortel. Je demande que les prêtres réfractaires soient jetés sur les plages d'Italie; c'est la patrie du fanatisme. » Malarmé observe qu'on ne peut point rapporter si légèrement un décret rendu après la plus mûre délibération. « J'adopterais volontiers le projet du comité, répond Danton, mais on n'a donné pour le soutenir aucune raison déterminante. D'ailleurs on n'a point encore observé que tous nos ports étaient bloqués, et que nos vaisseaux, qui ne pourraient sans danger se rendre à la Guyane aborderaient facilement les plages d'Italie. C'est dans cet empire du Saint-Père qu'il faut concentrer ce méphitisme sacerdotal ; il y fera sans doute explosion et se détruira lui-même. On craint le retour furtif de ces fanatiques ; mais s'ils osaient rentrer, il faudrait les condésirer comme bannis, sous peine de mort. Ainsi qu'ils aillent grossir la cour du cardinal Maury, et s'ils retouchent le territoire français qu'ils meurent. »

25 juillet. — Il est nommé président de la Convention.

Séance du 26 juillet. Une députation de la société républicaine du 10 août se présente à la barre pour demander que Bouchotte soit maintenu au ministère. Danton répond en sa qualité de président : « Il n'appartient à ceux qui le 10 août ont puissamment concouru à la conquête de la liberté, de la surveiller. Si c'est l'audace qui a créé la République, c'est la défiance qui doit la conserver. La Convention sait que les défenseurs de la liberté sont dans le sein du peuple. La Convention examinera votre pétition, et vous accorde les honneurs de la séance. »

Séance du 31 juillet. — — Il appuie la motion de Cambon de démonétiser d'abord les assignats d'une valeur au-dessus de cent livres, en conserveront leur valeur aux assignats de cinquante livres.

Séance du 1er août. — A propos d'un décret, proposé par Couthon, ayant pour objet de condamner tous les Français qui placeraient des fonds sur la banque de Londres à une amende égale à la somme placée, Danton fait la proposition que le comité de salut public soit érigé en gouvernement provisoire jusqu'à ce que la constitution puisse être exécutée. Cette proposition ayant soulevé quelques objections, fondées sur l'influence que ce pouvoir pourrait mettre entre les mains de ceux qui l'exerceraient, Danton déclare « comme étant un de ceux qui ont toujours été les plus calomniés, qu'il n'acceptera jamais de fonctions dans ce comité. »

Séance du 2 août. — Une députation de Nantes vient réclamer en faveur du général Beysser destitué; elle termine par le vœu de voir, à l'époque du 10 août, les Français réunis jurer le respect des lois et l'oubli de toutes les haines : « Seulement alors, on pourra ne plus désespérer du salut de la patrie. » Danton, en sa qualité de président, relève ces derniers mots : « Sans être coupable, on n'a jamais pu dire qu'on désespérait du salut public. Vous venez réclamer la justice de la Convention en faveur d'un général qu'elle a destitué, d'un de ses membres qu'elle a a accusé. La Convention distinguera toujours l'innocent du coupable. Le premier a tout à espérer de sa justice; le second doit la craindre. »

Dans la même séance se présente à la barre le ministre de l'intérieur, Garat, cité sous l'inculpation d'avoir proposé aux conseils généraux des questions insidieuses, celle-ci par exemple : « A-t-on confiance aux assignats ? » — Danton descend de son fauteuil pour intervenir en faveur de Garat : — « La question qu'il proposait sur les assignats pouvait être nuisible, mais il ne faut pas ériger en conspiration ce qui n'est qu'une erreur. Garat a bien servi la chose publique, lorsque la commission des douze ourdissait sa conspiration. Le ministre a de la philosophie, il aime la Révolution, il n'a pas reçu de la nature cette fermeté de caractère nécessaire dans une grande secousse, pour lutter contre les orages. Au moment où l'on frappait de grands coups, il a montré de la faiblesse; il a été sur le point de donner sa démission. Je lui ai dit de rester à son poste, et de prendre pour règles de sa conduite, ses opinions philosophiques. Lorsque vous avez frappé du décret d'arrestation les trente-deux membres conspirateurs, il devait disséminer des écrits où cette mesure fût justifiée en montrant la vérité au peuple; il devait employer tous les moyens pour éclairer la nation sur cette grande affaire; mais le ministre ne doit point être confondu avec les commis; il y en a qui ont concouru avec Roland à pestiférer l'opinion publique, il aurait dû les chasser de ses bureaux. Je crois que la Convention, satisfaite des bonnes intentions du ministre, doit rapporter le décret d'arrestation rendu contre lui, et renvoyer tout ce qui concerne cette affaire au comité de salut public. » Le décret d'arrestation est rapporté.

Séance du 12 août. — Danton appuie une pétition des députés des assemblées primaires, demandant que tous les suspects soient mis en état d'arrestation, et il propose que les commissaires des assemblées primaires soient investis du droit de mettre en réquisition 400 mille hommes contre les ennemis du Nord.

Séance du 13 août. — Il fait décréter l'instruction gratuite.

Il s'oppose au payement des employés de l'ancienne liste civile : « Il doit paraître étonnant à tout bon républicain que l'on propose de payer les créanciers de la ci-devant liste civile, tandis que le décret qui accorde des indemnités aux femmes et enfants des citoyens qui versent leur sang pour la patrie, reste sans exécution. (*On applaudit.*) Aucun homme de bonne foi ne peut disconvenir que les créanciers de la liste civile ne fussent les complices du tyran dans le projet qu'il avait formé d'écraser le peuple français... Je demande que la Convention décrète que la nation ne payera aucun créancier du ci-devant roi. Je demande aussi que la liste des créanciers soit imprimée, afin que le peuple la connaisse. » La proposition de Danton est adoptée.

Séance du 14 août. — A propos du rapport du comité de salut public relatif aux réquisitions qui doivent être faites par les envoyés des assemblées primaires, il demande qu'ils soient autorisés à réunir la rigueur de la loi à la chaleur de l'apostolat de la liberté.

Séance du 15 août. — Barère annonce que plusieurs bataillons de l'armée qui combat les rebelles de Vendée ont résolu de retourner dans leurs foyers, Danton demande la peine de mort contre tout volontaire qui quitterait son poste. « Il est affreux, quand vous vous occupez de faire marcher la France contre vos ennemis, que des hommes qui ont des armes à la main demandent à les déposer, lorsqu'elles sont encore nécessaires. La Convention, au nom du peuple, pour lequel elle porte toutes les lois, doit rendre un décret sévère, attendu les dangers qui menacent la patrie. Je demande que vous décrétiez le principe suivant : « Aucun corps armé et » soldé par la République ne peut se dissoudre, sans que » son remplacement ait été préalablement ordonné. Tout » citoyen qui quittera ses drapeaux, sans avoir obtenu son » remplacement, sera puni de mort. » La proposition de Danton est mise sur-le-champ aux voix et adoptée.

Séance du 17 août. — Il demande que, pour lutter entre toute espèce d'accaparement, il soit fait un recensement général de tous les grains de la République : « Je rappelle à la Convention une grande vérité, c'est que tout gouvernement qui ne sait pas assurer la subsistance du peuple, court rique de se briser. Je lui rappelle qu'il faut tout mettre en œuvre pour satisfaire le peuple sur ce point capital... Il faut tout préparer pour finir glorieusement cette campagne, et nous mettre en mesure d'en entreprendre une autre, s'il le faut. Le moyen qu'emploient nos ennemis pour nous en empêcher, c'est de faire écouler nos grains. Eh bien, le seul moyen d'arrêter cet écoulement, c'est de faire un recensement effectif. Tout ce qui peut sauver le peuple est sacré dans ses résultats. Mettez donc la peine afflictive à côté de l'injonction... Il faut que tout homme qui sera retentionnaire des grains non déclarés soit puni d'une peine plus forte que la confiscation, il faut qu'il soit puni de dix années de fer. »

Séance du 20 août. — Sur les moyens de réquisition : « N'altérons pas le principe que tout Français doit mourir, s'il le faut, pour la liberté, et qu'il doit être toujours prêt à marcher contre les ennemis extérieurs et intérieurs de sa patrie; mais considérons que pour marcher, il faut des armes et du pain. Or, avez-vous d'armes et de pain pour faire marcher à la fois tous les Français ? Non, sans doute; il faut donc combiner leur marche progressive en raison de la quantité d'armes et de pain que vous avez à fournir. C'est sur ces trois bases que doit reposer le projet du comité, il vous a présenté de grands cadres à remplir; mais vous avez dû voir qu'il entrait dans sa pensée de rendre cette distribution facultative, et de faire renforcer les points menacés, aux dépens de ceux qui ne le seraient pas. Je demande que le comité nous présente un plan pour faire marcher une masse assez forte pour écraser nos ennemis, et que demain, sans plus attendre, on décrète et on agisse; car il vaut mieux souffrir quelques mouvements que de laisser paralyser l'énergie nationale. (*On applaudit.*) »

Séance du 21 août. — Barère monte à la tribune et dit :

« Le comité du salut public a pensé qu'il était nécessaire de faire connaître à la Convention les moyens dont ses ennemis particuliers se servent contre elle; il vient de recevoir un imprimé placardé à Lyon pour égarer le peuple contre ses représentants. C'est une lettre attribuée à Danton, mais écrite d'un style si extraordinaire qu'on peut le comparer à la caricature qu'on aurait faite d'un tableau. La voici :

Copie textuelle et littérale d'une lettre écrite à Dubois-Crancé et trouvée à Grenoble dans un portefeuille qu'il a perdu en quittant cette ville.

Paris, le 21 juillet 93.

« Mon cher collègue,

« La fameuse journée du 10 août approche. Il est temps de frapper le grand coup. Il faut enfin que la sainte Montagne triomphe. Je sais que Lyon, cette cité riche et superbe, entre pour beaucoup dans le projet. Emploie toutes tes forces dont tu disposes, pour soumettre les rebelles de Lyon. Il faut abandonner le Mont Blanc, qu'importe ; dut-on voir les Savoisiens enchaînés deux à deux : point de considérations particulières, point de demi-mesures ; il est temps que nous régnions ; il faut absolument soumettre cette ville superbe ; alor toutes les autres tomberont à nos pieds ; si l'on ne peut la forcer par les armes, il faut la réduire en cendres.

» Si les cultivateurs crient et demandent à qui ils vendront leurs denrées, dis leur qu'ils aillent à Constantinople : surtout répands les assignats ; ne les compte pas ; ils se retrouveront à la fin.

» *Signé* DANTON. »

DANTON : — « Je crois parfaitement superflu de dire que je suis un peu plus malin que cette lettre. (*Applaudissements.*) Je ne me sers point du style de Messieurs de Lyon, et n'ai point de corresponnance. Si j'avais écrit relativement aux conspirateurs de cette cité, j'aurais conseillé des mesures non moins vigoureuses contre les aristocrates, mais plus politiques. Je prie la Convention de faire mention dans son procès-verbal de ma déclaration ; car il est bon de détromper tous les citoyens de la République. Au surplus, s'il restait quelques doutes sur cette prétendue lettre, l'Assemblée peut se faire rendre compte par Dubois-Crancé, si je lui ai jamais écrit. (*Plusieurs membres.* — C'est inutile, nous vous croyons.) Si j'écris jamais je pourrai avouer ce qui sera sorti de ma plume comme j'avouerai toujours ce que je professe parmi vous. (*Applaudissements.*) »

Séance du 21 août. — Discussion sur le titre du code civil concernant les conventions matrimoniales. L'article 3 du projet défend entre les époux toute donation qui excéderait le dixième des biens de l'un ou de l'autre le comité motivait son opinion sur la nécessité d'empêcher les richesses de s'amonceler sur une même tête, ce qui était un des abus de l'ancien régime. — « Cet article, objecte Danton, a paru contraire à la nature et à l'esprit de la Révolution. En effet fut-il rien de plus absurde que d'obliger, par exemple, une épouse qui aura augmenté la fortune de son mari, de se voir éconduite, par un collatéral, des possessions qu'elle aura améliorées? Je demande que les époux, soit avant, soit après le mariage, puissent se faire les donations qu'ils jugeront à propos, et les restreindre à la moitié de l'usufruit s'ils ont des enfants. »

L'article 10 est ainsi conçu : « Les époux ont et exercent un droit égal pour l'administration de leurs biens. » Cet article est combattu par Thuriot et Merlin de Thionville qui soutiennent que le mari seul doit avoir l'administration des biens et en être responsable. La femme est généralement incapable d'administrer, et l'homme ayant sur elle une supériorité naturelle, doit la conserver. — DANTON: « Je demande qu'avant tout le comité nous dise ce qu'il entend par son article. — CAMBACÉRÈS: — Le comité a voulu dire que le mari ne pourra disposer des biens de la communauté sans le consentement de la femme : — DANTON. — Eh bien, rien n'est plus naturel. »

Séance du 29 août. — Billaud-Varennes, attribuant les

maux de la République à l'inexécution des décrets de la Convention, demande qu'il soit créé une commission chargée de surveiller le pouvoir exécutif dans l'exécution des lois. Robespierre s'oppose à cette proposition et y voit un système perfide de paralyser le comité de salut public et d'avilir le pouvoir exécutif. Danton dit de son côté qu'il croit dangereux de créer un second comité qui entraverait la marche du gouvernement. Pour concilier toutes les propositions, il demande l'adjonction de trois membres au comité de salut public : « Je sais qu'en ce moment on peut reprocher au gouvernement un peu de faiblesse ; mais reconnaîtrons-nous jamais ces défauts sans nous rappeler nos ressources et son action. Ne nous déshonorons pas à nos propres yeux. La république a onze armées ; elle soutient les efforts de toute l'Europe et des ennemis intérieurs. Nous avons encore une fois vaincu sur le Rhin, et vous allez l'apprendre. *(On applaudit.)* Enfin, votre comité a conçu de grandes mesures ; vous les avez consacrées par un décret, il faut en surveiller, en assurer l'exécution. Je ne m'oppose pas à ce que vous donniez au gouvernement une action nouvelle ; je modifierai seulement la proposition qui vous est faite, en tendant au même but. »

Séance 30 *du août.* — Le ministre de la guerre communique à l'Assemblée une lettre du général Cartaux annonçant la défaite des révoltés de Marseille. Danton demande la parole sur cette lettre : « La nation vient de donner une grande leçon à l'aristocratie marchande dans la personne des Marseillais. Il faut que cette leçon ne soit pas perdue, que ceux qui ont conquis Marseille à la liberté, soient récompensés, et que les contre-révolutionnaires soient punis ; il faut que les commerçants qui ont vu avec plaisir l'abaissement des nobles et des prêtres, dans l'espérance de s'engraisser de leurs biens, et qui aujourd'hui désirent la contre-révolution avec plus de perfidie, soient abaissés ; il faut se montrer aussi terrible envers eux qu'à l'égard des premiers. Je demande que les comités de salut public et de législation soient chargés de présenter à la Convention les moyens de faire payer les frais de cette guerre par les contre-révolutionnaires de Marseille, et le mode d'application de la loi qui doit faire tomber la tête des scélérats. *(On applaudit.)* » Les propositions de Danton sont décrétées.

Séance du 3 septembre. — La commission des subsistances présente un projet de loi, qui n'est pas trouvé assez radical. Thuriot demanda l'établissement d'un maximum pour toute la république et l'interdiction du commerce des grains. Danton appuie cette motion : « Il faut aujourd'hui que la Convention prononce entre les intérêts des accapareurs et ceux du peuple. Thuriot a développé une opinion qu'il a appuyée de puissants motifs ; s'il y a quelqu'un qui veuille la combattre, qu'il monte à la tribune, nous le réfuterons. La nature ne nous a pas abandonnés, n'abandonnons pas le peuple, il se ferait justice lui-même ; il tomberait sur les aristocrates, et leur arracherait de vive force ce que la loi aurait dû lui accorder. *(On applaudit.)* Prononçons aujourd'hui, demain nous exécuterons. » Dewars objecte que l'uniformité du maximum va aigrir les citoyens des départements où il est porté plus bas que ne le fixera votre loi. Danton reprend : « Ce ne sont là que de misérables chicanes ; c'est une loi générale que vous devez faire, parce que le législateur ne calcule que les intérêts généraux. Le peuple qui est toujours juste, ne fera pas attention au petit inconvénient qui aura lieu dans les départements où le maximum est moindre aujourd'hui que celui que vous établirez. Mais il applaudira à une loi qui assure les subsistances des armées et de la République entière. »

Séance du 4 septembre. — Bazire dénonce à l'Assemblée une contre-révolution sectionnaire qui se présente dans

Paris; Danton demande la formation d'une armée sectionnaire et qu'il soit fait un rapport sur la mode d'augmenter
de plus en plus l'action du tribunal révolutionnaire.

Séance du 6 septembre. — Barère annonce que l'insurrec-
rection des contre-révolutionnaires se soutient à Lyon, et
que d'autres soulèvements se sont opérés ailleurs : « Les revers que nous éprouvons, dit Danton, nous prouvent qu'aux
moyens révolutionnaires, nous devons joindre les moyens
politiques. Je dis qu'avec 3 ou 4 millions nous eussions déjà
reconquis Toulon à la France, et fait pendre les traîtres qui
l'ont livrée aux Anglais. Vos décrets n'y parvenaient pas. Eh
bien, l'or corrupteur de vos ennemis n'y est-il pas entré?
Vous avez mis 50 millions à la disposition du comité du salut
public. Mais cette somme ne suffit pas. Sans doute 20, 30,
100 millions seront bien employés, quand ils serviront à re-
conquérir la liberté. Si à Lyon on eût récompensé le patriotisme des sociétés populaires, cette ville ne serait pas dans
l'état où elle se trouve. Certes, il n'est personne qui ne
sache qu'il faut des dépenses secrètes pour sauver la
patrie. Je demande donc que le comité de salut public nous
fasse un rapport sur les moyens nécessaires pour ranimer
l'esprit dans les départements, et faire disparaître les aristocrates qui les infestent. Je ne suis d'aucun comité, je ne
veux être d'aucun ; mais pour le comité de salut public, je
sens combien il est intéressant pour le salut de la patrie, et
quiconque l'attaque irraisonnablement est un mauvais citoyen. Adaptez une manivelle à la grande roue, et donnez
ainsi un grand mouvement à la machine politique. Pour cela,
employez les grands moyens que la patrie suggère, sinon
vous n'êtes pas dignes des fonctions qui vous sont confiées. »

« Danton a la tête révolutionnaire, dit Gaston ; il exécu-
tera mieux qu'un autre ce qu'il propose. Je demande que
malgré lui il soit adjoint au comité de salut public. » Cette
proposition est décrétée à l'unanimité. Mais Danton refuse

de faire partie du comité : « Parce que, dit-il, lorsque je fis la motion d'organiser le comité de salut public en comité de gouvernement, je fis le serment de n'être d'aucun comité ; non que je renonce au droit d'aller dans les comités pour y être utile autant qu'il sera en moi, mais je dois, avant tout, tenir mon serment. » La Convention accepte sa démission.

Séance du 7 septembre. — Il appuie les mesures proposées relativement aux biens des étrangers et repousse l'exception présentée en faveur des étrangers chassés de leur pays pour la cause de la liberté : « Une multitude d'agents ont reçu un brevet d'expulsion d'Angleterre pour venir avec beaucoup d'adresse s'immiscer dans nos affaires, s'il se trouve dans le nombre de ces étrangers quelques patriotes, ils doivent s'estimer heureux de souffrir pour la cause de la liberté. Mais en thèse générale nous ne devons point porter d'exception. Je dis même que ceux qui nous nuisent avec le plus d'astuce sont ceux qui se plaignent le plus de leurs sacrifices à la cause populaire. »

Dans la même séance, Danton demande « qu'à l'avenir nul français ne puisse percevoir de droits de servitude en quelque endroit de la terre que ce soit. » Cette proposition est aussitôt transformée en décret.

Séance du 13 septembre. — Il demande la destitution du comité des marchés : — « Nos frères de l'armée du Nord viennent de rétablir l'honneur français ; c'est au moment où ils vont être encore secourus que nous devons nous occuper d'eux ; il existe un comité qui ne fait qu'entraver la marche des opérations, c'est celui du comité des marchés. Nous nous sommes convaincus qu'il a tout paralysé, au point que, si nous ne nous hâtons de le détruire, au commencement de l'hiver, nos soldats, comme l'année dernière, manqueront de tout. Sans doute les Français ne sont pas, comme les soldats autrichiens, faits pour recevoir des coups de bâton pour une tache à leur habit; mais il faut qu'ils soient vêtus. Le comité de salut public a toujours été composé d'excellents patriotes, il faut lui donner l'initiative de la présentation des membres qui composeront le nouveau comité. Il ne s'agit pas de consulter son goût privé, il faut que tout le monde se dirige ici au bien général, il faut que tout marche; il faut que les défenseurs de la liberté soient bien vêtus et bien nourris : nous déshabillerons tous les muscadins de la République. Je demande donc la destitution des membres de l'ancien comité, et que le comité de salut public présente la liste de ceux qui recomposeront le nouveau, ainsi que tous les autres comités dans lesquels il se trouve encore des membres dont les opinions touchaient au moins au fédéralisme. Je ne suis point suspect, mais je ne veux être membre d'aucun comité; mais je serai l'éperon de tous, je ne veux que servir mon pays. (*On applaudit.*) » Les propositions de Danton sont décrétées.

Le 12 octobre, Danton demanda à la Convention et obtint un congé de quelques jours, « pour aller à Arcis-sur-Aube, rétablir sa santé en respirant l'air natal. » Il n'était donc pas à Paris, le 31 octobre, lors de l'exécution des Girondins. Voici ce que rapportent à ce propos les fils même de Danton, dans un *Mémoire* que cite M. Bougeart : « Il se promenait dans son jardin avec M. Doulet qui, sous l'Empire, fut longtemps maire de la ville. Arrive une troisième personne tenant un journal à la main. — « Bonne nouvelle? bonne nouvelle! — Quoi? dit Danton. — Les Girondins sont condamnés et exécutés. — Et tu appelles cela une bonne nouvelle, malheureux! s'écrie Danton dont les yeux s'emplissent aussitôt de larmes. — Sans doute, n'étaient-ils pas des factieux? — Des factieux? Est-ce que nous ne sommes pas tous des factieux? Nous méritons tous la mort autant que les Girondins; nous subirons tous les uns après les autres le même sort qu'eux. »

Séance du 21 novembre. — Danton vote des secours aux ecclésiastiques : « Sachez, citoyens, que vos ennemis ont mis à profit pour vous perdre jusqu'à la philosophie qui vous dirige ; ils ont cru qu'en accueillant les prêtres que la raison porte à abandonner leur état, vous persécuteriez ceux qui sont aveuglés par le bandeau de l'erreur. Le peuple est aussi juste qu'éclairé. L'Assemblée ne veut salarier aucun culte, mais elle exècre la persécution et ne ferme point l'oreille aux cris de l'humanité. Citoyens, accordez des secours à tous les prêtres ; mais que ceux qui sont encore dans l'âge de prendre un état ne puissent prétendre aux secours de la nation après s'être procuré les moyens de subsister. Si Pitt a pensé que l'abolition du fanatisme serait un obstacle à votre rentrée en Belgique par la persécution que vous ferez éprouver aux prêtres, qu'il soit détrompé, et qu'il apprenne à respecter une nation généreuse qu'il n'a cessé de calomnier. Citoyens, il faut concilier la politique avec la saine raison : apprenez que si vous ôtez aux prêtres les moyens de subsister, vous les réduisez à l'alternative, ou de mourir de faim, ou de se réunir avec les rebelles de la Vendée. Soyez persuadés que tout prêtre, observant le cours de la raison, se hâtera d'alléger le fardeau de la République en devenant utile à lui-même, et que ceux qui voudront encore secouer les torches de la discorde seront arrêtés par le peuple qui écrase tous ses ennemis sous le char de la Révolution. Je demande l'économie du sang des hommes ; je demande que la Convention soit juste envers ceux qui ne sont pas signalés comme les ennemis du peuple. Citoyens, n'y eut-il qu'un seul prêtre qui, privé de son état, se trouve sans ressources, vous lui devez de quoi vivre ; soyez justes, politiques, grands comme le peuple, au milieu de sa fureur vengeresse, il ne s'écarte jamais de la justice ; il la veut. Proclamez-la en son nom, et vous recevrez ses applaudissements. »

Séance du 23 novembre. — Billaud-Varennes présente le projet du comité de salut public, sur un mode de gouvernement provisoire et révolutionnaire. Danton veut qu'on remplace les procureurs généraux syndics, élus par les localités, par des procureurs nationaux pour chaque département, nommés par le comité de salut public et pouvant être destitués par lui : « Le but du comité, dit-il, est de donner la force au gouvernement, de rallier à l'autorité centrale le faisceau départemental, de donner au comité de salut public une action immédiate sur les administrations. » La motion de Danton est combattue, notamment par Billaud-Varennes, qui la regarde comme subversive de tout gouvernement électif. Il observe que si cette mesure eut été entre les mains de la commission des vingt et un, la France eut été perdue. Barère fait des objections dans le même sens. Toutes ces motions sont renvoyées au comité.

Séance du 25 novembre. — Désaudrais, à la tête d'une députation du Lycée des Arts, demande qu'il lui soit permis de faire hommage à la République d'une pension de 1,000 livres qui lui a été accordée par l'Assemblée nationale. « Il faut d'abord savoir, intervient Danton, si la pension dont fait hommage le citoyen Désaudrais, est celle que lui fit donner Lafayette pour avoir travaillé avec lui à l'organisation contre-révolutionnaire de la garde nationale; car si c'était cette pension, la nation ne lui devrait aucun remerciement. »

Séance du 26 novembre — Quelques députations de communes apportent les dépouilles de leurs églises et des ci-devant prêtres qui renoncent à leurs fonctions ecclésiastiques. Danton demande qu'il n'y ait plus de mascarades anti-religieuses dans le sein de la Convention : « Si nous n'avons pas honoré le prêtre de l'erreur et du fanatisme, dit-il, nous ne voulons pas non plus honorer le prêtre de l'incrédulité. » — Parlant ensuite de la conspiration dite de l'étranger, il demande que le comité de salut public, réuni à celui de sûreté générale, fasse un prompt rapport sur cette conspiration et sur les moyens de donner une action grande et forte au gouvernement.

Il demande, dans la même séance, que l'on organise l'instruction publique, et les fêtes nationales du peuple.

Séance du 30 novembre. — Sur l'extension de la responsabilité ministérielle aux agents secondaires : « Dans les cas particuliers où les ennemis se rendent coupables, sans doute ils doivent être punis ; mais cela ne rentre pas dans la théorie de la responsabilité ministérielle, et il n'y a pas besoin d'une loi nouvelle à cet égard ; les lois criminelles existent. Quant à la responsabilité, il n'y en a plus si le ministre n'est pas seul responsable. En vain se justifierait-il, en prouvant qu'un délit quelconque n'est pas de son fait ; s'il ne l'a pas dénoncé, il le partage ; quant à l'ineptie ou à l'inertie, il est électeur dans sa partie ; c'est à lui à s'informer des talents, du caractère, de la probité de celui qu'il emploie, et il en répond. J'ai été ministre aussi ; tous les soirs je connaissais le produit net du travail de mes bureaux, je m'en faisais rendre compte par les chefs. L'inspection quotidienne de ses bureaux, voilà le premier devoir d'un ministre... Nous sommes d'accord en ce sens que les agents coupables doivent payer leur crime de leur tête. Mais le ministre doit être le premier dénonciateur, et s'il néglige de le faire, il en est responsable. Je demande que vous combiniez une rédaction qui énonce bien cette pensée sous les deux rapports. »

Séance du 1er décembre. — Danton s'élève contre les arrêtés des représentants sur l'échange des matières d'or et d'argent, et il demande qu'on régularise les mesures révolutionnaires et qu'après avoir donné tout à la vigueur on donne beaucoup à la sagesse.

Un citoyen se présente à la barre et commence la lecture d'un poëme à la louange de Marat. Danton l'interrompt : « Et moi aussi j'ai défendu Marat contre ses ennemis, et moi aussi j'ai apprécié les vertus de ce républicain ; mais après avoir fait son apothéose patriotique, il est inutile d'entendre tous les jours son éloge funèbre et des discours ampoulés sur le même sujet ; il vous faut des travaux et non pas des discours. Je demande que le pétitionnaire dise clairement et sans emphase l'objet de sa pétition. »

Le 3 décembre eut lieu aux Jacobins une séance marquée par des incidents importants. Un citoyen demande que la Convention soit invitée à fournir un local à chaque société populaire des départements. Danton combat cette proposition : « Les citoyens se rassemblent d'après le droit que leur en a donné la nature ; ils n'ont donc pas besoin de recourir à d'autres autorités pour gérer ce rassemblement. » L'orateur applaudit à l'énergie révolutionnaire du peuple pendant la crise actuelle. « Mais, dit-il, je demande qu'on se défie de ceux qui veulent porter le peuple au-delà des bornes de la Révolution, et qui proposent des mesures ultra-révolutionnaires. » Coupé de l'Oise répond que le peuple est le souverain et le possesseur de tous les biens que l'on dit appartenir à la nation. Il peut disposer de ces biens à sa volonté pour s'assembler dans les locaux qui lui paraîtront le plus commodes. Il a donc droit de s'adresser aux autorités constituées pour se faire procurer les moyens de se rassembler.

Danton monte à la tribune : quelques rumeurs se font entendre : « Coupé a voulu empoisonner mon opinion. Certes, je n'ai jamais prétendu proposer de rompre le nerf révolutionnaire, puisque j'ai dit que la Constitution devoit dormir, pendant que le peuple était occupé à frapper ses ennemis. Les principes que j'ai énoncés portent sur l'indépendance des sociétés populaires de toute espèce d'autorité. C'est d'après ce motif que j'ai soutenu que les sociétés populaires ne devaient avoir recours à personne pour solliciter des localités. J'ai entendu des rumeurs. Déjà des dénonciations graves ont été dirigées contre moi; je demande enfin à me justifier aux yeux du peuple, auquel il ne sera pas difficile de faire connaître mon innocence et mon amour pour la liberté. Je somme tous ceux qui ont pu concevoir contre moi des motifs de défiance, de préciser leurs accusations, car je veux y répondre en public. J'ai éprouvé une forte défaveur en paraissant à la tribune. Ai-je donc perdu ces traits qui caractérisent la figure d'un homme libre? Ne suis-je plus ce même homme qui s'est trouvé à vos côtés dans les moments de crise? Ne suis-je pas celui que vous avez souvent embrassé comme votre ami, et qui doit mourir avec vous? Ne suis-je pas l'homme qui a été accablé de persécution? J'ai été un des plus intrépides défenseurs de Marat. J'évoquerai l'ombre de l'Ami du peuple pour ma justification. Vous serez étonné, quand je vous ferai connaître ma conduite privée, de voir que la fortune colossale que mes ennemis et les vôtres m'ont prêtée, se réduit à la petite portion de biens que j'ai toujours eue. Je défie les malveillants de fournir contre moi la preuve d'aucun crime. Tous leurs efforts ne pourront m'ébranler. Je veux rester debout avec le peuple. Vous me jugerez en sa présence. Je ne déchirerai pas plus la page de mon histoire que vous ne déchirerez la vôtre, qui doivent immortaliser les fastes de la liberté. (*On applaudit.*) »

Danton termine en demandant qu'il soit nommé une commission de douze membres, chargés d'examiner les accusations dirigées contre lui, afin qu'il puisse répondre en présence du peuple. C'est en cette occasion que Robespierre prit la parole pour justifier Danton (V. *Œuvres de Robespierre*, p. 26) Après Robespierre, Merlin de Thionville déclare qu'au 10 août, Danton sauva la République avec ces paroles : « De l'audace, encore de l'audace, et puis encore de l'audace ! — Voilà Danton ! » La discussion se termine par la demande que fait un membre, que le président accorde l'accolade fraternelle à Danton. « Il la reçoit au milieu des applaudissements les plus flatteurs, » dit le *Moniteur* qui rapporte cette séance.

Séance du 7 décembre. — A propos des mesures à prendre contre les suspects : « Il faut nous convaincre d'une vérité politique, c'est que parmi les personnes arrêtées, il en est de trois classes; les unes qui méritent la mort, un grand nombre dont la République doit s'assurer, et quelques-unes sans doute qu'on peut relaxer sans danger pour elle. Mais il vaudrait mieux, au lieu d'affaiblir le ressort révolutionnaire, lui donner plus de nerf et de vigueur. Avant que nous en venions à des mesures combinées, je demande un décret révolutionnaire que je crois instant. J'ai eu, pendant ma convalescence, la preuve que des aristocrates, des nobles extrêmement riches, qui ont leurs fils chez l'étranger, se trouvent seulement arrêtés comme suspects, et jouissent d'une fortune qu'il est juste de faire servir à la défense de la liberté qu'ils ont compromise. Je demande que vous décrétiez que tout individu qui a des fils émigrés, et qui ne prouvera pas qu'il a été ardent patriote, et qu'il a fait tout au monde pour empêcher leur émigration, ne soit plus que pensionnaire de l'État, et que tous ses biens soient acquis à la République. » La proposition de Danton est décrétée.

Séance du 12 décembre. — Il soutient le principe de l'instruction obligatoire.

Séance du 21 décembre. — Un brave qui a perdu un bras au service de la République, se présente à la barre pour demander des secours. Danton prend la parole : « Je demande s'il n'existe pas des lois qui dispensent les défenseurs de la patrie, mutilés pour elle, de se présenter pour solliciter des secours? N'est-ce pas au ministre de la guerre à se charger de leur récompense? Est-ce qu'il n'y a pas des lois qui lui attribuent impérieusement ce soin? C'est une chose déshonorante pour la Convention de voir à sa barre les martyrs de la liberté. » Danton demande que le ministre de la guerre soit tenu, sous trois jours, de présenter le tableau de tous ceux qui ont été victimes de leur dévouement pour la cause de la liberté. La Convention décrète cette proposition.

Une députation de Commune Affranchie (Lyon), demande à présenter à la Convention les restes de Challier, martyr de la liberté; les pétitionnaires sont admis aux honneurs de la séance. Couthon propose que Challier reçoive les honneurs du Panthéon, et que l'on en retire le général Dampierre, « qu'on avait cru d'abord patriote, qu'on reconnaît aujourd'hui pour un traître. » Danton demande que la Convention éclaire d'abord sa décision par une connaissance exacte des faits : « La Convention nationale ne désorganisera pas le tombeau de Dampierre sans connaissance de cause. Ce général eut le malheur de naître d'une caste justement proscrite; mais il est de notoriété publique, qu'il a vécu dans les principes de l'égalité pratique. Il a vécu avec ses laboureurs en ami, en frère; voici un trait qui le fera connaître. Un malheureux tombe dans une rivière au milieu de l'hiver, Dampierre se jette à la nage et lui sauve la vie. Il jouissait dans son département de l'estime de tous les citoyens; je ne veux conclure de là rien de positif; mais cela suffit au moins pour vous prouver qu'il faut examiner. Certes, si Dampierre eût voulu trahir sa patrie, il l'aurait fait lors de la défection de Dumouriez; mais vous savez qu'alors il rallia une partie de nos troupes qu'un traître voulait livrer à l'ennemi. Dampierre enfin est mort les armes à la main; ne le jugez qu'après avoir examiné froidement sa conduite. Lorsque la Convention lui décerna les honneurs du Panthéon, je m'y opposai parce que je ne voulais pas que la Convention accordât un semblable honneur sans connaître les faits qui devaient la déterminer[1]. »

1. Danton prit souvent la parole aux Jacobins pour s'opposer aux exclusions que l'on était toujours disposé à prononcer trop facilement, sans vouloir même toujours entendre la justification de ceux qui étaient dénoncés; dans la séance du 23 décembre, il intervient pour que l'on entende en silence la justification de Philippeaux, accusé pour sa conduite en Vendée : « Il est du devoir de la société que cela soit, dit-il, quant à moi, qui n'ai point d'opinion formée sur cette affaire, je désire acquérir une conviction. » La discussion se poursuivant avec amertume, et dégénérant en personnalités diffamatoires, Danton prend de nouveau la parole : « Les Romains discutaient publiquement les affaires de l'État et la conduite des individus. Mais ils oubliaient bientôt les querelles particulières, lorsque l'ennemi était aux portes de Rome; alors ils ne combattaient plus entre eux que de courage et de générosité pour repousser les hordes qui les attaquaient. L'ennemi est aussi à nos portes et nous nous déchirons les uns les autres. Toutes nos altercations tuent-elles un Prussien ?..... »

Ces mêmes discussions se répétèrent quelques jours après (le 5 janvier 1794) à propos de Camille Desmoulius et du *Vieux Cordelier*. Danton interposa encore sa médiation : « Toujours des entraves, toujours des incidents et des questions quand il s'agit d'une affaire générale et qui intéresse la chose publique. Collot a présenté la question sous son véritable point de vue. Pourquoi a-t-on interverti l'ordre qui régnait dans cette discussion? Les patriotes doivent-ils se servir des mains du patriotisme pour tourmenter les patriotes? Tu te plains, Hébert, mais rappelle-toi les principes : Que tu aies raison, c'est ce que le temps fera connaître au public. Mais occupons-nous de l'objet pour lequel nous sommes assemblés aujourd'hui, éclairons le peuple, et laissons à la guillotine de l'opinion quelque chose à faire; sacrifions nos débats particuliers, et ne voyons que la chose publique. Les patriotes doivent savoir niveler leurs sentiments, équilibrer leurs opinions pour écraser d'abord leurs ennemis. N'en doutez pas, citoyens, ils sont cachés derrière le rideau, profitent de

Séance du 22 décembre. — Uu marchand de vin avait été soupçonné d'accaparement, on reconnut qu'il n'était pas coupable; la Convention à l'unanimité déclara qu'il fallait surseoir au décret lancé contre lui : « On s'honore, s'écria Danton, quand on sauve un innocent; je vole signifier moi-même le décret que la Convention vient de rendre. » La salle retentit d'applaudissements. Plusieurs autres membres sortent avec Danton, et s'empressent d'aller arrêter l'exécution du jugement du tribunal.

Séance du 28 décembre. — Une députation des soldats qui ont combattu contre les Vendéens se présente à la tribune; un d'eux raconte les hauts faits de ses compagnons d'armes. Merlin de Thionville demande pour ce brave le grade d'adjudant-général. Un député fait remarquer que ce décret devrait être précédé d'un rapport du comité de salut public : « Je ne pense pas, dit Danton, qu'il soit hors des pouvoirs de la Convention d'accorder la faveur que Merlin réclame; mais je pense qu'il est de la sagesse de ne faire aucune promotion militaire sans avoir entendu le comité de salut public; et quoique je sois persuadé que le militaire qui est devant vous mérite les éloges qu'il vient de rece-

nos mouvements, et font agir les ressorts du patriotisme en sens contraire de la révolution. Subordonnons nos haines particulières à l'intérêt général, et n'accordons aux aristocrates que la priorité du poignard. » Le 8 janvier la discussion s'engagea encore aux Jacobins sur Desmoulins. Robespierre demanda pour l'exemple que les numéros du *Vieux Cordelier* fussent brûlés par la société. — « C'est fort bien dit, Robespierre, s'écria Camille, mais je répondrai comme Rousseau : *Brûler n'est pas répondre.* » Le débat ainsi engagé entre Camille et Robespierre menaçant de s'aigrir, Danton intervint : « Camille ne doit point s'effrayer, dit-il, des leçons un peu sévères que l'amitié de Robespierre vient de lui faire. Citoyens que la justice et le sang-froid président toujours à vos décisions. En jugeant Desmoulins, prenez garde de porter un coup terrible à la liberté de la presse. »

voir, ce qui serait bon aujourd'hui donnerait lieu demain à une imitation moins heureuse; de là naîtraient les abus. Ainsi, je demande le renvoi au comité de salut public, qui certainement partagera les sentiments que nous venons d'éprouver pour un digne défenseur de la République. »

Séance du 30 décembre. — Bourdon de l'Oise demande qu'il soit enjoint à la municipalité de Paris de faire des recherches sur les volontaires qui résident dans cette ville, au lieu d'aller aux frontières : « Il y a à Paris, observe Danton, des citoyens qui viennent pour des objets qui intéressent leurs communes, et qu'il serait dangereux d'en écarter : il faut prendre un juste milieu. Je demande que tout citoyen envoyé à Paris par ses concitoyens, pour un objet quelconque, soit obligé de se faire enregistrer au comité de sûreté générale, qui en rendra compte à l'Assemblée toutes les décades. En adoptant cette mesure, vous ne priverez point le peuple de faire ses réclamations à la Convention nationale. » Cette proposition est adoptée.

Année 1794.

Séance du 7 janvier. — Le ministre de la guerre Bouchotte, d'une part, refusait des secours aux défenseurs de la patrie, et d'autre part donnait à Hébert 120,000 francs de subvention. Bourdon de l'Oise dénonce cet abus à la Convention. Danton fait décréter que les ministres ne pourront puiser dans le trésor public qu'en vertu d'une loi, et il demande que le comité de salut public fasse un rapport sur les moyens de perfectionner le gouvernement provisoire : « Ce qui épouvante l'Europe, c'est de voir la manivelle de ce gouvernement entre les mains de ce comité, qui est l'Assemblée elle-même... Mais, ajoute Danton, je suis convaincu qu'un conseil délibérant est mauvais, qu'il vous faut un directeur de la guerre responsable, un directeur de l'intérieur responsable, etc., et que le comité du salut public doit diriger l'action du gouvernement dont la Convention nationale l'a chargé. »

Séance du 13 janvier. — Amar venait, au nom du comité de salut public, de faire son rapport sur l'arrestation de Fabre d'Églantine. Danton demande que les prévenus soient traduits à la barre, afin qu'ils soient jugés devant tout le peuple : « La situation politique de la nation et de la Convention nationale est telle, que toutes les vérités peuvent lui être dévoilées sans danger. Le comité de sûreté générale a bien agi en mettant sous la main de la loi un homme présumé coupable; mais comme la Convention n'a pas de travaux qui prolongent ses séances, pourquoi ne se chargerait-elle pas de la recherche des coupables? Rendons justice au peuple; pourquoi les accusés ne seraient-ils pas traduits à la barre pour s'expliquer, après que le comité de sûreté générale aura pris les mesures convenables pour qu'aucun coupable n'échappe, qu'aucun fil de l'intrigue ne se perde? Un décret d'accusation a été proposé d'après un principe que j'avoue; *mais pouvez-vous vouloir interdire aux accusés la faculté d'être entendus?* Sans doute il peut se trouver des occasions où le peuple soit pressé de punir, où chacun ait le droit de poignarder un scélérat qui veut perdre la liberté. Brissot et consorts ne pouvaient être entendus; ils étaient déjà condamnés; la liberté était menacée de trop près; mais lorsqu'on vous dévoile des turpitudes, un agiotage, des corruptions; lorsqu'on tient les principaux fils de toute l'intrigue, lorsqu'on vous dénonce un faux qui peut être désavoué et attribué à une main étrangère, pourquoi n'entendrions-nous pas ceux qu'on accuse [1]? »

1. Danton respecta en toute circonstance, il faut lui rendre cette

Vadier et Billaud-Varennes combattent la proposition :
« Ces principes, dit Vadier, nous mèneraient à la Constitution de 91, qui accordait une inviolabilité absolue aux représentants du peuple. » L'affaire de Fabre, d'ailleurs, se rattache, dit-on, à un systèmeaffreux de contre-révolution. « Dix-neuf personnes ont été arrêtées pour cet objet, poursuit Vadier; c'est à l'échafaud que de pareils conspirateurs doivent aller, et non à la barre de la Convention. » — « Il faut, dit alors Danton, qu'un rapport général soit fait à la Convention, afin de lui faire connaître toutes les ramifications de cette horrible conspiration; car si Vadier ne nous eût annoncé que celle qui venait d'être découverte se liait à celle dénoncée par Chabot, la République et nous l'eussions ignoré. » Mais ces observations de Danton sont relevées avec vivacité. « Limiter un délai pour faire ce rapport, dit Billaud-Varennes, serait étrangler cette affaire. » Et, faisant une allusion directe et menaçante à Danton, il ajoute : « Malheur à celui qui a siégé à côté de Fabre et qui est encore sa dupe ! » — « Le comité, dit Amar, ne peut pas être accusé de négligence. » — « Mon intention, répond Danton, n'a pas été d'accuser le comité, je lui rends justice. » On passe à l'ordre du jour.

justice, la liberté de la défense, assez généralement méconnue dans nos assemblées révolutionnaires. Après l'assassinat de Marat, un membre, aux Jacobins, denonça Fauchet comme complice de Charlotte Corday. Celui-ci veut monter à la tribune pour se disculper, le président met aux voix si on le lui permettra.. — « Il n'y a rien à mettre aux voix, dit Danton; ne laissez pas souiller la tribune par Fauchet; ordonnez lui de se retirer à la barre. « Mais, quand sans vouloir l'entendre, on demande qu'il soit renvoyé devant le comité de sûreté générale : — « Je demande, reprend Danton, qu'on entende Fauchet, cet apostat de la liberté, qui a allumé la guerre civile dans son département; vous allez voir que tout ce qu'il dira ne fera que nous confirmer dans l'idée que nous avons qu'il est un contre-révolutionnaire. »

Séance du 15 janvier. — De jeunes élèves de la patrie viennent demander à la Convention une députation pour assister à une fête civique en l'honneur des martyrs de la liberté. Ils récitent un chant patriotique et en demandent l'insertion au Bulletin. Danton s'y oppose : « Le Bulletin de la Convention n'est point du tout destiné à porter des vers dans la République, mais de bonnes lois rédigées en bonne prose. Un décret, d'ailleurs, ordonne l'examen préliminaire du comité d'instruction publique pour tout ce qui peut concerner les arts et l'éducation. Je demande donc le renvoi au comité. » Dubouchet insiste sur ce que de tels chants produisent un effet singulier : « Il ne faut pas invoquer des principes que nous reconnaissons tous, pour en tirer des conséquences fausses. Sans doute, les hymnes patriotiques sont propres à enflammer, à électriser l'énergie républicaine : mais qui de vous est en état de prononcer sur la chanson qu'on a chantée à la barre? En avez-vous bien entendu et le sens et les mots? Pouvez-vous m'en instruire, car moi je n'ai pu en juger. Pourquoi donc empêcher la Convention de se mettre en mesure pour juger avec connaissance de cause! Le vrai moyen est le renvoi au comité d'instruction publique. Qui plus que moi sent la nécessité d'encourager les arts et les jeunes talents! Nous n'avons point fondé une République de Visigoths ; après l'avoir solidement instruite, il faudra bien s'occuper de la décorer; mais dans les petites choses comme dans les grandes, la Convention ne doit jamais prendre de détermination indiscrète et inconsidérée. J'insiste pour le renvoi. » Le renvoi est décrété.

Séance du 16 janvier. — Bourdon demande que la Convention chasse de la représentation nationale Dentzel, convaincu de n'être qu'un aristocrate.

Danton intervient pour adoucir cette proposition : « A ne consulter que la justice nationale, la proposition de

Bourdon doit être adoptée; les faits qu'il a articulés contre Dentzel sont graves; s'il est coupable, comme j'incline à le croire, la Convention ne se bornera pas à le chasser de son sein; mais elle le traduira au tribunal révolutionnaire. Mais suivons une marche sage qui nous mette à l'abri des erreurs. Je demande que les comités de salut public et de sûreté générale se saisissent de l'accusation et fassent arrêter l'individu s'ils le jugent convenable. »

Séance du 18 janvier. — Roger-Ducos observe que par l'édit de 1787, le dernier tyran s'était réservé le droit de prononcer sur les effets civils du mariage entre les protestants, suivant la qualité des circonstances et des personnes. Des réclamations particulières s'étant élevées sur les dispositions de cet édit, le comité de législation demande qu'elles soient rapportées. Danton observe que les lois rendues par l'Assemblée ne permettent pas d'élever le moindre doute sur le point de fait que l'on veut mettre en question, à savoir que la possession d'état suffit aux enfants pour leur donner le droit de réclamer la succession de leur auteur, et que les juges ne peuvent refuser de prononcer, à moins qu'ils ne soient des contre-révolutionnaires. Il demande l'ordre du jour sur le projet du comité et le renvoi de la pétition au comité de sûreté générale, qui poursuivra ceux qui ont pu élever une semblable question.

Séance du 22 janvier. — Couturier demande, par article additionnel, que tous les titulaires d'offices qui auront reproduit leurs titres, après les avoir déjà retirés, soient déclarés déchus de tout droit à liquidation. Danton appuie cette proposition : « Rien n'est plus juste. Sans doute, il faut qu'ils soient déchus, ceux qui, par défiance ou par haine de la Révolution, n'ont pas voulu attendre leur sort de la loyauté française; sans doute on pourrait les regarder comme suspects, et très-suspects. »

Dans la même séance, Ramel observe que, le 26 mai 92, le Corps législatif décréta que la rente apanagère des frères du ci-devant roi soit saisissable; il faut savoir si les créanciers auront encore hypothèque sur cette rente d'un million. Danton répond : « Suivant le proverbe : Morte la bête, mort le venin; il me semble que sitôt que ces animaux-là n'existent plus, on ne doit plus parler de rente apanagère. »

Séance du 23 janvier. — Camille Desmoulins réclame contre des commissaires de sections qui avaient fait une descente chez son beau-père et avaient saisi une partie de sa bibliothèque. Danton s'oppose à l'espèce de distinction, de privilége qui semblerait accordé au beau-père de Desmoulins. La Convention ne doit s'occuper que d'affaires générales. Mais il profite de cette occasion pour demander que la Convention médite les moyens de rendre justice à toutes les victimes des mesures et arrestations arbitraires, sans nuire à l'action du gouvernement révolutionnaire.

Séance du 27 janvier. — Bourdon dénonce un abus de pouvoir du ministre de la marine Dalberade, et demande sa mise en accusation. Danton prend la parole : « La Convention doit être conséquente avec ses principes, et s'en tenir au gouvernement provisoire qu'elle a décrété. Si le fait dénoncé est constant, il doit donner lieu à un acte d'accusation; mais il faut l'éclaircir. Pour moi, il me semble impossible qu'un ministre ait pu sciemment dépouiller un citoyen du grade que la Convention lui a extraordinairement accordé pour une action extraordinaire. Il y a sans doute erreur de fait. Il est absurde, quand vous avez un comité de salut public chargé de surveiller toute l'action du gouvernement, de vouloir prendre sur cette affaire une décision précipitée. Il faut lui renvoyer la dénonciation, pour faire un rapport séance tenante. Voilà mon opinion.

Je vois que, pour ce qui regarde les membres de la Convention, soit pour ce qui concerne les ministres, soit à l'égard des individus, nous nous abandonnons à nos propres passions. L'énergie fonde les Républiques ; la sagesse et la conciliation les rendent immortelles. On finirait bientôt par voir naître des partis. Il n'en faut qu'un, celui de la raison ; la raison veut que le fait soit éclairci ; la raison veut qu'un ministre ne soit pas regardé comme un coupable, parce qu'il est accusé d'un fait qui implique contradiction. Je demande donc le renvoi au comité de salut public pour faire un rapport séance tenante. »

Dans la même séance, Goupilleau demande que le prince de Talmont, depuis longtemps détenu à la Conciergerie, soit jugé. Danton appuie cette motion : « Le tribunal révolutionnaire doit accorder la priorité à cette espèce de conspirateur ; je demande que la Convention décrète que le ci-devant prince de Talmont sera jugé avant tout autre accusé. »

Séance du 31 janvier. — Deux décrets rappelaient Chasles de Lille ; il avait écrit qu'il était malade et n'était pas transportable. On conteste la sincérité de cette déclaration, et Raffron demande que Chasles soit immédiatement transporté à Paris, fût-ce en litière, s'il était vrai qu'il fût malade, et dût-il mourir en chemin.

Danton demande que la Convention ne se laisse pas compromettre par une fausse mesure : « Il faut charger les comités de salut public et de sûreté générale de prendre toutes les mesures nécessaires pour l'exécution du décret qui rappelle Chasles. Sans doute sa conduite a provoqué des dispositions sévères, car je le regarde comme constitué en retard et même en désobéissance. Cependant il peut se faire qu'il ne soit pas transportable ; il peut être malade, il peut le devenir ; le terme que vous lui prescriviez serait

6

donc ridicule. Vous devez vous fier à vos comités et croire qu'ils ne lui feront pas grâce. »

Séance du 2 février. — Un sans-culotte a été nommé à un emploi public. Il n'a pu offrir un cautionnement; il est sur le point de ne pouvoir jouir de la récompense due à son patriotisme et à son civisme. Danton prend la parole, à cette occasion, pour demander l'abolition des cautionnements : « Je ne sais si la question du cautionnement est encore décidée. Quant à moi, je la combats, et s'il existe une loi contraire, j'en demande l'abrogation. Il n'est pas un bon esprit qui ne regarde comme absurde la théorie des cautionnements. Si les fonctionnaires sont comptables de deniers, ce n'est point une responsabilité matérielle qu'il faut exiger d'eux, mais une responsabilité morale. C'est encore une rouille de l'ancien régime à faire disparaître. Lorsque la loi n'appelle aux fonctions publiques que les vertus et les talents, il n'y a point lieu à des cautionnements pécuniaires. » Le principe est décrété.

Un débat s'engage sur les accusations portées contre Vincent et Ronsin. Lecointre demande que la Convention ne leur rende pas la liberté, jusqu'à ce que son comité de sûreté générale lui ait fait un rapport détaillé. « Ce devrait être un principe incontestable parmi les patriotes, intervient Danton, que, par provision, on ne traitât pas comme suspects des vétérans révolutionnaires qui, de l'aveu public, ont rendu des services constants à la liberté. » Il justifie ces deux citoyens et appuie la proposition du comité, de les mettre en liberté.

Séance du 4 février. — Sur l'abolition de l'esclavage.

Séance du 23 février. — Charlier propose l'exclusion des nobles des armées de la République. Danton observe qu'il faut décréter en même temps l'exclusion des nobles de toutes fonctions publiques. Il demande en conséquence le renvoi de la proposition de Charlier au comité de salut public, pour qu'on consacre un principe plus vaste et qu'on rende un décret plus étendu.

Séance du 26 février. — Saint-Just, au nom du comité de salut public, lit un rapport sur les détentions et sur les moyens les plus courts de reconnaître et de délivrer l'innocence et le patriotisme opprimés, comme de punir les coupables. Ce rapport se terminait par le décret suivant : « Le » comité de sûreté générale est investi du pouvoir de » mettre en liberté les patriotes détenus; toute personne » qui réclamera sa liberté, rendra compte de sa conduite » depuis le 1er mai 1789. » — « Je demande, dit Danton, à présenter un article additionnel. De même qu'il faut, d'après les principes du rapporteur, que chaque homme qui réclamera sa liberté justifie de sa conduite depuis 1789, je pense qu'il faudrait que chaque comité révolutionnaire envoyât au comité de sûreté générale le tableau des membres qui le composent, ainsi que de leurs travaux révolutionnaires. C'est ainsi que vous centraliserez le bien; c'est ainsi que le comité de sûreté générale pourra épurer ces comités des faux patriotes à bonnets rouges; c'est ainsi que les instruments révolutionnaires deviendront encore plus utiles, et que la Terreur, restant constamment à l'ordre du jour contre les ennemis de la Révolution, les patriotes pourront être sûrs de la paix et de la liberté. » Cette proposition est renvoyée au comité de salut public.

Séance du 3 Mars. — Saint-Just, au nom du comité de salut public, demande que les biens provenant des ennemis de la Révolution soient affectés aux citoyens qui l'ont servie et sont restés dans l'indigence. Danton appuie cette proposition : « Sans doute nous désirons tous voir mettre à exécution le vaste plan que vient de vous soumettre le comité de salut public, sans doute le moment n'est pas éloigné où l'on ne rencontrera plus un seul infortuné dans toute l'étendue du territoire de la République; mais comme c'est par la jouissance qu'on attache l'homme à la patrie, je crois qu'il serait bon de faire promptement un essai des grandes vues du comité. Citoyens, il existe dans la République beaucoup de citoyens qui ont été mutilés en défendant la cause du peuple, ne croyez-vous pas utile de leur accorder des terres aux environs de Paris, et de leur donner des bestiaux, afin de mettre en activité, sous les yeux mêmes de la Convention, cette colonie de patriotes qui ont souffert pour la patrie. Alors, citoyens, tout soldat de la République se dira : si je suis mutilé, si je perds un membre en défendant les droits du peuple, je sais le sort qui m'attend; déjà plusieurs de mes frères jouissent des services qu'ils ont rendus; j'irai grossir leur nombre et bénirai sans cesse les fondateurs de la République. Je demande que le comité de salut public combine l'idée que je viens de soumettre à l'Assemblée, afin que nous ayons la satisfaction de voir bientôt ceux de nos frères qui ont bien mérité de la patrie en la défendant, manger ensemble et sous nos yeux à la gamelle patriotique. » La proposition est renvoyée au comité.

Séance du 4 mars. — Levasseur demande qu'on mette en dépôt, entre les mains des fermiers et des cultivateurs, des étalons des différentes espèces d'animaux les plus utiles. Danton appuie cette proposition : « C'est quand une grande nation consomme beaucoup qu'elle doit prendre des précautions pour conserver et faire reproduire les espèces qu'elle consomme. Les anciennes républiques appliquaient ces principes même à la population, et après une guerre longue et meurtrière, les législateurs d'Athènes, qui s'y connaissaient aussi, pour réparer la perte que l'État avait fait de ses concitoyens, ordonnèrent à ceux qui restaient d'avoir plusieurs femmes. (*On rit et on applaudit.*) Sans vouloir faire l'application d'une telle mesure, et pourtant sans en faire un objet de plaisanterie, je dis que, puisqu'il entre dans notre plan, lorsque la liberté aura triomphé, de distribuer les dépouilles des ennemis du dedans et du dehors à ceux qui auront vaincu pour la liberté, c'est dans cet esprit qu'il faut discuter les vues présèntées par Levasseur. Soit donc que la République accorde des primes à ceux qui éleverout ces élites d'animaux, soit que ces animaux soient élevés pour le compte de la République, les comités de commerce et d'agriculture doivent méditer et approfondir ces idées, et en faire un rapport à la Convention. »

Il prend encore la parole dans la même séance sur les propriétaires qui demandaient des indemnités pour les pertes qu'ils avaient éprouvées dans la guerre de Vendée : « Pour distribuer avec sagesse et avec justice les secours que vous avez décrétés, il faut d'abord poser deux bases incontestables : la première, c'est qu'il ne faut pas qu'un riche propriétaire prétende une indemnité proportionnée aux pertes qu'il aura faites ; la seconde, c'est que les services rendus à la patrie doivent seuls déterminer la mesure des indemnités que la République accordera à ses défenseurs. Je demande donc que les bases que je viens de poser soient reconnues, et qu'un homme, propriétaire, qui n'aura pas pris les armes pour défendre la République, ne puisse prétendre à aucune indemnité ; accordez des indemnités en raison des services, et non en raison des propriétés. » Le principe de la proposition est décrété.

Danton, dans la même séance, prend encore une fois la parole sur le même sujet : « Vous avez consacré un principe juste, dit-il, en décrétant que ceux qui n'auraient pas contribué à la défense de la patrie ou qui y auraient été indifférents, ne participeraient point à la reconnaissance nationale ; mais la rédaction de ce principe, de cette loi, me présente de grandes difficultés. Par exemple, votre intention serait-elle d'accorder une indemnité à celui qui aura conservé, je suppose, une propriété de cent mille écus? (*Non, non!* s'écrie-t-on de toutes parts.) Je suis aussi dans cette même idée. Cela doit vous faire sentir la nécessité de créer un mode de distribution tel que ceux qui en seront chargés ne soient point entravés dans leurs opérations. Ne vous paraît-il pas convenable d'examiner si un citoyen qui aura conservé son sol, mais qui aura perdu son mobilier, n'aura pas droit à une avance nationale, et s'il ne sera pas de l'intérêt de la République de la lui faire? Toutes ces considérations vous prouvent que vous devez porter la plus grande réflexion dans la rédaction des bases décrétées. J'ai demandé dans le renvoi aux comités de salut public et des secours public pour présenter une loi supplémentaire. » Le renvoi est décrété.

Séance du 12 mars. — Levasseur demande qu'on défende aux particuliers de venir faire à la barre des dénonciations contre les représentants; il faut les renvoyer, dit-il, aux comités de salut public : « La proposition de Levasseur, dit Danton, pourrait entraîner des conséquences qui violeraient la liberté d'exprimer sa pensée sur tous les mandataires du peuple. Chaque citoyen doit pouvoir dire publiquement son opinion sur les législateurs et tous les fonctionnaires publics. C'est entre nous qu'il faut éviter des débats ridicules, mais du reste liberté tout entière. »

Séance du 16 mars. — Après la lecture d'une pétition, un orateur de section chante quelques couplets d'une chanson patriotique dont il est l'auteur. Danton l'interrompt : « La salle et la barre de la Convention sont destinées à recevoir l'émission solennelle et sérieuse du vœu des citoyens; nul ne peut se permettre de les changer en tréteaux. Je porte dans mon caractère une bonne portion de

gaieté française, et je la conserverai, je l'espère. Je pense,
par exemple, que nous devons donner le bal à nos ennemis,
mais qu'ici nous devons froidement et avec dignité et calme,
nous entretenir des grands intérêts de la patrie, les discuter, sonner la charge contre tous les tyrans, indiquer et
frapper les traîtres, et battre la générale contre tous les
imposteurs. Je rends justice au civisme des pétitionnaires,
mais je demande que dorénavant on n'entende plus à la
barre que la raison en prose. » Cette proposition est adoptée.

Séance du 19 *mars.* — A propos de l'accusation contre
e ministre de la guerre Bouchotte, Danton provoque un
examen de la conduite de tous les fonctionnaires publics.

La même séance fut signalée par une scène émouvante,
qui offre, au point de vue de Danton, un intérêt d'autant
plus grand, que ce fut sa dernière manifestation publique,
avant son arrestation. Pache vient au nom de la Commune
protester de son dévouement à la Convention. Le président
de l'Assemblée, Rhul, lui reproche d'être venu un peu tard
faire cette protestation, que néanmoins il se plaît à regarder comme sincère. Danton relève cette réponse comme
indigne de la Convention nationale, « qui ne doit pas avilir
un corps entier et frapper d'une prévention collective une
administration collective, parce que quelques individus de
ce corps peuvent être coupables. » Danton prononce quelques paroles chaleureuses qui émeuvent l'auditoire ; Rhul
l'invite à venir lui-même occuper le fauteuil qu'il va quitter
pour lui répondre. — « Président, répond Danton, ne demande pas que je monte au fauteuil, tu l'occupes dignement. Ma pensée est pure; si mes expressions l'ont mal
rendue, pardonne-moi une inconséquence involontaire ; je
e pardonnerais moi-même une pareille erreur. Vois en moi
un frère qui a exprimé librement son opinion. » Rhul
descend de la tribune et se jette dans les bras de Danton;

« Cette scène, dit le *Moniteur*, excita le plus vif enthousiasme dans l'Assemblée. »

Ce fut la dernière fois que Danton prit la parole à la Convention. — Dans la nuit du 3! mars, il fut arrêté, en même temps que Camille Desmoulins et Lacroix [1]. Le lendemain, à la Convention, Legendre tente d'émouvoir l'Assemblée : « Citoyens, quatre membres de cette Assemblée sont arrêtés de cette nuit. Je sais que Danton en est un; j'ignore le nom des autres. Qu'importe leurs noms, s'ils sont coupables? Mais, citoyens, je viens demander que les membres arrêtés soient traduits à la barre où vous les entendrez, et où ils seront accusés ou absous par vous... Citoyens, je le déclare, je crois Danton aussi pur que moi, et je ne pense pas que qui que ce soit me puisse reprocher un acte qui blesse la probité la plus scrupuleuse... (*Des murmures interrompent l'orateur.*) — CLAUZEL : Président, maintiens la liberté des opinions. — Le PRÉSIDENT (Tallien) : Oui, je la maintiendrai; oui, chacun dira librement ce qu'il pense; nous resterons tous ici pour sauver la liberté. (*On applaudit.*) — LEGENDRE : Je n'apostrophe aucun membre des comités de salut public et de sûreté générale; mais j'ai le droit de craindre que des haines particulières et des passions individuelles n'arrachent à la liberté les hommes qui lui ont rendu les plus grands, les plus utiles services Il m'appartient de dire cela de l'homme qui, en 1792, fit lever la France entière par les mesures énergiques dont il se servit pour ébranler le peuple, de l'homme qui fit décréter la peine de mort contre quiconque ne donnerait pas ses armes ou n'irait pas en frapper l'ennemi. L'ennemi était alors aux

---

1. « Deux jours après le supplice des Hébertistes que Danton avai si puissamment concouru à déterminer, dit Levasseur (de la Sarthe) dans ses *Mémoires*, ce même Danton fut arrêté pendant l: nuit..... La Convention fut consternée en apprenant cette nou velle, » ajoute Levasseur.

portes de Paris, Danton vint et ses idées sauvèrent la patrie. J'avoue que je ne puis le croire coupable, et ici je veux rappeler le serment que nous fîmes en 90, qui engagea celui de nous deux qui verrait l'autre survivre à son attachement pour la cause du peuple à le poignarder sur-le-champ, et dont j'aime à me ressouvenir aujourd'hui. Je le répète, je crois Danton aussi pur que moi : il est dans les fers depuis cette nuit. On a craint sans doute que ses réponses détruisissent les accusations dirigées contre lui. Je demande, en conséquence, qu'avant que vous entendiez aucun rapport, les détenus soient mandés et entendus. » Fayau combat cette proposition sur ce qu'elle serait un privilége. Après lui, Robespierre monte à la tribune : « Au trouble depuis longtemps inconnu qui règne dans cette Assemblée, dit-il, aux agitations qu'ont produites les premières paroles de celui qui a parlé avant le dernier opinant, il est aisé de s'apercevoir, en effet, qu'il s'agit ici d'un grand intérêt; qu'il s'agit de savoir si quelques hommes aujourd'hui doivent l'emporter sur la patrie. » Legendre, accusé par Robespierre, balbutie une justification [1]. Barrère soutient comme Robespierre que les représentants livrés au tribunal révolutionnaire par les comités, ne doivent pas avoir le privilége de venir se défendre devant l'Assemblée. La proposition de Legendre n'a pas de suite et la parole est donnée à Saint-Just qui, au nom des comités de salut public et de sûreté générale, présente le rapport sur les accusés. Le décret ordonnant la mise en jugement de Danton, Ca-

---

1. Legendre renouvella, le soir, sa justification aux Jacobins. Quelques jours après il désavoua son intervention : « J'étais avant la découverte du complot, l'intime ami de Danton, j'aurais répondu de sa conduite et de ses principes sur ma tête. Mais aujourd'hui, je suis convaincu de ses crimes, je suis convaincu qu'il voulait plonger le peuple dans une erreur profonde : peut-être y serais-je tombé moi-même sans aucune défiance. »

mille Desmoulins, Hérault, Philippeaux, Lacroix, prévenus de complicité avec d'Orléans, Dumouriez, avec Fabre d'Églantine, et les ennemis de la République, est adopté à l'unanimité et au milieu des plus vifs applaudissements [1].

Le chef du jury devant lequel comparurent les accusés, était Truchard; les autres jurés étaient : Renaudin, Fauvetti, Topino-Lebrun, Souberbielle, Ganney, Leroy de Mont-Flobert, Sambut.

Le compte rendu de l'affaire, redigé par Coffinhal, qui fut publié au Bulletin du tribunal révolutionnaire, est loin d'être authentique. « On peut regarder comme certain, dit M. Bougeart, que les réponses des accusés, et notamment de Danton, y sont tronquées, faussées, et le plus souvent omises. » On ne trouve dans le *Moniteur* aucune trace des débats qui eurent lieu à l'occasion de ce procès.

A la demande de son domicile, Danton répondit : *Bientôt le néant, et mon nom au Panthéon.* Il fit une vigoureuse défense ; ses coaccusés, soutenus par son exemple, se récrièrent avec non moins d'énergie contre l'accusation. L'accusateur public, indigné de cette « lutte scandaleuse, » fit suspendre les débats pour en référer à la Convention, qui, sur le rapport de Saint-Just, prit un décret portant que « tout prévenu de conspiration, qui résisterait ou insulterait la justice nationale, serait mis hors des débats sur-le-champ. » A la suite de ce décret, le tribunal, sans entendre la défense des accusés, rendit son jugement qui condamnait à mort Danton et ses complices, les déclarant convaincus « d'avoir trempé dans une conspiration tendant à

---

1. Le rapport de Saint-Just fut rédigé sur des notes qui lui avaient été fournies par Robespierre. Ces notes ont été publiées pour la première fois en 1841 par l'éditeur Franc. Nous reproduisons plus loin, aux notes, le discours de Robespierre à la Convention, les passages du rapport de Saint-Just, qui ont trait à Danton, et un extrait des notes de Robespierre, sur lesquelles a été rédigé ce rapport.

rétablir la monarchie, à détruire la représentation nationale et le gouvernement républicain.

Le *Moniteur* annonce en ces termes la condamnation et l'exécution de Danton, dans son numéro du 17 germinal an II (6 avril 1794) :

« *Du* 16 *germinal.* — Après trois jours de débats, Danton, Fabre, Lacroix, Philippeaux, Desmoulins, Chabot, Bazire, Delaunay, Hérault, Westermann, Gusman, Espagnac, les deux frères Frey et Diedericksen, ont été condamnés à la peine de mort. Ils ont subi leur jugement, le même jour, à cinq heures et demie, à la place de la Révolution. »

ŒUVRES

DE

DANTON

DISCOURS PRONONCÉ LE JOUR DE SON INSTALLATION
COMME SUBSTITUT DU PROCUREUR DE LA COMMUNE [1]

Novembre 1792.

Monsieur le maire et messieurs,

Dans une circonstance qui ne fut pas un des moments de sa gloire, un homme dont le nom doit être à jamais célèbre dans l'histoire de la Révolution, disait: qu'il savait bien

---

1. Fréron, en rapportant ce discours dans l'*Orateur du Peuple*, le fait précéder des réflexions suivantes : « M. Danton, je vais rapporter votre discours, non parce qu'il renferme des vérités frappantes, mais parce que la profession de foi que vous adressez au peuple, lui servira de pièce de comparaison, et qu'il pourra, si vous êtes fidèle à vos principes, lorsque la cour voudra l'enchaîner, se rallier autour de vous. Vous avez de grands moyens, faites-les valoir, ou sinon, je vous poursuivrai avec le même acharnement que je poursuis tous ceux qui nuisent à la chose publique. »

qu'il n'y avait pas loin du Capitole à la roche Tarpéienne;
et moi, vers la même époque à peu près, lorsqu'une sorte
de plébiscite m'écarta de l'enceinte de cette assemblée où
m'appelait une section de la capitale, je répondais à ceux
qui attribuaient à l'affaiblissement de l'énergie des citoyens, ce qui n'était que l'éffet d'une erreur éphémère,
qu'il n'y avait pas loin pour un homme *pur*, de l'ostra-
cisme suggéré aux premières fonctions de la chose publique.
L'événement justifie aujourd'hui ma pensée; l'opinion, non
ce vain bruit qu'une faction de quelques mois ne fait régner qu'autant qu'elle-même, l'opinion indestructible, celle
qui se fonde sur des faits qu'on ne peut longtemps obscurcir,
cette opinion qui n'accorde point d'amnistie aux traîtres, et
dont le tribunal suprême casse les jugements des sots et les
décrets des juges vendus à la tyrannie, cette opinion me
rappelle du fond de ma retraite où j'allais cultiver cette
métairie qui, quoique obscure et acquise avec le remboursement *notoire* d'une charge qui n'existe plus n'en a pas
moins été érigée par mes détracteurs en domaines immenses, payés par je ne sais quels agents de l'Angleterre et
de la Prusse.

Je dois prendre place au milieu de vous, messieurs,
puisque tel est le vœu des amis de la liberté et de la constitution; je le dois d'autant plus que ce n'est pas dans le moment où la patrie est menacée de toutes parts, qu'il est
permis de refuser un poste qui peut avoir ses dangers,
comme celui d'une sentinelle avancée. Je serais entré si-
lencieusement ici dans la carrière qui m'est ouverte, après
avoir dédaigné pendant tout le cours de la Révolution de
repousser aucune des calomnies sans nombre dont j'ai été
assiégé, je ne me permettrais pas de parler un seul instant
de moi, j'attendrais ma juste réputation de mes actions et
du temps, si les fonctions déléguées auxquelles je vais me
livrer, ne changeaient pas entièrement ma position.
Comme individu, je méprise les traits qu'on me lance, ils

ne me paraissent qu'un vain sifflement; devenu homme du peuple, je dois, sinon répondre à tout, parce qu'il est des choses dont il serait absurde de s'occuper, mais au moins lutter corps à corps avec quiconque semblera m'attaquer avec une sorte de bonne foi. Paris, ainsi que la France entière, se compose de trois classes; l'une ennemie de toute liberté, de toute égalité, de toute constitution, et digne de tous les maux dont elle a accablé, dont elle voudrait encore acabler la nation; celle-là je ne veux point lui parler, je ne veux que la combattre à outrance jusqu'à la mort; la seconde est l'élite des amis ardents, des coopérateurs, des plus fermes soutiens de notre Révolution, c'est elle qui a constamment voulu que je sois ici; je ne dois non plus lui rien dire, elle m'a jugé, je ne la tromperai jamais dans son attente : la troisième, aussi nombreuse que bien intentionnée, veut également la liberté, mais elle en craint les orages; elle ne hait pas ses défenseurs qu'elle secondera toujours dans les moments de périls, mais elle condamne souvent leur énergie, qu'elle croit habituellement ou déplacée ou dangereuse; c'est à cette classe de citoyens que je respecte, lors même qu'elle prête une oreille trop facile aux insinuations perfides de ceux qui cachent sous le masque de la modération l'atrocité de leurs desseins; c'est, dis-je, à ces citoyens que je dois, comme magistrat du peuple, me faire bien connaître par une profession de foi solennelle de mes principes politiques.

La nature m'a donné en partage les formes athlétiques, et la physionomie âpre de la liberté. Exempt du malheur d'être né d'une de ces races privilégiées suivant nos vieilles institutions, et par cela même presque toujours abâtardies, j'ai conservé, en créant seul mon existence civile, toute ma vigueur native, sans cependant cesser un seul instant, soit dans ma vie privée, soit dans la profession que j'avais embrassée, de prouver que je savais allier le sang-froid de la raison à la chaleur de l'âme et à la fermeté du caractère.

Si dès les premiers jours de notre régénération, j'ai éprouvé tous les bouillonnements du patriotisme, si j'ai consenti à paraître exagéré pour n'être jamais faible, si je me suis attiré une première proscription pour avoir dit hautement ce qu'étaient ces hommes qui voulaient faire le procès à la Révolution, pour avoir défendu ceux qu'on appelait les énergumènes de la liberté, c'est que je vis ce qu'on devait attendre des traîtres qui protégeaient ouvertement les serpents de l'aristocratie.

Si j'ai été toujours irrévocablement attaché à la cause du peuple, si je n'ai pas partagé l'opinion d'une foule de citoyens, bien intentionnés sans doute, sur des hommes dont la vie politique me semblait d'une versatilité bien dangereuse, si j'ai interpellé face à face, et aussi publiquement que loyalement, quelques-uns de ces hommes qui se croyaient les pivots de notre Révolution ; si j'ai voulu qu'ils s'expliquassent sur ce que mes relations avec eux m'avaient fait découvrir de fallacieux dans leurs projets, c'est que j'ai toujours été convaincu qu'il importait au peuple de lui faire connaître ce qu'il devait craindre de personnages assez habiles, pour se tenir perpétuellement en situation de passer, suivant le cours des événements, dans le parti qui offrirait à leur ambition les plus hautes destinées ; c'est que j'ai cru encore qu'il était digne de moi de m'expliquer en présence de ces mêmes hommes, de leur dire ma pensée tout entière, lors même que je prévoyais bien qu'ils se dédommageraient de leur silence en me faisant peindre par leurs créatures avec les plus noires couleurs, et en me préparant de nouvelles persécutions.

Si, fort de ma cause, qui était celle de la nation, j'ai préféré les dangers d'une seconde proscription judiciaire, fondée non pas même sur ma participation chimérique à une pétition trop tragiquement célèbre, mais sur je ne sais quel conte misérable de pistolets emportés en ma présence, de la chambre d'un militaire, dans une journée à jamais mémorable, c'est que j'agis constamment d'après les lois éternelles de la justice, c'est que je suis incapable de conserver des relations qui deviennent impures, et d'associer mon nom à ceux qui ne craignent pas d'apostasier la religion du peuple qu'ils avaient d'abord défendu.

Voilà quelle fut ma vie.

Voici, messieurs, ce qu'elle sera désormais.

J'ai été nommé pour concourir au maintien de la Constitution, pour faire exécuter les lois jurées par la nation; eh bien, je tiendrai mes sermens, je remplirai mes devoirs, je maintiendrai de tout mon pouvoir la Constitution, *rien que la constitution*, puisque ce sera défendre tout à la fois l'égalité, la liberté et le peuple. Celui qui m'a précédé dans les fonctions que je vais remplir, a dit qu'en l'appelant au ministère le roi donnait une nouvelle preuve de son attachement à la Constitution: le peuple, en me choisissant, veut aussi fortement, au moins, la Constitution; il a donc bien secondé les intentions du roi? Puissions-nous avoir dit, mon prédécesseur et moi, deux éternelles vérités! les archives du monde attestent que jamais peuple lié à ses propres lois, à une royauté constitutionnelle, n'a rompu le premier ses sermens; les nations ne changent ou ne modifient jamais leurs gouvernements que quand l'excès de l'oppresion les y contraint: la royauté constitutionnelle peut durer plus de siècles en France que n'en a duré la royauté despotique.

Ce ne sont pas les philosophes, eux qui ne font que des systèmes, qui ébranlent les empires; les vils flatteurs des rois, ceux qui tyrannisent en leurs noms le peuple, et qui l'affament, travaillent plus sûrement à faire désirer un autre gouvernement que tous les philanthropes qui publient leurs idées sur la liberté absolue. La nation française est devenue plus fière sans cesser d'être plus généreuse. Après avoir brisé ses fers, elle a conservé la royauté sans la craindre, et l'a épurée sans la haïr. Que la royauté respecte un peuple dans lequel de longues oppressions n'ont point détruit le penchant à être confiant, et souvent trop confiant ; qu'elle livre elle-même à la vengeance des lois tous les conspirateurs sans exception et tous ces valets de conspiration qui se font donner par les rois des à-comptes sur des contre-révolutions chimériques, auxquelles ils veulent ensuite recruter, si je puis parler ainsi, des partisans à crédit. Que la royauté se montre sincèrement enfin l'amie de la liberté, sa *souveraine*, alors elle s'assurera une durée pareille à celle de la nation elle-même, alors on verra que les citoyens qui ne sont accusés d'être *au delà de la constitution* que par ceux mêmes qui sont évidemment *en deçà* ; que ces citoyens, quelle que soit leur théorie arbitraire sur la liberté, ne cherchent point à rompre le pacte social ; qu'il ne veulent pas, pour un mieux idéal, renverser un ordre de choses fondé sur l'égalité, la justice et la liberté. Oui, messieurs, je dois le répéter, qu'elles qu'aient été mes opinions individuelles lors de la révision de la Constitution, *sur les choses et sur les hommes,* maintenant qu'elle est jurée, j'appellerai à grands cris la mort sur le premier qui leverait un bras sacrilége pour l'attaquer, fût-ce mon frère, mon ami, fût-ce mon propre fils ; tels sont mes sentiments.

La volonté générale du peuple français manifestée aussi solennellement que son adhésion à la Constitution, sera toujours ma loi suprême. J'ai consacré ma vie tout entière à ce peuple qu'on n'attaquera plus, qu'on ne trahira plus impunément, et qui purgera bientôt la terre de tous les tyrans, s'ils ne renoncent pas à la ligue qu'ils ont formée contre lui. Je périrai, s'il le faut, pour défendre sa cause ; lui seul aura mes derniers vœux, lui seul les mérite ; ses lumières et son courage l'ont tiré de l'abjection du néant ; ses lumières et son courage le rendront éternel.

DISCOURS DE DANTON, MINISTRE DE LA JUSTICE, SUR LES MESURES RÉVOLUTIONNAIRES.

ASSEMBLÉE LÉGISLATIVE. — *Séance du* 28 *août* 1792.

Le pouvoir exécutif provisoire m'a chargé d'entretenir l'Assemblée nationale des mesures qu'il a prises pour le salut de l'empire. Je motiverai ces mesures en ministre du peuple, en ministre révolutionnaire. L'ennemi menace le royaume, mais l'ennemi n'a pris que Longwy. Si les commissaires de l'Assemblée n'avaient pas contrarié par erreur les opérations du pouvoir exécutif, déjà l'armée remise à Kellermann se serait concertée avec celle de Dumouriez. Vous voyez que nos dangers sont exagérés.

Il faut que l'armée se montre digne de la nation. C'est par une convulsion que nous avons renversé le despotisme ; c'est par une grande convulsion nationale que nous ferons rétrograder les despotes. Jusqu'ici nous n'avons fait que la guerre simulée de Lafayette, il faut faire une guerre plus terrible. Il est temps de dire au peuple qu'il doit se précipiter en masse sur les ennemis.

Telle est notre situation que tout ce qui peut matériellement servir à notre salut doit y concourir. Le pouvoir exécutif va nommer des commissaires pour aller exercer dans les départements l'influence de l'opinion. Il a pensé que vous deviez en nommer aussi pour les accompagner, afin que la réunion des représentants des deux pouvoirs produise un effet plus salutaire et plus prompt.

Nous vous proposons de déclarer que chaque municipalité sera autorisée à prendre l'élite des hommes bien équipés qu'elle possède. On a jusqu'à ce moment fermé les portes de la capitale et on a eu raison; il était important de se saisir des traîtres; mais, y en eût-il 30,000 à arrêter, il faut qu'ils soient arrêtés demain, et que demain Paris communique avec la France entière. Nous demandons que vous nous autorisiez à *faire faire des visites domiciliaires*.

Il doit y avoir dans Paris 80,000 fusils en état. Eh bien! il faut que ceux qui sont armés volent aux frontières. Comment les peuples qui ont conquis la liberté l'ont-ils conservée? Ils ont volé à l'ennemi, ils ne l'ont point attendu. Que dirait la France, si Paris dans la stupeur attendait l'arrivée des ennemis? Le peuple français a voulu être libre; il le sera. Bientôt des forces nombreuses seront rendues ici. On mettra à la disposition des municipalités tout ce qui sera nécessaire, en prenant l'engagement d'indemniser les possesseurs. Tout appartient à la patrie, quand la patrie est en danger. (*On applaudit.*)

SECOND DISCOURS DE DANTON, MINISTRE DE LA JUSTICE, SUR LES MESURES RÉVOLUTIONNAIRES.

ASSEMBLÉE LÉGISLATIVE. — *Séance du 2 septembre* 1792.

Il est satisfaisant pour les ministres du peuple libre, d'avoir à lui annoncer que la patrie va être sauvée. Tout s'émeut, tout s'ébranle, tout brûle de combattre.

Vous savez que Verdun n'est point encore au pouvoir de nos ennemis. Vous savez que la garnison a promis d'immoler le premier qui proposerait de se rendre.

Une partie du peuple va se porter aux frontières, une autre va creuser des retranchements, et la troisième, avec des piques, défendra l'intérieur de nos villes. [Paris va seconder ces grands efforts. Les commissaires de la Commune vont proclamer, d'une manière solennelle, l'invitation aux citoyens de s'armer et de marcher pour la défense de la patrie. C'est en ce moment, messieurs, que vous pouvez déclarer que la capitale a bien mérité de la France entière. C'est en ce moment que l'Assemblée nationale va devenir un véritable comité de guerre. Nous demandons que vous *concouriez avec nous* à diriger le mouvement sublime du peuple, en nommant des commissaires qui nous seconderont dans ces grandes mesures. Nous demandons que quiconque refusera de servir de sa personne, ou de remettre ses armes, sera puni de mort.

Nous demandons qu'il soit fait une instruction aux citoyens pour diriger leurs mouvements. Nous demandons qu'il soit envoyé des courriers dans tous les départements pour avertir des décrets que vous aurez rendus. — Le tocsin qu'on va sonner n'est point un signal d'alarme, c'est la charge sur les ennemis de la patrie. (*On applaudit.*) Pour les vaincre, il nous faut de l'audace, encore de l'audace, toujours de l'audace, et la France est sauvée. (*Les applaudissements recommencent.*)

SUR LES PRINCIPES RÉVOLUTIONNAIRES ET SUR LE MAINTIEN DES PROPRIÉTÉS.

CONVENTION. — *Séance du 21 septembre 1792.*

Avant d'exprimer mon opinion sur le premier acte que doit faire l'Assemblée nationale, qu'il me soit permis de résigner dans son sein les fonctions qui m'avaient été déléguées par l'Assemblée législative. Je les ai reçues au bruit du canon, dont les citoyens de la capitale foudroyèrent le despotisme. Maintenant que la jonction des armées est faite, que la jonction des représentants du peuple est opérée, je ne dois plus reconnaître mes fonctions premières; je ne suis plus qu'un mandataire du peuple, et c'est en cette qualité que je vais parler. On vous a proposé des serments; il faut, en effet, qu'en entrant dans la vaste carrière que vous avez à parcourir, vous appreniez au peuple, par une déclaration solennelle, quels sont les sentiments et les principes qui présideront à vos travaux.

Il ne peut exister de constitution que celle qui sera textuellement, nominativement acceptée par la majorité des assemblées primaires. Voilà ce que vous devez déclarer au peuple. Les vains fantômes de dictature, les idées extravagantes de triumvirat, toutes ces absurdités inventées pour effrayer le peuple disparaissent alors, puisque rien ne sera constitutionnel que ce qui aura été accepté par le peuple. Après cette déclaration vous en devez faire une autre qui n'est pas moins importante pour la liberté et pour la tranquillité publique. Jusqu'ici on a agité le peuple parce qu'il fallait lui donner l'éveil contre les tyrans. Maintenant il *faut que les lois soient aussi terribles contre ceux qui y porteraient atteinte,* que le peuple l'a été en foudroyant la tyrannie ; il faut qu'elles punissent tous les coupables pour que le peuple n'ait plus rien à désirer. (*On applaudit.*) On a paru croire, d'excellents citoyens ont pu présumer que des amis ardents de la liberté pouvaient nuire à l'ordre social en exagérant les principes ; eh bien, abjurons ici toute exagération ; déclarons que toutes les propriétés territoriales, individuelles et industrielles seront éternellement maintenues. (*Il s'élève des applaudissements unanimes.*) . Souvenons-nous ensuite que nous avons tout à revoir, tout à récréer ; que la déclaration des droits elle-même n'est pas sans tache, et qu'elle doit passer à la révision d'un peuple vraiment libre.

SUR LE CHOIX DES JUGES PARMI TOUS LES CITOYENS.

CONVENTION. — *Séance du 22 septembre 1792.*

Je ne crois pas que vous deviez dans ce moment changer l'ordre judiciaire; mais je pense seulement que vous devez étendre la faculté des choix. Remarquez que tous les hommes de loi sont d'une aristocratie révoltante; si le peuple est forcé de choisir parmi ces hommes *il ne saura où reposer sa confiance.* Je pense que si l'on pouvait, au contraire, établir dans les élections un principe d'exclusion, ce devrait être contre ces hommes de loi qui jusqu'ici se sont arrogé un privilége exclusif, qui a été une des grandes plaies du genre humain. Que le peuple choisisse à son gré les hommes à talents qui mériteront sa confiance. Il ne se plaindra pas quand il aura choisi à son gré. Au lieu qu'il aura sans cesse le droit de s'insurger contre des hommes entachés d'aristocratie que vous l'auriez forcé de choisir.

Élevez-vous à la hauteur des grandes considérations. Le peuple ne veut point de ses ennemis dans les emplois publics; laissez-lui donc la faculté de choisir ses amis. Ceux qui se sont fait un état de juger les hommes étaient comme les prêtres, les uns et les autres ont éternellement trompé le peuple. La justice doit se rendre par les simples lois de la raison. Et moi aussi, je connais les formes; et si l'on défend l'ancien régime judiciaire, je prends l'engagement de combattre en détail, pied à pied, ceux qui se montreront les sectateurs de ce régime.

Quelques orateurs s'étant opposés à cette motion, Danton reprend :

Il s'agit de savoir s'il y a de graves inconvénients à décréter que le peuple pourra choisir indistinctement parmi tous les citoyens les hommes qu'il croira les plus capables d'appliquer la justice. Je répondrai froidement et sans flagornerie pour le peuple aux observations de M. Chassey. Il lui est échappé un aveu bien précieux ; il vous a dit que, comme membre du tribunal de cassation, il avait vu arriver à ce tribunal une multitude de procès extrêmement entortillés, et tous viciés par des violations de formes. Comment se fait-il qu'il convient que les patriciens sont détestables, même en forme, et que cependant il veut que le peuple ne prenne que des praticiens. Il vous a dit ensuite : plus les lois actuelles sont compliquées, plus il faut que les hommes chargés de les appliquer soient versés dans l'étude de ces lois.

Je dois vous dire, moi, que ces hommes infiniment versés dans l'étude des lois sont extrêmement rares, que ceux qui se sont glissés dans la composition actuelle des tribunaux, sont des subalternes ; qu'il y a parmi les juges actuels un grand nombre de procureurs et même d'huissiers ; eh bien ces mêmes hommes, loin d'avoir une connaissance approfondie des lois, n'ont qu'un jargon de chicane ; et cette science, loin d'être utile, est infiniment funeste. D'ailleurs on m'a mal interprété ; je n'ai pas proposé d'exclure les hommes de loi des tribunaux, mais seulement de supprimer l'espéce de privilége exclusif qu'ils se sont arrogé jusqu'à présent. Le peuple élira sans doute tous les citoyens de cette classe, qui unissent le patriotisme aux connaissances, mais, à défaut d'hommes de loi patriotes, ne doit-il pas pouvoir élire d'autres citoyens. Le préopinant, qui a appuyé en partie les observations de M. Chassey, a reconnu lui-même la nécessité de placer un prud'homme dans la composition des tribunaux, d'y placer un citoyen, un homme de bon sens, reconnu pour tel dans son canton, pour réprimer l'esprit de dubitation qu'ont souvent les hommes barbouillés de la science de la justice.

En un mot, après avoir pesé ces vérités, attachez-vous surtout à celle-ci : le peuple a le droit de vous dire : tel homme est ennemi du nouvel ordre des choses, il a signé une pétition contre les sociétés populaires, il a adressé à l'ancien pouvoir exécutif des pétitions flagorneuses ; il a sacrifié nos intérêts à la cour, je ne puis lui accorder ma confiance. Beaucoup de juges, en effet, qui n'étaient pas très-experts en mouvements politiques, ne prévoyaient pas la Révolution et la République naissante ; ils correspondaient avec le pouvoir exécutif, ils lui envoyaient une foule de pièces qui prouvaient leur incivisme : et, par une fatalité bien singulière, ces pièces envoyées à M. Joly, ministre de la tyrannie, ont tombé entre les mains du ministre du peuple. C'est alors que je me suis convaincu plus que jamais de la nécessité d'exclure cette classe d'hommes des tribunaux ; en un mot, il n'y a aucun inconvénient grave, puisque le peuple pourra réélire tous les hommes de loi qui sont dignes de sa confiance. (*On applaudit.*)

SUR LES ACCUSATIONS DE DICTATURE.

CONVENTION. — *Séance du 25 septembre 1792.*

C'est un beau jour pour la nation, c'est un beau jour pour la République française, que celui qui amène entre nous une explication fraternelle. S'il y a des coupables, s'il existe un homme pervers qui veuille dominer despotiquement les représentants du peuple, sa tête tombera aussitôt qu'il sera démasqué. On parle de dictature, de triumvirat. Cette imputation ne doit pas être une imputation vague et indéterminée ; celui qui l'a faite doit la signer ; je le ferai moi, cette imputation dût-elle faire tomber la tête de mon meilleur ami. Ce n'est pas la députation de Paris prise collectivement, qu'il faut inculper ; je ne chercherai pas non plus à justifier chacun de ses membres, je ne suis responsable pour personne ; je ne vous parlerai donc que de moi.

Je suis prêt à vous retracer le tableau de ma vie publique. Depuis trois ans j'ai fait tout ce que j'ai cru devoir faire pour la liberté. Pendant la durée de mon ministère j'ai employé toute la vigueur de mon caractère, j'ai apporté dans le conseil toute l'activité et tout le zèle du citoyen embrasé de l'amour de son pays. S'il y a quelqu'un qui puisse m'accuser à cet égard, qu'il se lève, et qu'il parle. Il existe, il est vrai, dans la députation de Paris, un homme dont les opinions sont pour le parti républicain, ce qu'é-taient celles de Royou pour le parti aristocratique ; c'est Marat. Assez et trop longtemps l'on m'a accusé d'être l'auteur des écrits de cet homme. J'invoque le témoignage du citoyen qui vous préside (Pétion). Il lut, votre président, la lettre menaçante qui m'a été adressée par ce citoyen ; il a été témoin d'une altercation qui a eu lieu entre lui et moi à la mairie. Mais j'attribue ces exagérations aux vexations que ce citoyen a éprouvées. Je crois que les souterrains dans lesquels il a été enfermé ont ulcéré son âme... Il est très-vrai que d'excellents citoyens ont pu être républicains par excès, il faut en convenir; mais n'accusons pas pour quelques individus exagérés une députation tout entière. Quant à moi, je n'appartiens pas à Paris ; je suis né dans un département vers lequel je tourne toujours mes regards avec un sentiment de plaisir ; mais aucun de nous n'appartient à tel ou tel département, il appartient à la France entière. Faisons donc tourner cette discussion au profit de l'intérêt public.

Il est incontestable qu'il faut une loi vigoureuse contre ceux qui voudraient détruire la liberté publique. Eh bien ! portons-la, cette loi, portons une loi qui prononce la peine de mort contre quiconque se déclarerait en faveur de la dictature ou du triumvirat; mais après avoir posé ces bases qui garantissent le règne de l'égalité, anéantissons cet esprit de parti qui nous perdrait. On prétend qu'il est parmi nous des hommes qui ont l'opinion de vouloir morceler la France; faisons disparaître ces idées absurdes, en prononçant la peine de mort contre leurs auteurs. La France doit être un tout indivisible. Elle doit avoir unité de représentation. Les citoyens de Marseille veulent donner la main aux citoyens de Dunkerque. Je demande donc la peine de mort contre quiconque voudrait détruire l'unité en France, et je propose de décréter que la Convention nationale pose pour base du gouvernement qu'elle va établir l'unité de représentation et d'exécution. Ce ne sera pas sans frémir que les Autrichiens apprendront cette sainte harmonie; alors, je vous jure, nos ennemis sont morts. (*On applaudit.*)

SUR LE RAPPORT DE ROLAND.

CONVENTION. — *Séance du* 29 *octobre* 1792.

J'ai peine à concevoir comment l'Assemblée hésiterait à fixer décidément à un jour prochain la discussion que nécessite le rapport du ministre. Il est temps enfin que nous sachions de qui nous sommes les collègues ; il est temps que nos collègues sachent ce qu'ils doivent penser de nous. On ne peut se dissimuler qu'il existe dans l'Assemblée un grand germe de défiance entre ceux qui la composent... Si j'ai dit une vérité que vous sentez tous, laissez m'en donc tirer les conséquences. Eh bien, ces défiances, il faut qu'elles cessent ; et s'il y a un coupable parmi nous, il faut que vous en fassiez justice. (*On applaudit.*) Je déclare à la Convention et à la nation entière, que je n'aime point l'individu Marat ; je dis avec franchise que j'ai fait l'expérience de son tempérament : non seulement il est volcanique et acariâtre, mais insociable. Après un tel aveu qu'il me soit permis de dire que moi aussi je suis sans parti et sans faction. Si quelqu'un peut prouver que je tiens à une faction, qu'il me confonde à l'instant... Si, au contraire, il est vrai que ma pensée soit à moi, que je sois fortement décidé à mourir plutôt que d'être cause d'un déchirement, ou d'une tendance à un déchirement dans la République, je demande à énoncer ma pensée tout entière sur notre situation politique actuelle.

Sans doute il est beau que la philanthropie, qu'un sentiment d'humanité fasse gémir le ministre de l'intérieur et

tous les grands citoyens sur les malheurs inséparables
d'une grande révolution, sans doute on a le droit de réclamer toute la rigueur de la justice nationale contre ceux
qui auraient évidemment servi leurs passions particulières
au lieu de servir la Révolution et la liberté. Mais comment
se fait-il qu'un ministre qui ne peut pas ignorer les circonstances qui ont amené les événements dont il vous a
entretenus, oublie les principes et les vérités qu'un autre
ministre vous a développés sur ces mêmes événements.
(Garat.) Rappelez-vous ce que le ministre actuel de la justice vous a dit sur ces malheurs inséparables de la Révolution. Je ne ferai point d'autre réponse au ministre de l'intérieur. Si chacun de nous, si tout républicain a le droit
d'invoquer la justice contre ceux qui n'auraient excité des
troubles révolutionnaires que pour assouvir des vengeances
particulières, je dis qu'on ne peut pas se dissimuler non
plus que jamais trône n'a été fracassé sans que ses éclats
blessassent quelques bons citoyens ; que jamais révolution
complète n'a été opérée sans que cette vaste démolition de
l'ordre de choses existant n'ait été funeste à quelqu'un ;
qu'il ne faut donc pas imputer, ni à la cité de Paris, ni à
celles qui auraient pu présenter les mêmes désastres, ce
qui est peut-être l'effet de quelques vengeances particulières dont je ne nie pas l'existence ; mais ce qui est bien
plus probablement la suite de cette commotion générale,
de cette fièvre nationale qui a produit les miracles dont
s'étonnera la postérité. Je dis donc que le ministre a cédé
à un sentiment que je respecte, mais que son amour pas-
sionné pour l'ordre et les lois lui a fait voir sous la couleur
de l'esprit de faction et de grands complots d'État, ce qui
n'est peut-être que la réunion de petites et misérables intrigues dans leur objet comme dans leurs moyens. Pénétrez-
vous de cette vérité qu'il ne peut exister de faction dans
une république ; il y a des passions qui se cachent, il y a
des crimes particuliers, mais il n'y a pas de ces complots

vastes et particuliers qui puissent porter atteinte à la liberté. Et où sont donc ces hommes qu'on accuse comme des conjurés, comme des prétendants à la dictature ou au triumvirat ? Qu'on les nomme ? Oui, nous devons réunir nos efforts pour faire cesser l'agitation de quelques ressentiments et de quelques prétentions personnelles, plutôt que de nous effrayer par de vains et chimériques complots dont on serait bien embarrassé d'avoir à prouver l'existence. Je provoque donc une explicatien franche sur les défiances qui nous divisent, je demande que la discussion sur le Mémoire du ministre soit ajournée à jour fixe, parce que je désire que les faits soient approfondis, et que la Convention prenne des mesures contre ceux qui peuvent être coupables.

J'observe que c'est avec raison qu'on a réclamé contre l'envoi aux départements de lettres qui inculpent indirectement les membres de cette Assemblée, et je déclare que tous ceux qui parlent de la faction Robespierre, sont à mes yeux ou des hommes prévenus ou de mauvais citoyens. (*Il s'élève des murmures.*) Que tous ceux qui ne partagent pas mon opinion me la laissent établir avant de la juger. Je n'ai accusé personne et je suis prêt à repousser toutes les accusations. C'est parce que je m'en sens la force et que je suis inattaquable que je demande la discussion pour lundi prochain. Je la demande pour lundi parce qu'il faut que les membres, qui veulent accuser, s'assurent de leurs matériaux, et puissent rassembler leurs pièces, et pour que ceux qui se trouvent en état de les réfuter, puissent préparer leurs développements et repousser à leur tour des imputations calomnieuses. Ainsi, les bons citoyens qui ne cherchent que la lumière, qui veulent connaître les choses et les hommes, sauront bientôt à qui ils doivent leur haine, ou la fraternité qui seule peut donner à la Convention cette marche sublime qui marquera sa carrière. (*Il s'élève des applaudissements.*)

SUR LE SALAIRE DES PRÊTRES.

CONVENTION. — *Séance du 7 novembre 1792.*

Je viens ajouter quelques idées à celles qu'à développées le préopinant. Sans doute il est douloureux pour les représentants du peuple, de voir que leur caractère est plus indignement, plus insolemment outragé par le peuple lui-même que par ce Lafayette, complice des attentats du despotisme. On ne peut se dissimuler que les partisans du royalisme, les fanatiques et les scélérats qui, malheureusement pour l'espèce humaine, se trouvent disséminés sur tous les points de la République, ne rendent la liberté déplorable. Il y a eu une violation infâme, il faut la réprimer; il faut sévir contre ceux qui, prétextant la souveraineté nationale, attaquent cette souveraineté et se souillent de tous les crimes. (*On applaudit.*) Il y a des individus bien coupables, car, qui peut excuser celui qui veut agiter la France? N'avez-vous pas déclaré que la Constitution serait présentée à l'acceptation du peuple? Mais il faut se défier d'une idée jetée dans cette Assemblée. On a dit qu'il ne fallait pas que les prêtres fussent salariés par le trésor public. On s'est appuyé sur des idées philosophiques qui me sont chères; car je ne connais d'autre bien que celui de l'univers, d'autre culte que celui de la justice et de la liberté. Mais l'homme maltraité de la fortune cherche des jouissances éventuelles; quand il voit un homme riche se livrer à tous ses goûts, caresser tous ses désirs, tandis que ses besoins à lui sont restreints au plus étroit nécessaire, alors il croit, et cette idée est consolante pour lui, il croit que dans une autre vie ses jouissances se multiplieront en proportion de ses privations dans celles-ci. Quand vous aurez eu pendant quelque temps des officiers de morale qui auront fait pénétrer la lumière auprès des chaumières, alors il sera bon de parler au peuple morale et philosophie. Mais jusque-là il est barbare, c'est un crime de lèse-nation que d'ôter au peuple des hommes dans lesquels il peut trouver encore quelques consolations. Je penserais donc qu'il serait utile que la Convention fît une adresse pour persuader au peuple qu'elle ne veut rien détruire, mais tout perfectionner; que si elle poursuit le fanatisme, c'est parce qu'elle veut la liberté des opinions religieuses. Il est encore un objet qui mérite l'attention et qui exige la prompte décision de l'Assemblée. Le jugement du ci-devant roi est attendu avec impatience; d'une part, le républicain est indigné de ce que ce procès semble interminable; de l'autre, le royaliste s'agite en tous sens, et comme il a encore des moyens de finances et qu'il conserve son orgueil accoutumé, vous verrez, au grand scandale et au grand malheur de la France, ces deux partis s'entre-choquer encore. S'il faut des sacrifices d'argent, si les millions mis à la disposition du ministre ne suffisent pas, il faut lui en donner de nouveaux; mais plus vous prendrez de précautions sages, plus aussi doit éclater votre justice contre les agitateurs. Ainsi, d'une part, assurance au peuple qu'il lui sera fourni des blés, accélération du jugement du ci-devant roi, et déploiement des forces nationales contre les scélérats qui voudraient amener la famine au milieu de l'abondance : telles sont les conclusions que je vous propose, et que je crois les seules utiles. (*On applaudit*).

SUR L'ASSASSINAT DE LEPELLETIER.

CONVENTION. — *Séance du* 21 *Janvier* 1793.

Ce qui honore le plus les Français, c'est que dans des moments de vengeance, le peuple ait surtout respecté ses représentants. Que deviendrions-nous, si, au milieu des doutes que l'on jette snr une partie de cette assemblée, l'homme qui a péri victime des assassins n'était pas un patriote! O Lepelletier, ta mort servira la République; je l'envie, ta mort. Vous demandez pour lui les honneurs du Panthéon; mais il a déjà recueilli les palmes du martyre de la Liberté. Le moyen d'honorer sa mémoire, c'est de jurer que nous ne nous quitterons pas sans avoir donné une Constitution à la République. Qu'il me sera doux de vous prouver que je suis étranger à toutes les passions!

Je ne suis point l'accusateur de Pétion; à mon sens il eut des torts. Pétion peut avoir été faible ; mais, je l'avoue avec douleur, bientôt la France ne saura plus sur qui reposer sa confiance. Quant aux attentats dont nous avons tous gémi, l'on aurait dû vous dire clairement que nulle puisssance n'aurait pu les arrêter Ils étaient la suite de cette rage révolutionnaire qui animait tous les esprits. Les hommes qni connaissent le mieux ces événements terribles, furent convaincus que ces actes étaient la suite nécessaire de la fureur d'un peuple qui n'avait jamais obtenu justice. J'adjure tous ceux qui me connaissent de dire si je suis un buveur de sang, si je n'ai pas employé tous les moyens de conserver la paix dans le conseil exécutif. Je prends à témoin Brissot lui-même. N'ai-je pas montré une extrême déférence pour un vieillard dont le caractère est opiniâtre, et qui aurait dû au contraire épuiser tous les moyens de douceur pour rétablir le calme? Roland, dont je n'accuse pas les intentions, répute scélérats tous ceux qui ne partagent pas ses opinions. Je demande pour le bien de la République qu'il ne soit plus ministre; je désire le salut public, vous ne pouvez suspecter mes intentions. Roland ayant craint d'être frappé d'un mandat dans des temps trop fameux, voit partout des complots; il s'imagine que Paris veut s'attribuer une espèce d'autorité sur les autres communes. C'est là sa grande erreur. Il a concouru à animer les départements contre Paris qui est la ville de tous. On a demandé une force départementale pour environner la Convention. Eh bien, cette garde n'aura pas plus tôt séjourné dans Paris, qu'elle y prendra l'esprit du peuple. En doutez-vous maintenant? Je puis attester sans acrimonie que j'ai acquis la conviction que Roland a fait circuler des écrits qui disent que Paris veut dominer la République.

Quant aux visites domiciliaires, je m'oppose à cette mesure dans son plein, dans un moment où la nation s'élève avec force contre le bill rendu contre les étrangers; mais il vous faut un comité de sûreté générale qui jouisse de la plénitude de votre confiance; lorsque les deux tiers des membres de ce conseil tiendront les fils d'un complot, qu'ils puissent se faire ouvrir les maisons.

Maintenant que le tyran n'est plus, tournons toute notre énergie, toutes nos agitations vers la guerre. Faisons la guerre à l'Europe. Il faut pour épargner les sueurs et le sang de nos concitoyens, développer la prodigalité nationale. Vos armées ont fait des prodiges dans un moment déplorable, que ne feront-elles pas quand elles seront bien secondées? Chacun de nos soldats croit qu'il vaut deux cents esclaves. Si on leur disait d'aller à Vienne, ils iraient à

Vienne ou à la mort. Citoyens, prenez les rênes d'une grande nation, élevez-vous à sa hauteur, organisez le ministère, qu'il soit immédiatement nommé par le peuple.

Un autre ministère est entre les mains d'un bon citoyen, mais il passe ses forces ; je ne demande pas qu'on le ravisse à ses fonctions, mais qu'elles soient partagées.

Quant à moi, je ne suis pas fait pour venger des passions personnelles, je n'ai que celle de mourir pour mon pays; je voudrais, au prix de mon sang, rendre à la patrie le défenseur qu'elle a perdu.

SUR LA RÉUNION DE LA BELGIQUE A LA FRANCE.

CONVENTION. — *Séance du* 31 *janvier* 1793.

Ce n'est pas en mon nom seulement, c'est au nom des patriotes belges, du peuple belge, que je viens demander aussi la réunion de la Belgique. Je ne demande rien à votre enthousiasme, mais tout à votre raison, mais tout aux intérêts de la République Française. N'avez-vous pas préjugé cette réunion quand vous avez décrété une organisation provisoire de la Belgique. Vous avez tout consommé par cela seul que vous avez dit aux amis de la liberté : organisez-vous comme nous. C'était dire : nous accepterons votre réunion si vous la proposez. Eh bien, ils la proposent aujourd'hui. Les limites de la France sont marquées par la nature. Nous les atteindrons dans leurs quatre points : à l'Océan, au Rhin, aux Alpes, aux Pyrénées. On nous menace des rois! Vous leur avez jeté le gant, ce gant est la tête d'un roi, c'est le signal de leur mort prochaine. On vous menace de l'Angleterre! Les tyrans de l'Angleterre sont morts. Vous avez la plénitude de la puissance nationale. Le jour où la Convention nommera des commissaires pour savoir ce qu'il y a dans chaque commune d'hommes et d'armes, elle aura tous les Français. Quant à la Belgique, l'homme du peuple, le cultivateur veulent la réunion. Lorsque nous leur déclarâmes qu'ils avaient le pouvoir de voter, ils sentirent que l'exclusion ne portait que sur les ennemis du peuple, et ils demandèrent l'exclusion de votre décret. Nous avons été obligés de donner la protection de la force armée au receveur des contributions auquel le peuple demandait la restitution des anciens impôts. Sont-ils mûrs ces hommes-là? De cette réunion dépend le sort de la République dans la Belgique. Ce n'est que parce que les patriotes pusillanimes doutent de cette réunion, que votre décret du 15 a éprouvé des oppositions. Mais prononcez-la et alors vous ferez exécuter les lois françaises, et alors les aristocrates, nobles et prêtres, purgeront la terre de la liberté. Cette purgation opérée, nous aurons des hommes, des armes de plus. La réunion décrétée, vous trouverez dans les Belges des républicains dignes de vous, qui feront mordre la poussière aux despotes. Je conclus donc à la réunion de la Belgique.

SUR LA DÉFENSE DE LA BELGIQUE.

CONVENTION. — *Séance du 8 mars 1793.*

Nous avons plusieurs fois fait l'expérience que tel est le caractère français, qu'il lui faut des dangers pour trouver toute son énergie. Eh bien, ce moment est arrivé. Oui, il faut dire à la France entière : Si vous ne volez pas au secours de vos frères de la Belgique, si Dumouriez est enveloppé en Hollande, si son armée était obligée de mettre bas les armes, qui peut calculer les malheurs incalculables d'un pareil événement? La fortune publique anéantie, la mort de 600,000 Français pourraient en être la suite !

Citoyens, vous n'avez pas une minute à perdre; je ne vous propose pas en ce moment des mesures générales pour les départements, votre comité de défense vous fera demain son rapport. Mais nous ne devons pas attendre notre salut uniquement de la loi sur le recrutement; son exécution sera nécessairement lente, et des résultats tardifs ne sont pas ceux qui conviennent à l'imminence du danger qui nous menace. Il faut que Paris, cette cité célèbre et tant calomniée, il faut que cette cité qu'on aurait renversée pour servir nos ennemis qui redoutent son brûlant civisme, contribue par son exemple à sauver la patrie. Je dis que cette ville est encore appelée à donner à la France l'impulsion qui, l'année dernière, a enfanté nos triomphes. Comment se fait-il que vous n'ayez pas senti que, s'il est bon de faire les lois avec maturité, on ne fait bien la guerre qu'avec enthousiasme? Toutes les mesures dilatoires, tout moyen tardif de recruter détruit cet enthousiasme, et reste souvent sans succès. Vous voyez déjà quels en sont les misérables effets.

Tous les Français veulent être libres. Ils se sont constitués en gardes nationales. Aux termes de leurs serments ils doivent tous marcher quand la patrie réclame leur secours.

Je demande, par forme de mesure provisoire, que la Convention nomme des commissaires qui, ce soir, se rendront dans toutes les sections de Paris, convoqueront les citoyens, leur feront prendre les armes, et les engageront, au nom de la liberté et de leurs serments, à voter la défense de la Belgique. La France entière sentira le contre-coup de cette impulsion salutaire. Nos armées recevront de prompts renforts; et, il faut le dire ici, les généraux ne sont pas aussi répréhensibles que quelques personnes ont paru le croire. Nous leur avions promis qu'au 1er février l'armée de la Belgique recevrait un renfort de 30,000 hommes. Rien ne leur est arrivé. Il y a trois mois qu'à notre premier voyage dans la Belgique, ils nous dirent que leur position militaire était détestable, et que, sans un renfort considérable, s'ils étaient attaqués au printemps, ils seraient peut-être forcés d'évacuer la Belgique entière. Hâtons-nous de réparer nos fautes. Que ce premier avantage de nos ennemis soit, comme celui de l'année dernière, le signal du réveil de la nation. Qu'une armée, conservant l'Escaut, donne la main à Dumouriez, et les ennemis seront dispersés. Si nous avons perdu Aix-la-Chapelle, nous trouverons en Hollande des magasins immenses qui nous appartiennent.

Dumouriez réunit au génie du général l'art d'échauffer et d'encourager le soldat. Nous avons entendu l'armée battue le demander à grands cris. L'histoire jugera ses talents, ses passions et ses vices; mais ce qui est certain, c'est qu'il est intéressé à la splendeur de la République. S'il est secondé, si une armée lui prête la main, il saura faire repentir nos ennemis de leurs premiers succès.

Je demande que des commissaires soient nommés à l'instant.

SUR L'ABOLITION DE LA CONTRAINTE PAR CORPS.

CONVENTION. — *Séance du* 9 *mars* 1793.

Non sans doute, citoyens, l'espoir de vos commissaires ne sera pas déçu. Oui, vos ennemis, les ennemis de la liberté seront exterminés, parce que vos efforts ne vont point se ralentir. Vous serez dignes d'être les régulateurs de l'énergie nationale. Vos commissaires, en se disséminant sur toutes les parties de la République, vont répéter aux Français que la grande querelle qui s'est élevée entre le despotisme et la liberté va être enfin terminée. Le peuple français sera vengé : c'est à nous qu'il appartient de mettre le monde politique en harmonie, de créer des lois concordantes avec cette harmonie. Mais avant de vous entretenir de ces grands objets, je viens vous demander la déclaration d'un principe trop longtemps méconnu, l'abolition d'une erreur funeste, la destruction de la tyrannie de la richesse sur la misère. Si la mesure que je propose est adoptée, bientôt ce Pitt, ce Breteuil de la diplomatie anglaise, et ce Burke, l'abbé Maury du parlement britannique, qui donnent aujourd'hui au peuple anglais une impulsion si contraire à la liberté, seront anéantis.

Que demandez-vous ? Vous voulez que tous les Français s'arment pour la défense commune. Eh bien, il est une classe d'hommes qu'aucun crime n'a souillés, qui a des bras mais qui n'a pas de liberté, c'est celle des malheureux détenus pour dettes ; c'est une honte pour l'humanité, pour la philosophie qu'un homme en recevant de l'argent, puisse hypothéquer et sa personne et sa sûreté.

Je pourrais démontrer que la déclaration du principe que je proclame, est favorable à la cupidité même, car l'expérience prouve que celui qui prêtait, ne prenait aucune garantie pécuniaire, parce qu'il pouvait disposer de la personne de son débiteur ; mais qu'importent ces considérations mercantiles ? Elles ne doivent pas influer sur une grande nation. Les principes sont éternels, et tout Français ne peut être privé de sa liberté que pour avoir forfait à la société.

Que les propriétaires ne s'alarment pas. Sans doute quelques individus se sont portés à des excès : mais la nation, toujours juste, respectera les propriétés. Respectez la misère, et la misère respectera l'opulence. (*Vifs applaudissements.*) Ne soyons jamais coupables envers les malheureux, et le malheureux qui a plus d'âme que le riche, ne sera jamais coupable. (*Nouveaux applaudissements.*)

Je demande que la Convention nationale déclare que tout citoyen français, emprisonné pour dettes, sera mis en liberté, parce qu'un tel emprisonnement est contraire à la saine morale, aux droits de l'homme, aux vrais principes de la liberté.

SUR L'UNITÉ DU POUVOIR A PROPOS DE LA DÉMISSION DE BEURNONVILLE.

CONVENTION. — *Séance du* 11 *mars* 1793.

Avant de rendre au ministre de la guerre la justice que lui doit tout Français qui aime son pays, et qui sait apprécier ceux qui ont combattu vaillamment pour lui, je dois cette déclaration positive de mes principes et de mes sentiments : que s'il est dans mes opinions que la nature des choses et les circonstances exigent que la Convention se réserve la faculté de prendre partout, et même dans son sein des ministres, je déclare en même temps, et je le jure par la patrie, que moi je n'accepterai jamais une place dans le ministère, tant que j'aurai l'honneur d'être membre de la Convention nationale. (*Un très-grand nombre de voix simultanément* : ni aucun de nous). Je le déclare, dis-je, sans fausse modestie; car, je l'avoue, je crois valoir un autre citoyen français. Je le déclare avec le désir ardent que mon opinion individuelle ne devienne pas celle de tous mes collègues; car je tiens pour incontestable que vous feriez une chose funeste à la chose publique, si vous ne vous réserviez pas cette faculté. Après un tel aveu, je vous somme tous, citoyens, de descendre dans le fond de votre conscience. Quel est celui d'entre vous qui ne sent pas la nécessité d'une plus grande cohésion, de rapports plus directs, d'un rapprochement plus immédiat, plus quotidien entre les agents du pouvoir exécutif révolutionnaire, chargé de défendre la liberté contre toute l'Europe, et vous qui êtes chargés de la direction suprême de la législation civile et de la défense extérieure de la République. Vous avez la nation à votre disposition, vous êtes une Convention nationale, vous n'êtes pas un corps constitué, mais un corps chargé de constituer tous les pouvoirs, de fonder tous les principes de notre République; vous n'en violerez donc aucun, rien ne sera renversé, si, exerçant toute la latitude de vos pouvoirs, vous prenez le talent partout où il existe, pour le placer partout où il peut être utile. Si je me récuse dans les choix que vous pourrez faire, c'est que dans mon poste je me crois encore utile à pousser, à faire marcher la Révolution; c'est que je me réserve encore la faculté de dénoncer les ministres qui, par malveillance et par impéritie, trahiraient notre confiance. Ainsi mettons-nous donc bien tous dans la tête que presque tous, que tous, nous voulons le salut public. (*De vifs applaudissements s'élèvent de toutes les parties de la salle.*) Que les défiances particulières ne nous arrêtent pas dans notre marche, puisque nous avons un but commun. Quant à moi, je ne calomnierai jamais personne; je suis sans fiel, non par vertu, mais par tempérament. La haine est étrangère à mon caractère... Je n'en ai pas besoin ; ainsi je ne puis être suspect, même à ceux qui ont fait profession de me haïr. Je vous rappelle à l'infinité de vos devoirs. Je n'entends pas désorganiser le ministère ; je ne parle pas de la nécessité de prendre des ministres dans votre sein, mais de la nécessité de vous en réserver la faculté. — J'arrive à la discussion particulière qui s'est élevée sur la lettre de démission envoyée par le ministre de la guerre.

On veut lui demander les motifs de sa démission : certes, jamais on ne pourra dire que c'est par faiblesse. Celui qui a combattu si bien les ennemis, braverait l'erreur populaire avec le même courage; il mourrait à son poste sans sourciller ; tel est Beurnonville, tel nous devons le proclamer.

Mais la nature, variée dans ses faveurs, distribue aux hommes différents genres de talents ; tel est capable de commander une armée, d'échauffer le soldat, de maintenir la discipline qui n'a pas les formes populaires conciliatrices, nécessaires dans les circonstances critiques et orageuses, quand on veut le bien. Celui qui donne sa démission a dû se consulter sous ces différents rapports ; il ne serait pas même de la dignité de la Convention de lui faire les questions qu'on propose. Beurnonville a su se juger ; il peut encore vaincre nos ennemis sur le champ de bataille ; mais il n'a pas les formes familières qui, dans les places administratives, appellent la confiance des hommes peu éclairés ; car le peuple est ombrageux, et l'expérience de nos révolutions lui a bien acquis le droit de craindre pour sa liberté.

Je ne doute pas que Beurnonville n'ait géré en bon citoyen : il doit être excepté de la rigueur de la loi qui défend à tout ministre de quitter Paris, avant d'avoir rendu ses comptes ; et nous ne perdrons pas l'espérance de voir Beurnonville allant aux armées, y conduisant des renforts, remporter avec elles de nouveaux triomphes. (*On applaudit.*)

SUR LES DÉSASTRES DE NOS TROUPES.

CONVENTION. — *Séance du* 10 *mars* 1793.

Les considérations générales qui vous ont été présentées sont vraies; mais il s'agit moins en ce moment d'examiner les causes des événements désastreux qui peuvent nous frapper, que d'y appliquer promptement le remède. Quand l'édifice est en feu, je ne m'attache pas aux fripons qui enlèvent les meubles, j'éteins l'incendie. Je dis [que vous devez être convaincus plus que jamais, par la lecture des dépêches de Dumouriez, que vous n'avez pas un instant à perdre pour sauver la République.

. Dumouriez avait conçu un plan qui honore son génie. Je dois lui rendre même une justice bien plus éclatante que celle que je lui rendis dernièrement. Il y a trois mois qu'il a annoncé au pouvoir exécutif, à votre comité de défense générale, que, si nous n'avions pas assez d'audace pour envahir la Hollande au milieu de l'hiver, pour déclarer sur-le-champ la guerre à l'Angleterre qui nous la faisait depuis longtemps, nous doublerions les difficultés de la campagne, en laissant aux forces ennemies le temps de se déployer. Puisque l'on a méconnu ce trait de génie, il faut réparer nos fautes.

Dumouriez ne s'est pas découragé; il est au milieu de la Hollande, il y trouvera des munitions; pour renverser tous nos ennemis il ne lui faut que des Français, et la France est remplie de citoyens. Voulons-nous être libres? Si nous ne le voulons plus, périssons, car nous l'avions juré. Si nous le voulons, marchons tous pour défendre notre indépendance. Nos ennemis font leurs derniers efforts. Pitt sent bien qu'ayant tout à perdre, il n'a rien à épargner. Prenons la Hollande, et Carthagène est détruite, et l'Angleterre ne peut plus vivre que pour la liberté... Que la Hollande soit conquise à la liberté, et l'aristocratie commerciale elle-même, qui domine en ce moment le peuple anglais, s'élèvera contre le gouvernement qui l'aura entraînée dans cette guerre du despotisme contre un peuple libre. Elle renversera ce ministère stupide qui a cru que les talents de l'ancien régime pouvaient étouffer le génie de la liberté qui plane sur la France. Ce ministère renversé par l'intérêt du commerce, le parti de la liberté se montrera, car il n'est pas mort; et si vous saisissez vos devoirs, si vos commissaires partent à l'instant, si vous donnez la main à l'étranger qui soupire après la destruction de toute espèce de tyrannie, la France est sauvée et le monde est libre.

Faites donc partir vos commissaires : soutenez-les par votre énergie; qu'ils partent ce soir, cette nuit même; qu'ils disent à la classe opulente : il faut que l'aristocratie de l'Europe, succombant sous nos efforts, paye notre dette, ou que vous la payiez; le peuple n'a que du sang; il le prodigue. Allons, misérables, prodiguez vos richesses. (*De vifs applaudissements se font entendre.*) Voyez, citoyens, les belles destinées qui vous attendent. Quoi ! vous avez une nation entière pour levier, la raison pour point d'appui, et vous n'avez pas encore bouleversé le monde. (*Les applaudissement redoublent.*) Il faut pour cela du caractère, et la vérité est qu'on en a manqué. Je mets de côté toutes les passions, elles me sont toutes parfaitement étrangères, excepté celle du bien public. Dans des circonstances plus difficiles, quand l'ennemi était aux portes de Paris, j'ai dit à ceux qui gouvernaient alors : Vos discussions sont misérables, je ne connais que l'ennemi. (*Nouveaux applaudis-*

sements.) Vous qui me fatiguez de vos contestations parti-culières, au lieu de vous occuper du salut de la République, je vous répudie tous comme traîtres à la patrie. Je vous mets tous sur la même ligne. Je leurs disais : Eh que m'importe ma réputation ! que la France soit libre et que mon nom soit flétri ! Que m'importe d'être appelé buveur de sang ! Eh bien, buvons le sang des ennemis de l'huma-nité, s'il le faut; combattons, conquérons la liberté.

On paraît craindre que le départ des commissaires affai-blisse l'un ou l'autre parti de la Convention. Vaines ter-reurs ! Portez votre énergie partout. Le plus beau ministère est d'annoncer au peuple que la dette terrible qui pèse sur lui, sera desséchée aux dépens de ses ennemis, ou que le riche la payera avant peu. La situation nationale est cruelle ; le signe représentatif n'est plus en équilibre dans la circulation; la journée de l'ouvrier est au-dessous du nécessaire; il faut un grand moyen correctif. Conquérons la Hollande; ranimons en Angleterre le parti républicain ; faisons marcher la France, et nous irons glorieux à la postérité. Remplissez ces grandes destinées; point de dé-bats; point de querelles, et la patrie est sauvée.

SUR L'ORGANISATION DU TRIBUNAL RÉVOLUTIONNAIRE ET DU POUVOIR EXÉCUTIF.

CONVENTION. — *Séance du* 10 *mars* 1793.

Je somme tous les bons citoyens de ne pas quitter leurs postes. (*Tous les membres se remettent en place, un calme profond règne dans toute l'Assemblée.*) Quoi, citoyens ! au moment où notre position est telle, que si Miranda était battu, et cela n'est pas impossible, Dumouriez enveloppé serait obligé de mettre bas les armes, vous pourriez vous séparer sans prendre les grandes mesures qu'exige le salut de la chose publique ? Je sens à quel point il est important de prendre des mesures judiciaires qui punissent les contres-révolutionnaires ; car c'est pour eux que ce tribunal est nécessaire ; c'est pour eux que ce tribunal doit suppléer au tribunal suprême de la vengeance du peuple. Les ennemis de la liberté lèvent un front audacieux ; partout confondus, il sont partout provocateurs. En voyant le citoyen honnête occupé dans ses foyers, l'artisan occupé dans ses ateliers, ils ont la stupidité de se croire en majorité : eh bien ! arrachez-les vous-mêmes à la vengeance populaire, l'humanité vous l'ordonne.

Rien n'est plus difficile que de définir un crime politique ; mais si un homme du peuple, pour un crime particulier, en reçoit à l'instant le châtiment ; s'il est si difficile d'atteindre un crime politique, n'est-il pas nécessaire que des lois extraordinaires, prises hors du corps social, épouvantent les rebelles et atteignent les coupables ? Ici le salut du

peuple exige de grands moyens et des mesures terribles.
Je ne vois pas de milieu entre les formes ordinaires et un
tribunal révolutionnaire. L'histoire atteste cette vérité; et
puisqu'on a osé, dans cette Assemblée, rappeler ces journés
sanglantes sur lesquelles tout bon citoyen a gémi, je dirai,
moi, que si un tribunal eût alors existé, le peuple auquel
on a si souvent, si cruellement reproché ces journées, ne
les aurait pas ensanglantées; je dirai et j'aurai l'assentiment de tous ceux qui ont été les témoins de ces terribles
événements, que nulle puissance humaine n'était dans le cas
d'arrêter le débordement de la vengeance nationale. Profi-
tons des fautes de nos prédécesseurs.

Faisons ce que n'a pas fait l'Assemblée législative; soyons
terribles pour dispenser le peuple de l'être; organisons un
tribunal, non pas bien, cela est impossible, mais le moins
mal qu'il se pourra, afin que le glaive de la loi pèse sur la
tête de tous ses ennemis.

Ce grand œuvre terminé, je vous rappelle aux armes,
aux commissaires que vous devez faire partir, au ministère
que vous devez organiser; car nous ne pouvons le dissimuler, il nous faut des ministres; et celui de la marine,
par exemple, dans un pays où tout peut être créé, parce
que tous les éléments s'y trouvent, avec toutes les qualités
d'un bon citoyen, n'a pas créé de marine; nos frégates ne
sont pas sorties et l'Angleterre enlève nos corsaires. Eh
bien, le moment est arrivé, soyons prodigues d'hommes et
d'argent; déployons tous les moyens de la puissance nationale, mais ne mettons la direction de ces moyens qu'entre
les mains d'hommes dont le contact nécessaire et habituel
avec vous, vous assure l'ensemble et l'exécution des mesures que vous avez combinées pour le salut de la république. Vous n'êtes pas un corps constitué, car vous pouvez
tout constituer vous-mêmes. Prenez-y garde, citoyens, vous
répondez au peuple de nos armées, de son sang, de ses
assignats; car si ses défaites atténuaient tellement la valeur

de cette monnaie, que les moyens d'existence fussent anéantis dans ses mains, qui pourrait arrêter les effets de son ressentiment et de sa vengeance ? Si, dès le moment que je vous l'ai demandé, vous eussiez fait le développement de forces nécessaires, aujourd'hui l'ennemi serait repoussé loin de vos frontières.

Je demande donc que le tribunal révolutionnaire soit organisé, séance tenante, que le pouvoir exécutif, dans la nouvelle organisation, reçoive les moyens d'action et d'énergie qui lui sont nééessaires. Je ne demande pas que rien soit désorganisé, je ne propose que des moyens d'amélioration.

Je demande que la Convention juge mes raisonnements et méprise les qualifications injurieuses et flétrissantes qu'on ose me donner. Je demande qu'aussitôt que les mesures de sûreté générale seront prises, vos commissaires partent à l'instant, qu'on ne reproduise plus l'objection qu'ils siégent dans tel ou tel côté de cette sallé. Qu'ils se répandent dans les départements, qu'ils y échauffent les citoyens, qu'ils y raniment l'amour de la liberté, et que s'ils ont regret de ne pas participer à des décrets utiles, ou de ne pouvoir s'opposer à des décrets mauvais, ils se souviennent que leur absence a été le salut de la patrie.

Je me résume donc : ce soir, organisation du tribunal, organisation du pouvoir exécutif, demain, mouvement militaire; que demain vos commissaires soient partis; que la France entière se lève, coure aux armes, marche à l'ennemi; que la Hollande soit envahie; que la Belgique soit libre; que le commerce d'Angleterre soit ruiné; que les amis de la liberté triomphent de cette contrée; que nos armes, partout victorieuses, apportent aux peuples la délivrance et le bonheur; que le monde soit vengé.

(Danton descend de la tribune couvert des plus vifs applaudissements; l'Assemblée ajourne ses différentes propositions.)

SUR L'ACTIVITÉ RÉVOLUTIONNAIRE.

CONVENTION. — *Séance du 27 mars 1793.*

Je déclare avoir recommandé aux ministres d'excellents patriotes, d'excellents révolutionnaires. Il n'y a aucune loi qui puisse ôter à un représentant du peuple sa pensée. La loi ancienne qu'on veut rappeler était absurde : elle a été révoquée par la Révolution. Il faut enfin que la Convention nationale soit un corps révolutionnaire ; il faut qu'elle soit peuple ; il est temps qu'elle déclare la guerre aux ennemis intérieurs. Quoi ! la guerre civile est allumée de toutes parts, et la Convention reste immobile ! Un tribunal révolutionnaire a été créé qui devait punir tous les conspirateurs, et ce tribunal n'est pas encore en activité ! Que dira donc ce peuple ? car il est prêt à se lever en masse... *(Des applaudissements prolongés se font entendre dans les tribunes, et dans une partie de l'Assemblée. — Il s'élève quelques murmures. — Danton s'élance à la tribune.)* Que dira donc ce peuple ? car il est prêt à se lever en masse ; il le doit, il le sent. Il dira : Quoi donc ! des passions misérables agitent nos représentants, et cependant les contre-révolutionnaires tuent la liberté.

Je dois enfin vous dire la vérité, je vous la dirai sans mélange ; que m'importent toutes les chimères que l'on peut répandre contre moi, pourvu que je puisse servir la patrie ! Oui, citoyens ; vous ne faites pas votre devoir. Vous dites que le peuple est égaré ; mais pourquoi vous éloignez-vous de ce peuple ? Rapprochez-vous de lui, il entendra la raison. La révolution ne peut marcher, ne peut être consolidée qu'avec le peuple. Le peuple en est l'instrument, c'est à vous de vous en servir. En vain dites-vous que les sociétés populaires fourmillent de dénonciateurs absurdes, de dénonciateurs atroces. Eh bien, que n'y allez-vous? Une nation en révolution est comme l'airain qui bout et se régénère dans le creuset. La statue de la liberté n'est pas fondue. Ce métal bouillonne, si vous n'en surveillez le fourneau, vous serez tous brûlés. (*On applaudit.*) Comment se fait-il que vous ne sentiez pas que c'est aujourd'hui qu'il faut que la Convention décrète que tout homme du peuple aura une pique aux frais de la nation. Les riches la paieront, ils la paieront en vertu d'une loi; les propriétés ne seront pas violées. Il faut décréter encore que dans les départements où la révolution s'est manifestée, quiconque a l'audace d'appeler cette contre-révolution sera mis hors la loi. A Rome, Valérius Publicola eut le courage de proposer une loi qui portait peine de mort contre quiconque appellerait la tyrannie. Eh bien, moi je déclare que puisque dans les rues, dans les places publiques, les patriotes sont insultés; puisque dans les spectacles on applaudit avec fureur aux applications qui se rapportent avec les malheurs de la patrie; je déclare, dis-je, que quiconque oserait appeler la destruction de la liberté, ne périra que de ma main, dussé-je après porter ma tête sur l'échafaud; heureux d'avoir donné un exemple de vertu à ma patrie. (*On applaudit.*) Je demande qu'on passe à l'ordre du jour sur la motion qui m'a donné lieu de parler. Je demande que dans toute la République un citoyen ait une pique aux frais de la nation. Je demande que le tribunal extraordinaire soit mis en activité. Je demande que la Convention déclare au peuple français, à l'Europe, à l'univers qu'elle est un corps révolutionnaire, qu'elle est résolue de maintenir la liberté, d'étouffer les serpents qui déchirent le sein de la patrie.

Montrez-vous révolutionnaires; montrez-vous peuple, et alors la liberté n'est plus en péril. Les nations qui veulent être grandes, doivent, comme les héros, être élevées à l'école du malheur. Sans doute nous avons eu des revers; mais si au mois de septembre on vous eut dit : « la tête du tyran tombera sous le glaive des lois, l'ennemi sera chassé du territoire de la République; 100,000 hommes seront à Mayence; nous aurons une armée à Tournai, » vous eussiez vu la liberté triomphante. Eh bien, telle est encore notre position. Nous avons perdu un temps précieux. Il faut le réparer. On a cru que la révolution était faite. On a crié aux factieux. Eh bien, ce sont ces factieux qui tombent sous le poignard des assassins.

Et toi, Lepelletier, quand tu périssais victime de ta haine pour les tyrans, on criait aussi que tu étais un factieux ! il faut sortir de cette léthargie politique. Marseille sait déjà que Paris n'a jamais voulu opprimer la République, n'a jamais voulu que la liberté. Marseille s'est déclarée la montagne de la République. Elle se gonflera cette montagne, elle roulera les rochers de la liberté et les ennemis de la liberté seront écrasés. (*On applaudit.*) Je ne veux pas rappeler de fâcheux débats. Je ne veux pas faire l'historique des haines dirigées contre les patriotes. Je ne dirai qu'un mot.

Je vous dirai que Roland écrivait à Dumouriez (et c'est ce général qui nous a montré la lettre à Lacroix et à moi) : « Il faut vous liguer avec nous pour écraser ce parti de Paris, et surtout ce Danton. » (*On murmure.*) Jugez si une imagination frappée au point de tracer de pareils tableaux, a dû avoir une grande influence sur toute la République. Mais tirons le rideau sur le passé. Il faut nous réunir. C'est cette réunion qui devrait établir la liberté d'un pôle à l'autre, aux deux tropiques, et sur la ligne de la Convention. Je ne demande pas d'ambassades particulières. Quant à moi je fais serment de mourir pour défendre mon plus cruel ennemi. Je demande que ce sentiment sacré enflamme toutes les âmes. Il faut tuer les ennemis intérieurs pour triompher des ennemis extérieurs. Vous deviendrez victimes de vos passions ou de votre ignorance, si vous ne sauvez la République. La République, elle est immortelle ! L'ennemi pourra bien faire encore quelques progrès, il pourrait prendre encore quelques-unes de nos places; mais il s'y consumerait lui-même. Que nos échecs tournent à notre avantage ! que le Français, en touchant la terre de son pays, comme le géant de la fable, reprenne de nouvelles forces. (*On applaudit.*)

J'insiste sur ce qui est plus qu'une loi, sur ce que la nécessité vous commande, soyez peuple. Que tout homme qui porte encore dans son cœur une étincelle de liberté, ne s'éloigne pas du peuple. Nous ne sommes pas ses pères, nous sommes ses enfants. Exposons-lui nos besoins et ses ressources, disons-lui qu'il sera inviolable, s'il veut être uni. Qu'on se rappelle l'époque mémorable et terrible du mois d'août. Toutes les passions se croisaient. Paris ne voulait pas sortir de ses murs. J'ai, moi, car il faut bien quelquefois se citer, j'ai amené le conseil exécutif à se réunir à la mairie avec tous les magistrats du peuple. Le peuple vit notre réunion, il la seconda, et l'ennemi a été vaincu. Si on se réunit, si on aime les sociétés populaires, si on y assiste, malgré ce qu'il peut y avoir en elles de défectueux; car il n'y a rien de parfait sur la terre, la France reprendra sa force, redeviendra victorieuse, et bientôt les despostes se repentiront de ces triomphes éphémères qui n'auront été que plus funestes pour eux.

SUR SA CONDUITE EN BELGIQUE

CONVENTION. *Séance du* 30 *mars* 1793.

Citoyens, vous aviez, par un décret, ordonné que Camus et moi, seuls des commissaires près l'armée de la Belgique, qui se trouvent actuellement dans la Convention, rendions compte de ce que nous avions vu et fait dans la Belgique. Le changement des circonstances, les lettres nouvelles parvenues à votre comité de défense générale, ont rendu ce rapport moins important, quant à ce qui concerne la situation des armées, puisque cette situation a changé ; elles ont nécessité des mesures provisoires que vous avez décrétées. J'étais prêt, et je le suis encore à m'expliquer amplement, et sur l'historique de la Belgique, et sur les généraux, et sur l'armée, et sur la conduite des commissaires. Il est temps que tout soit connu. (*Un grand nombre de voix de toutes les parties de la salle* : Oui, oui.) Si la saine raison, si le salut de la patrie et celui de l'armée a obligé vos commissaires d'être en quelque sorte stationnaires, aujourd'hui le temps de bannir toute espèce de politique est arrivé ; il l'est d'autant plus que je m'aperçois qu'on a insinué dans l'Assemblée que les malheurs de la Belgique pouvaient avoir été plus ou moins amenés par l'influence, les fautes, et même les crimes de vos commissaires.

Eh bien, je prends à cette tribune l'engagement solennel de tout dire, de tout révéler, de répondre à tout. J'appellerai tous les contradicteurs possibles d'un bout de la République à l'autre ; j'appellerai le conseil exécutif, les commissaires nationaux ; j'appellerai tous mes collègues en témoignage. Et après cette vaste explication, quand on aura bien sondé l'abîme dans lequel on a voulu nous plonger, on reconnaîtra que ceux-là qui ont travaillé la réunion, qui ont demandé des renforts, qui se sont empressés de vous annoncer nos échecs pour hâter l'envoi des secours, s'ils n'obtiennent pas l'honorable fruit de leurs travaux, sont au moins bien fortement ininculpables. Je rendrai, je pourrai me tromper sur quelques détails, les comptes qui me sont demandés ; mais je puis annoncer à l'avance qu'il y aura unanimité dans le témoignage de vos commissaires, sur les principaux objets de ces rapports.

Je demande que la séance de demain soit consacrée à un rapport préliminaire, car il y aura beaucoup de personnes à entendre, beaucoup de chefs à interroger. On verra si nous avons manqué d'amour pour le peuple, lorsque nous n'avons pas voulu tout à coup priver l'armée des talents militaires dont elle avait besoin, dans des hommes dont cependant nous combattions les opinions politiques, ou si nous n'avons pas au contraire sauvé cette armée.

On verra, par exemple, que si nous avions donné à cette fameuse lettre qui a été lue partout, excepté dans cette enceinte, les suites, que nous aurions pu lui donner, dès qu'elle nous a été connue, on verra que si nous n'avions pas, dans cette circonstance, mis dans notre conduite la prudence que nous dictaient les événements, l'armée, dénuée de chefs, se serait repliée sur nos frontières avec un tel désordre, que l'ennemi serait entré avec elle dans nos places fortes.

Je ne demande ni grâce, ni indulgence. J'ai fait mon devoir dans ce moment de nouvelle révolution, comme je l'ai fait au 10 août. Et, à cet égard, comme je viens d'entendre des hommes qui, sans doute sans connaître les faits, mettant en avant des opinions dictées par la prévention, me lisent que je rende mes comptes, je déclare que j'ai rendu les miens et que je suis prêt à les rendre encore. Je demande que le conseil exécutif soit consulté sur toutes les parties de ma conduite ministérielle. Qu'on me mette en opposition avec ce ci-devant ministre qui par des réticences a voulu jeter des soupçons sur moi.

J'ai fait quelques instants le sacrifice de ma réputation pour mieux payer mon contingent à la République, en ne m'occupant que de la servir. Mais j'appelle aujourd'hui sur moi toutes les explications, tous les genres d'accusation, car je suis résolu à tout dire.

Ainsi préparez-vous à être aussi francs jusque dans vos haines, et francs dans vos passions, car je les attends. Toutes ces discussions pourront peut-être tourner encore au profit de la chose publique. Nos maux viennent de nos divisions; eh bien, connaissons-nous tous. Car comment se fait-il qu'une portion des représentants du peuple traite l'autre de conjurés? Que ceux-ci accusent les premiers de vouloir les faire massacrer? Il a été un temps pour les passions; elles sont malheureusement dans l'ordre de la nature; mais il faut enfin que tout s'explique, que tout le monde se juge et se reconnaisse. Le peuple, il faut le dire, ne sait plus où reposer sa confiance; faites donc que l'on sache si vous êtes un composé de deux partis, une assemblée d'hommes travaillés de soupçons respectifs, ou si vous tendez tous au salut de la patrie. Voulez-vous la réunion? Concourez d'un commun accord aux mesures sévères et fermes que réclame le peuple indigné des trahisons dont il a été si longtemps victime. Instruisez, armez les citoyens; ce n'est pas assez d'avoir des armées aux frontières, il faut au sein de la République une colonne centrale qui fasse front aux ennemis du dedans, pour reporter ensuite la guerre au dehors. *(On applaudit.)*

Non-seulement je répondrai catégoriquement aux inculpations qui m'ont été et me seront faites ici, dans cette Assemblée qui a l'univers pour galerie, mais je dirai tout ce que je sais sur les opérations de la Belgique, persuadé que la connaissance approfondie du mal peut seule nous en faire découvrir le remède. Ainsi, s'il est un seul d'entre vous qui ait le moindre soupçon sur ma conduite, comme ministre ; s'il est un seul qui désire des comptes itératifs, lorsque déjà toutes les pièces sont déposées dans vos comités ; s'il en est un seul qui ait des soupçons sur mon administration, relativement aux dépenses secrètes de révolution, qu'il monte demain à la tribune, que tout se découvre, que tout soit mis à nu, et, libres de défiances, nous passerons ensuite à l'examen de notre situation politique.

Ces défiances, quand on veut se rapprocher, sont-elles donc si difficiles à faire disparaître? Je le dis, il s'en faut qu'il y ait dans cette Assemblée les conspirations qu'on se prête. Trop longtemps, il est vrai, un amour mutuel de vengeance, inspiré par les préventions, a retardé la marche de la Convention, et diminué son énergie, en la divisant souvent. Telle opinion forte a été repoussée par tel ou tel côté, par cela seul qu'elle ne lui appartenait pas. Qu'enfin donc le danger vous rallie. Songez que vous vous trouvez dans la crise la plus terrible ; vous avez une armée entièrement désorganisée, et c'est la plus importante, car d'elle dépendait le salut public, si le vaste projet de ruiner en Hollande le commerce de l'Angleterre eût réussi. Il faut connaître ceux qui peuvent avoir trempé dans la conspiration qui a fait manquer ce projet ; les têtes de ceux qui ont influé, soit comme généraux, soit comme représentants du peuple sur le sort de cette armée, ces têtes doivent tomber les premières. (*Des applaudissements et des cris :* Oui, oui, oui, *s'élèvent à la fois dans toutes les parties de l'Assemblée.*)

D'accord sur les bases de la conduite que nous devons tenir, nous le serons facilement sur les résultats. Interrogeons, entendons, comparons, tirons la vérité du chaos, alors nous saurons distinguer ce qui appartient aux passions et ce qui est le fruit des erreurs; nous connaîtrons où a été la véritable politique nationale, l'amour de son pays, et l'on ne dira plus qu'un tel est un ambitieux, un usurpateur, parce qu'il a un tempérament plus chaud et des formes plus robustes. Non, la France ne sera pas réasservie, elle pourra être ébranlée, mais le peuple, comme le Jupiter de l'Olympe, d'un seul signe fera rentrer dans le néant tous les ennemis. *(On applaudit.)*

Je demande que demain le Conseil exécutif nous fasse un rapport préliminaire; je demande à m'expliquer ensuite, car le peuple doit être instruit de tout. Les nouvelles reçues hier des armées transpirent déjà. C'est en soulevant petit à petit le voile, c'est en renonçant aux palliatifs que nous préviendrons l'explosion que pourrait produire l'excès de mécontentement. Je demande que le conseil exécutif, pièces en main, nous rende compte des rapports de ses différents agents. Que la vérité colore le civisme et le courage; que nous ayons encore l'espoir de sauver la République, et de ramener à un centre commun ceux qui se sont un moment laissé égarer par leurs passions.

Citoyens, nous n'avons pas un instant à perdre. L'Europe entière pousse fortement la conspiration. Vous voyez que ceux-là qui ont prêché plus persévéramment la nécessité du recrutement qui s'opère enfin pour le salut de la République; que ceux qui ont demandé le tribunal révolutionnaire; que ceux qui ont provoqué l'envoi des commissaires dans les départements pour y souffler l'esprit public, sont présentés presque comme des conspirateurs. On se plaint de misérables détails? Et des corps administratifs n'ont-ils pas demandé ma tête? Ma tête!... elle est encore là, elle y restera. Que chacun emploie celle qu'il a reçue de la nature, non pour servir de petites passions, mais pour servir la République. *(On applaudit.)*

Je somme celui qui pourrait me supposer des projets

d'ambition, de dilapidation, de forfaiture quelconque, de s'expliquer demain franchement sur ces soupçons, sous peine d'être réputé calomniateur. Cependant je vous en atteste tous, dès le commencement de la révolution, j'ai été peint sous les couleurs les plus odieuses.

Je suis resté inébranlable, j'ai marché à pas fermes vers la liberté. On verra qui touchera au terme où le peuple arrivera, après avoir écrasé tous les ennemis. Mais puisqu'aujourd'hui l'union, et par conséquent une confiance réciproque nous est nécessaire, je demande à entrer, après le rapport du Conseil exécutif, dans toutes explications qu'on jugera.

(Danton descend de la tribune au bruit des applaudissements d'une partie de l'Assemblée et de l'auditoire.

SUR LES RAPPORTS AVEC DUMOURIEZ.

CONVENTION. — *Séance du* 1er *avril* 1793.

Je commence par bien préciser l'interpellation qui m'est faite [1], elle se réduit à ceci : Vous avez dit, Danton, que si

1. Cette interpellation avait été faite par Penières. Voici comment le *Moniteur* rapporte l'incident :

« PENIÈRES. — Quelques jours après l'arrivée de Danton et de Delacroix de la Belgique, une lettre écrite par Dumouriez fut envoyée au comité de défense générale, sans avoir été lue à l'Assemblée. (PLUSIEURS MEMBRES. — Cela n'est pas vrai.) La lettre fut apportée au comité de défense générale, où Danton fut appelé pour en entendre la lecture ; Bréard, qui était alors président, dit qu'il était de son devoir d'en donner connaissance à l'Assemblée. Delacroix lui répondit en ces termes : « Quant à moi, si j'étais président, je ne balancerais pas un moment à exposer ma responsabilité, et la lettre ne serait pas lue ; car si un décret d'accusation devait être porté contre Dumouriez, j'aimerais mieux que ma tête tombât que la sienne : Dumouriez est utile à l'armée. » Après cette explication, il fut arrêté que le lendemain on ferait renvoyer cette lettre au comité, sans en faire la lecture. Après que ce renvoi fut décrété, Danton nous dit qu'il repartirait avec Delacroix et qu'il promettait de faire rétracter Dumouriez ; et il ajouta que dans le cas où Dumouriez s'y refuserait, il demanderait lui-même le décret d'accusation contre lui. Qu'est-il arrivé ? Danton de retour de la Belgique, ne se présenta ni à l'Assemblée ni au comité. Je lui demande en ce moment pourquoi ayant promis de faire rétracter Dumouriez, et ne l'ayant pas fait, n'a-t-il pas demandé contre lui le décret d'accusation. »

vous ne parveniez pas à faire écrire à Dumouriez une lettre qui détruisît l'effet de la première, vous demanderiez contre lui le décret d'accusation. Cette lettre n'ayant point eu lieu, pourquoi n'avez-vous pas tenu votre promesse?

Voilà la manière dont je suis interpellé. Je vais donner les éclaircissements qui me sont demandés.

D'abord, j'ai fait ce que j'avais annoncé : la Convention a reçu une lettre par laquelle Dumouriez demandait qu'il ne fût fait de rapport sur sa première qu'après que la Convention aurait entendu les renseignements que devaient lui donner ses commissaires. Cette lettre ne nous satisfit pas, et, après avoir conféré avec lui, nous acquîmes la conviction qu'il n'y avait plus rien à attendre de Dumouriez pour la République.

Arrivé à Paris à neuf du soir, je ne vins pas au comité; mais le lendemain j'ai dit que Dumouriez était devenu tellement atroce, qu'il avait dit que la Convention était composée de trois cents imbéciles et de quatre cents brigands. J'ai demandé au comité que tout fût dévoilé; ainsi tous ceux qui s'y sont trouvés ont dû voir que mon avis était qu'il fallait arracher Dumouriez à son armée.

Mais ce fait ne suffit pas, il importe que la Convention et la nation entière sachent la conduite qu'ont tenue vos commissaires à l'égard de Dumouriez, et il est étrange que ceux qui constamment ont été en opposition de principes avec lui soient aujourd'hui accusés comme ses complices.

Qu'a voulu Dumouriez? Établir un système financier dans la Belgique. Qu'a voulu Dumouriez? Point de réunion. Quels sont ceux qui ont fait les réunions? Vos commissaires. La réunion du Hainaut, dit Dumouriez, s'est faite à coups de sabre. Ce sont encore vos commissaires qui l'ont faite. C'est nous que Dumouriez accuse des malheurs de la Belgique; c'est nous qu'il accuse d'avoir fait couler le sang dans le Hainaut, et, par une fatalité inconcevable, c'est nous qu'on accuse de protéger Dumouriez.

J'ai dit que Dumouriez avait conçu un plan superbe d'invasion de la Hollande : si ce plan eût. réussi, il aurait peut-être épargné bien des crimes à Dumouriez; peut-être l'aurait-il voulu faire tourner à son profit; mais l'Angleterre n'en aurait pas été moins abaissée, et la Hollande conquise.

Voilà le système de Dumouriez : Dumouriez se plaint des sociétés populaires et du tribunal extraordinaire; il dit que bientôt Danton n'aura plus de crédit que dans la banlieue de Paris. (*Une voix.* — Ce sont les décrets de l'Assemblée, et non de vous.)

On m'observe que je suis dans l'erreur; je passe à un autre fait plus important : c'est que Dumouriez a dit à l'armée que si Danton et Delacroix y reparaissaient, il les ferait arrêter. Citoyens, les faits parlent d'eux-mêmes; on voit facilement que la commission a fait son devoir.

Dumouriez s'est rendu criminel, mais ses complices seront bientôt connus. J'ai déjà annoncé que Dumouriez été égaré par les impulsions qu'il a reçues de Paris, et qu'il était aigri par les écrits qui présentaient les citoyens les plus énergiques comme des scélérats. La plupart de ces écrits sont sortis de cette enceinte; je demande que la Convention nomme une commission pour débrouiller ce chaos et pour connaître les auteurs de ce complot. Quand on verra comment nous avons combattu les projets de Dumouriez, quand on verra que vous avez ratifié tous les arrêtés que nous avons pris, il ne restera plus aucun soupçon sur notre conduite.

Citoyens, ce n'est point assez de découvrir d'où viennent nos maux; il faut leur appliquer un remède immédiat. Vous avez, il est vrai, ordonné un recrutement, mais cette mesure est trop lente; je crois que l'Assemblée doit nommer un comité de la guerre, chargé de créer une armée improvisée. Les ennemis veulent se porter sur Paris; leur complice vous l'a dévoilé; je demande qu'il soit pris des mesures pour qu'un camp de cinquante mille hommes soit formé à vingt lieues de Paris; ce camp fera échouer les projets de nos ennemis, et pourra au besoin servir à compléter les armées.

Je demande aussi que mes collègues dans la Belgique soient rappelés sur-le-champ. (*Plusieurs membres.* — Cela est fait.)

Je demande enfin que le conseil exécutif rende un compte exact de nos opérations dans la Belgique : l'Assemblée acquerra les lumières qui lui sont nécessaires, et elle verra que nous avons toujours été en contradiction avec Dumouriez.

Si vos commissaires avaient fait enlever Dumouriez au moment où il était à la tête de son armée, on aurait rejeté sur eux la désorganisation de cette armée. Vos commissaires, quoique investis d'un grand pouvoir, n'ont rien pour assurer le succès de leurs opérations; les soldats ne nous prennent en arrivant aux armées, que pour de simples secrétaires de commission; il aurait fallu que la Convention donnât à ceux qu'elle charge de promulguer ses lois à la tête des armées, une sorte de décoration moitié civile et moitié militaire.

Que pouvaient faire de plus vos commissaires, sinon de dire : il y a urgence, il faut arracher promptement Dumouriez de la tête de son armée? Si nous avions voulu employer la force, elle nous eût manqué; car quel général, au moment où Dumouriez exécutait sa retraite, et lorsqu'il était entouré d'une armée qui lui était dévouée, eût voulu exécuter nos ordres? Dumouriez était constamment jour et nuit à cheval, et jamais il n'y a eu deux lieues de retraite sans un combat : ainsi il nous était impossible de le faire arrêter. Nous avons fait notre devoir, et j'appelle sur ma tête toutes les dénonciations, sûr que ma tête, loin de tomber, sera la tête de Méduse qui fera trembler tous les aristocrates.

Lasource. — Ce n'est point une accusation formelle que je vais porter contre Danton ; mais ce sont des conjectures que je vais soumettre à l'Assemblée. Je ne sais point déguiser ce que je pense, ainsi je vais dire franchement l'idée que la conduite de Delacroix et de Danton a fait naître dans mon esprit.

Dumouriez a ourdi un plan de contre-révolution ; l'a-t-il ourdi seul, oui ou non ?

Danton a dit qu'il n'avait pu, qu'il n'avait osé sévir contre Dumouriez, parce qu'au moment où il se battait aucun officier général n'aurait voulu exécuter ses ordres. Je réponds à Danton qu'il est bien étonnant qu'il n'ait osé prendre aucune mesure contre Dumouriez, tandis qu'il nous a dit que l'armée était tellement républicaine, que, malgré la confiance qu'elle avait dans son général, si elle lisait dans un journal que Dumouriez a été décrété d'accusation, elle l'amènerait elle-même à la barre de l'Assemblée.

Danton vient de dire qu'il avait assuré le comité que la république n'avait rien à espérer de Dumouriez. J'observe à l'Assemblée que Dumouriez avait perdu la tête en politique, mais qu'il conservait tous ses talents militaires ; alors Robespierre demanda que la conduite de Dumouriez fût examinée ; Danton s'y opposa, et dit qu'il ne fallait prendre aucune mesure contre lui avant que la retraite de la Belgique fût entièrement effectuée. Son opinion fut adoptée.

Voilà les faits, voici comme je raisonne.

Maure. — Je demande à dire un fait, c'est qu'on a proposé d'envoyer Gensonné, qui avait tout pouvoir sur Dumouriez, afin de traiter avec lui du salut de la patrie.

Plusieurs membres. — C'est vrai.

Lasource. — Voici comment je raisonne. Je dis qu'il y avait un plan de formé pour rétablir la royauté, et que Dumouriez était à la tête de ce plan. Que fallait-il faire pour le faire réussir ? Il fallait maintenir Dumouriez à la tête de son armée. Danton est venu à la tribune, et a fait le plus grand éloge de Dumouriez. S'il y avait un plan de formé pour faire réussir les projets de Dumouriez, que fallait-il faire ? Il fallait se populariser. Qu'a fait Delacroix ? Delacroix en arrivant de la Belgique, a affecté un patriotisme exagéré dont jusqu'à ce moment il n'avait donné aucun exemple. (*De violents murmures se font entendre.*) Et pour mieux dire, Delacroix se déclare Montagnard. L'avait fait-il fait jusqu'alors ? Non. Il tonna contre les citoyens qui ont voté l'appel au peuple, et contre ceux qu'on désigne sous le nom d'hommes d'État. L'avait-il fait jusqu'alors? Non.

Pour faire réussir la conspiration tramée par Dumouriez, il fallait acquérir la confiance populaire, il fallait tenir les deux extrémités du fil. Delacroix reste dans la Belgique; Danton vient ici; il y vient pour prendre des mesures de sûreté générale; il assiste au comité, il se tait.

DANTON. — Cela est faux!

PLUSIEURS VOIX. — C'est faux.

LASOURCE. — Ensuite Danton, interpellé de rendre compte des motifs qui lui ont fait abandonner la Belgique, parle d'une manière insignifiante. Comment se fait-il qu'après avoir rendu son compte, Danton reste à Paris? Avait-il donné sa démission? Non. Si son intention était de ne pas retourner dans la Belgique, il fallait qu'il le dît, afin que l'Assemblée le remplaçât; et dans le cas contraire, il devait y retourner.

Pour faire réussir la conspiration de Dumouriez, que fallait-il faire? Il fallait faire perdre à la Convention la confiance publique. Que fait Danton? Danton paraît à la tribune, et là il reproche à l'Assemblée d'être au-dessous de ses devoirs; il annonce une nouvelle insurrection; il dit que le peuple est prêt à se lever, et cependant le peuple était tranquille. Il n'y avait pas de marche plus sûre pour amener Dumouriez à ses fins que de ravaler la Convention et de faire valoir Dumouriez; c'est ce qu'a fait Danton.

Pour protéger la conspiration, il fallait exagérer les dangers de la patrie, c'est ce qu'ont fait Delacroix et Danton. On savait qu'en parlant de revers, il en résulterait deux choses : la première, que les âmes timides se cacheraient; la seconde, que le peuple, en fureur de se voir trahi, se porterait à des mouvements qu'il est impossible de retenir.

En criant sans cesse contre la faction des hommes d'État, ne semble-t-il pas qu'on se ménageait un mouvement, tandis que Dumouriez se serait avancé à la tête de son armée?

Citoyens, voilà les nuages que j'ai vus dans la conduite de vos commissaires. Je demande, comme Danton, que vous nommiez une commission *ad hoc* pour examiner les faits et découvrir les coupables. Cela fait, je vous propose une mesure de salut public. Je crois que la conduite de Dumouriez, mal connue de son armée, pourrait produire quelques mouvements funestes. Il faut qu'elle et la France entière sachent les mesures que vous avez prises; car Dumouriez est comme le fut jadis Lafayette, l'idole de la République. (*De violents murmures et des cris : Non, non! s'élèvent dans toutes les parties de la salle.*) Pour les inquiétudes que nos revers ont pu faire naître dans l'âme des Français, il faut que la nation sache que si l'armée a été battue, c'est qu'elle a été trahie; il faut que la nation sache que tant que son général a voulu la liberté, l'armée a marché à des triomphes.

Je termine par une observation : vous voyez maintenant à découvert le projet de ceux qui parlaient au peuple de couper des têtes, vous voyez s'ils ne voulaient pas la royauté. Je sais bien que le peuple ne la voulait pas, mais il était trompé. On lui parle sans cesse de se lever. Eh bien! peuple français, lève-toi, suis le conseil de tes perfides ennemis, forge-toi des chaînes, car c'est la liberté qu'on veut perdre, et non pas quelques membres de la Convention.

Et vous, mes collègues, souvenez-vous que le sort de la liberté est entre vos mains; souvenez-vous que le peuple veut la justice. Il a vu assez longtemps le Capitole et le trône, il veut voir maintenant la roche Tarpéienne et l'échafaud. (*Applaudissements.*) Le tribunal que vous avez créé ne marche pas encore; je demande :

1º Qu'il rende compte tous les trois jours des procès qu'il a jugés et de ceux qu'il instruit; de cette manière on saura s'il a fait justice.

2º Je demande que les citoyens Égalité et Sillery, qui sont inculpés, mais que je suis loin de croire coupables, soient mis en état d'arrestation chez eux.

3º Je demande que la commission demandée par Danton soit à l'instant organisée.

4º Que le procès-verbal qui vous a été lu soit imprimé, envoyé aux départements et aux armées, qu'une adresse soit jointe à ce procès-verbal; ce moyen est puissant; car, lorsque le peuple voit une adresse de l'Assemblée nationale, il croit voir un oracle. Je demande enfin, pour prouver à la nation que nous ne capitulerons jamais avec un tyran, que chacun d'entre nous prenne l'engagement de donner la mort à celui qui tenterait de se faire roi ou dictateur. (*Une acclamation unanime se fait entendre : Les applaudissements et les cris : Oui, oui! se répètent à plusieurs reprises. L'assemblée entière est levée; tous les membres, dans l'attitude du serment, répètent celui de Lasource. Les tribunes applaudissent.*)

Biroteau. — Je demande la parole pour un fait personnel.

10.

Au comité de défense générale, où l'on agita les moyens de sauver la patrie, Fabre d'Églantine, qu'on connaît très-lié avec Danton ; qui, dans une séance précédente avait fait son éloge, Fabre d'Églantine, dis-je, annonce qu'il avait un moyen de sauver la République, mais qu'il n'osait pas en faire part, attendu qu'on calomniait sans cesse les opinions. On le rassura, en lui disant que les opinions étaient libres, et que d'ailleurs tout ce qui se disait au comité y demeurait enseveli. Alors Fabre d'Églantine à mots couverts proposa un roi. (*De violents murmures se font entendre.*)

PLUSIEURS MEMBRES s'écrient à la fois. — Cela n'est pas vrai !

DANTON. — C'est une scélératesse : vous avez pris la défense du roi, et vous voulez rejeter vos crimes sur nous.

BIROTEAU. — Je vais rendre les propres paroles de Fabre avec la réponse qu'on lui fit. Il dit : (*De nouveaux murmures s'élèvent.*)

DELMAS. — Je demande la parole au nom du salut public.

Citoyens, je me suis recueilli ; j'ai écouté tout ce qui a été dit à cette tribune. Mon opinion est que l'explication qu'on provoque dans ce moment, doit perdre la République. Le peuple vous a envoyés pour sauver la chose publique ; vous le pouvez ; mais il faut éloigner cette explication ; et moi aussi j'ai des soupçons, mais ce n'est pas le moment de les éclaircir.

Je demande que l'on nomme la commission proposée par Lasource ; qu'on la charge de recueillir tous les faits, et ensuite on les fera connaître au peuple français.

La proposition de Delmas est adoptée unanimement.

DANTON. — Je somme Cambon, sans personnalités, sans s'écarter de la proposition qui vient d'être décrétée, de s'expliquer sur un fait d'argent, sur 100 mille écus qu'on annonce avoir été remis à Danton et à Delacroix, et de dire la conduite que la commission a tenue relativement à la réunion...

PLUSIEURS VOIX. — Le renvoi à la commission !

Cette proposition est décrétée.

Danton retourne à sa place ; toute l'extrême gauche se lève, et l'invite à retourner à la tribune pour être entendu. (*Des applaudissements s'élèvent dans les tribunes et se prolongent pendant quelques instants.*)

Danton s'élance à la tribune. (*Les applaudissements des tribunes continuent avec ceux d'une grande partie de l'Assemblée.*)

Le président se couvre pour rétablir l'ordre et le silence. — (*Le calme renaît.*)

Le Président. — Citoyens, je demande la parole, et je vous prie de m'écouter en silence.

Différentes propositions ont été faites : on avait provoqué une explication sur des faits qui inculpaient des membres de la Convention. Delmas a demandé la nomination d'une commission chargée d'examiner les faits et d'en rendre compte à l'Assemblée. Cette proposition a été adoptée à l'unanimité. Danton s'y était rendu, maintenant il demande la parole pour des explications ; je consulte l'Assemblée.

Toute la partie gauche. — Non, non ! il a la parole de droit.

Un grand nombre de membres de l'autre côté réclament avec la même chaleur le maintien du décret. — (*L'Assemblée est longtemps agitée.*)

Lasource. — Je demande que Danton soit entendu, et je déclare qu'il n'est entré dans mon procédé aucune passion.

Le Président. — Citoyens, dans cette crise affligeante le vœu de l'Assemblée ne sera pas équivoque. Je vais le prendre.

L'Assemblée consultée accorde la parole à Danton, à une très-grande majorité.

Danton. — Je dois commencer par vous rendre hommage comme vraiment amis du salut du peuple, citoyens qui êtes placés à cette montagne (se tournant vers l'amphithéâtre de l'extrémité gauche) ; vous avez mieux jugé que moi. J'ai cru longtemps que, quelle que fût l'impétuosité de mon caractère, je devais tempérer les moyens que la nature m'a départis ; je devais employer dans les circonstances difficiles où m'a placé ma mission, la modération que m'ont paru commander les événements. Vous m'accusiez de faiblesse, vous aviez raison, je le reconnais devant la France entière. Nous, faits pour dénoncer ceux qui, par impéritie ou scélératesse, ont constamment voulu que le tyran échappât au glaive de la loi... (*Un très-grand nombre de membres se lèvent en criant :* Oui, oui ! *et en indiquant du geste les membres placés dans la partie droite. — Des rumeurs et des récriminations violentes s'élèvent dans cette partie.*) Eh bien ! ce sont ces mêmes hommes... (*Les*

murmures continuent à la droite de la tribune. — L'ora-
teur se tournant vers les interrupteurs.) Vous me répondrez, vous me répondrez... Citoyens, ce sont, dis-je, ces
mêmes hommes qui prennent aujourd'hui l'attitude inso-
lente de dénonciateurs... *(Grangeneuve interrompt. — Les*
murmures d'une grande partie de l'Assemblée couvrent
sa voix.)

GRANGENEUVE. — Je demande à faire une interpellation à
Danton...

UN GRAND NOMBRE DE VOIX. — Vous n'avez pas la parole...
A l'Abbaye !

DANTON. — Et d'abord, avant que d'entrer aussi à mon
tour dans des rapprochements, je vais répondre. Que vous
a dit Lasource? Quelle que soit l'origine de son roman,
qu'il soit le fruit de son imagination ou la suggestion
d'hommes adroits... *(De nouveaux murmures s'élèvent dans*
la partie de la salle à la droite de la tribune.)

ALBITTE. — Nous avons tranquillement écouté Lasource,
soyez tranquilles à votre tour.

DANTON. — Soit que cet homme, dont on s'est emparé
plusieurs fois dans l'Assemblée législative, ait voulu préparer, ce que j'aime à ne pas croire, le poison de la calomnie
contre moi, pour le faire circuler pendant l'intervalle qui
s'écoulera entre sa dénonciation et le rapport général qui
doit vous être fait sur cette affaire, je n'examine pas maintenant ses intentions. Mais que vous a-t-il dit? Qu'à mon
retour de la Belgique, je ne me suis pas présenté au comité
de défense générale; il en a menti : plusieurs de mes collègues m'ont cru arrivé vingt-quatre heures avant mon retour
effectif, pensant que j'étais parti le jour même de l'arrêté de
la commission; je ne suis arrivé que le vendredi 29, à huit
heures du soir. Fatigué de ma course et du séjour que j'ai
fait à l'armée, on ne pouvait exiger que je me transportasse
immédiatement au comité. Je sais que les soupçons de l'inculpation m'ont précédé. On a représenté vos commissaires

comme les causes de la désorganisation de l'armée. Nous désorganisateurs! nous, qui avons rallié les soldats français, nous qui avons fait déloger l'ennemi de plusieurs postes importants! Ah! sans doute tel a dit que nous étions venus pour sonner l'alarme, qui, s'il eût été témoin de notre conduite, vous aurait dit que nous étions faits pour braver le canon autrichien, comme nous braverons les complots et les calomnies des ennemis de la liberté.

J'en viens à la première inculpation de Lasource. En arrivant, je n'étais pas même instruit qu'il dût y avoir comité ce jour-là. Me fera-t-on un crime d'avoir été retenu quelques heures chez moi pour réparer mes forces affaiblies par le voyage et par la nécessité de manger? Dès le lendemain, je suis allé au comité; et quand on vous a dit que je n'y ai donné que de faibles détails, on a encore menti. J'adjure tous mes collègues qui étaient présents à cette séance : j'ai dit que Dumouriez regardait la Convention comme un composé de trois cents hommes stupides et de quatre cents scélérats. « Que peut faire pour la République, ai-je ajouté, un homme dont l'imagination est frappée de pareilles idées? Arrachons-le à son armée. » (*L'orateur se tournant vers l'extrémité gauche de la salle.*) N'est-ce pas cela que j'ai dit? (*Plusieurs voix. —* Oui! oui!)

Il y a plus. Camus, qu'on ne soupçonnera pas d'être mon partisan individuel, a fait un récit qui a coupé le mien; et ici j'adjure encore mes collègues. Il a fait un rapport dont les détails se sont trouvés presque identiques avec le mien. (*Plusieurs voix. —* Cela est vrai!)

Ainsi, il en est résulté de ce que nous avons dit en commun un rapport effectif au comité.

Lasource trouve étrange que je sois resté à Paris, tandis que ma mission me rappelait dans la Belgique; il cherche à faire croire à des intelligences entre Delacroix et moi, dont l'un serait resté à l'armée, et l'autre à Paris, pour diriger à la fois les deux fils de la conspiration.

Lasource n'est pas de bonne foi; Lasource sait bien que je ne devais partir qu'autant que j'aurais des mesures à porter avec moi; que j'avais demandé et déclaré que je voulais rendre compte à la Convention de ce que je savais. Il n'y a donc dans ma présence ici aucun rapport avec les événements de la Belgique, aucun délit, rien qui puisse faire soupçonner une connivence. Lasource vous a dit : « Danton et Delacroix ont proclamé que si un décret d'accusation était porté contre Dumouriez, il s'exécuterait, et qu'il suffirait que le décret fût connu par les papiers publics, pour que l'armée l'exécutât elle-même. Comment donc ces mêmes commissaires n'ont-ils pas fait arrêter Dumouriez?... Je ne nie pas le propos cité par Lasource; mais avions-nous ce décret d'accusation dont j'ai parlé? Pouvions-nous prendre la résolution d'enlever Dumouriez, lorsque nous n'étions à l'armée que Delacroix et moi, lorsque la commission n'était pas rassemblée? Nous nous sommes rendus vers la commission, et c'est elle qui a exigé que Delacroix retournât vers l'état-major, et qui a jugé qu'il y aurait du danger pour la retraite même de l'armée, à enlever Dumouriez. Comment se fait-il donc qu'on me reproche, à moi individu, ce qui est du fait de la commission? La correspondance des commissaires prouve qu'ils n'ont pu se saisir de l'individu Dumouriez. Qu'auraient-ils donc fait en notre place, ceux qui nous accusent? eux qui ont signé des taxes, quoiqu'il y eût un décret contraire. *(On applaudit dans une grande partie de l'Assemblée.)*

Je dois dire un fait qui s'est passé dans le comité même de défense générale. C'est que lorsque je déclarai que je croyais du danger à ce qu'on lût la lettre de Dumouriez, et à s'exposer d'engager un combat au milieu d'une armée en retraite, en présence de l'ennemi, je proposai cependant des mesures pour que l'on parvînt à se saisir du général, au moment où on pourrait le faire sans inconvénient. Je demandai que les amis même de Dumouriez, que Guadet,

Gensonné se rendissent à l'armée; que pour lui ôter toute défiance, les commissaires fussent pris dans les deux partis de la Convention, et que par-là il fût prouvé en même temps que, quelles que soient les passions qui vous divisent, vous êtes unanimes pour ne jamais consentir à recevoir la loi d'un seul homme. *(On applaudit.)* Ou nous le guérirons momentanément, leur disais-je, ou nous le garrotterons. Je demande si l'homme qui proférait ces paroles peut être accusé d'avoir eu des *ménagements* pour Dumouriez.

Quels sont ceux qui ont pris constamment des ménagements? Qu'on consulte les canaux de l'opinion, qu'on examine ce qu'on disait partout, par exemple, dans le journal qui s'intitule *Patriote français*. On y disait que Dumouriez était *loin d'associer ses lauriers aux cyprès du 2 septembre*. C'est contre moi qu'on excitait Dumouriez. Jamais on n'a eu la pensée de nous associer dans les mêmes complots; nous ne voulions pas prendre sur nous la responsabilité de l'enlèvement de Dumouriez; mais je demande si l'on ne m'a pas vu déjouer constamment la politique de ce général, ses projets de finances, les projets d'ambition qu'il pouvait avoir sur la Belgique; je les ai constamment mis à jour. Je le demande à Cambon, il dira, par exemple, la conduite que j'ai tenue relativement aux 300,000 livres de dépenses qui ont été secrètement faites dans la Belgique.

Et aujourd'hui, parce que j'ai été trop sage et trop circonspect, parce qu'on a eu l'art de répandre que j'avais un parti, que je voulais être *dictateur*, parce que je n'ai pas voulu, en répondant à mes adversaires, produire de trop rudes combats, occasionner des déchirements dans cette assemblée, on m'accuse de mépriser et d'avilir la Constitution.

Avilir la Convention! Et qui plus que moi a constamment cherché à relever sa dignité, à fortifier son autorité? N'ai-je pas parlé de mes ennemis même avec une sorte de respect?

(*Se tournant vers la partie droite.*) Je vous interpelle, vous qui m'accusez sans cesse... (*Plusieurs voix.* — Tout à l'heure vous venez de prouver votre respect.)

Tout à l'heure, cela est vrai; ce que vous me reprochez est exact; mais pourquoi ai-je abandonné le système du silence et de la modération? parce qu'il est un terme à la prudence, parce que quand on se sent attaqué par ceux-là même qui devraient s'applaudir de ma circonspection, il est permis d'attaquer à son tour et de sortir des limites de la patience. (*On applaudit dans une grande partie de l'Assemblée.*)

Mais comment se fait-il que l'on m'impute à crime la conduite d'un de mes collègues? Oui, sans doute, j'aime Delacroix; on l'inculpe parce qu'il a eu le bon esprit de ne pas partager, je le dis franchement, je le tiens de lui; parce qu'il n'a pas voulu partager les vues et les projets de ceux qui ont cherché à sauver le tyran. (*De violents murmures s'élèvent dans la partie droite.* — *Les plus vifs applaudissements éclatent dans une grande partie du côté opposé et dans les tribunes.*)

Quelques voix s'élèvent pour demander que Danton soit rappelé à l'ordre.

Duhem. — Oui, c'est vrai, on a conspiré chez Roland, et je connais le nom des conspirateurs.

Maure. — C'est Barbaroux, c'est Brissot, c'est Guadet.

Danton. — Parce que Delacroix s'est écarté du fédéralisme et du système perfide de l'appel au peuple; parce que lorsqu'après l'époque de la mort de Lepelletier, on lui demanda s'il voulait que la Convention quittât Paris, il fit sa profession de foi, en répondant : « J'ai vu qu'on a armé de préventions tous les départements contre Paris, je ne suis pas des vôtres. » On a inculpé Delacroix, parce que, patriote courageux, sa manière de voter dans l'Assemblée a toujours été conséquente à la conduite qu'il a tenue dans la grande affaire du tyran. Il semble aujourd'hui que, moi, j'en aie fait mon second en conjuration. Ne sont-ce pas là les conséquences, les aperçus jetés en avant par Lasource? (*Plusieurs voix à la droite de la tribune :* Oui, oui! *Une autre voix.* — Ne parlez pas tant, mais répondez!)

DANTON. — Eh! que voulez-vous que je réponde? J'ai d'abord réfuté pleinement les détails de Lasource : j'ai démontré que j'avais rendu au comité de défense générale le compte que je lui devais, qu'il y avait identité entre mon rapport et celui de Camus, qui n'a été qu'un prolongement du mien; que si Dumouriez n'a pas été déjà amené pieds et poings liés à la Convention, ce ménagement n'est pas de mon fait. J'ai répondu enfin assez pour satisfaire tout homme de bonne foi (*plusieurs voix dans l'extrémité gauche :* Oui, oui !); et certes, bientôt je tirerai la lumière de ce chaos. Les vérités s'amoncelleront et se dérouleront devant vous. Je ne suis pas en peine de ma justification.

Mais tout en applaudissant à cette commission que vous venez d'instituer, je dirai qu'il est assez étrange que ceux qui ont fait la réunion, contre Dumouriez, qui, tout en rendant hommage à ses talents militaires, ont combattu ses opinions politiques, se trouvent être ceux contre lesquels cette commission paraît être principalement dirigée.

Nous, vouloir un roi! Encore une fois les plus grandes vérités, les plus grandes probabilités morales restent seules pour les nations. Il n'y a que ceux qui ont eu la stupidité, la lâcheté de vouloir ménager un roi, qui peuvent être soupçonnés de vouloir rétablir un trône; il n'y a, au contraire, que ceux qui constamment ont cherché à exaspérer Dumouriez contre les sociétés populaires et contre la majorité de la Convention; il n'y a que ceux qui ont présenté notre empressement à venir demander des secours pour une armée délabrée, comme une pusillanimité; il n'y a que ceux qui ont manifestement voulu punir Paris de son civisme, armer contre lui les départements... (*Un grand nombre de mem-*

bres se levant, et indiquant du geste la partie droite : Oui, oui, ils l'ont voulu !)

MARAT. — Et leurs petits soupers !

DANTON. — Il n'y a que ceux qui ont fait des soupers clandestins avec Dumouriez quand il était à Paris... (*On applaudit dans une grande partie de la salle.*)

MARAT. — Lasource !..... Lasource en était..... Oh ! je dénoncerai tous les traîtres.

DANTON. — Oui, eux seuls sont les complices de la conjuration. (*De vifs applaudissements s'élèvent à l'extrémité gauche et dans les tribunes.*) Et c'est moi qu'on accuse !..... moi !....., Je ne crains rien de Dumouriez, ni de tous ceux avec qui j'ai été en relation. Que Dumouriez produise une seule ligne de moi qui puisse donner lieu à l'ombre d'une inculpation, et je livre ma tête.

MARAT. — Il a les lettres de Gensonné... C'est Gensonné qui était en relation intime avec Dumouriez.

GENSONNÉ. — Danton, j'interpelle votre bonne foi. Vous avez dit avoir vu la minute de mes lettres, dites ce qu'elles contenaient.

DANTON. — Je ne parle pas textuellement de vos lettres, je n'ai point parlé de vous; je reviens à ce qui me concerne.

J'ai, moi, quelques lettres de Dumouriez : elles prouveront qu'il a été obligé de me rendre justice; elles prouveront qu'il n'y avait nulle identité entre son système politique et le mien : c'est à ceux qui ont voulu le fédéralisme...

PLUSIEURS VOIX. — Nommez-les !

MARAT (se tournant vers les membres de la partie droite). — Non, vous ne parviendrez pas à égorger la patrie !

DANTON. — Voulez-vous que je dise quels sont ceux que je désigne ?

UN GRAND NOMBRE DE VOIX. — Oui, oui !

DANTON. — Écoutez !

Marat (se tournant vers la partie droite). — Écoutez !

Danton. — Voulez-vous entendre un mot qui paye pour tous ?

Les mêmes cris s'élèvent. — Oui, oui !

Danton. — Eh bien! je crois qu'il n'est plus de trève entre la Montagne, entre les patriotes qui ont voulu la mort du tyran et les lâches qui, en voulant le sauver, nous ont calomniés dans la France. *(Un grand nombre de membres de la partie gauche se lèvent simultanément, et applaudissent. — Plusieurs voix se font entendre :* Nous sauverons la patrie !)

Eh! qui pourrait se dispenser de proférer ces vérités, quand malgré la conduite immobile que j'ai tenue dans cette assemblée, quand vous représentez ceux qui ont le plus de sang-froid et de courage, comme des ambitieux ; quand, tout en semblant me caresser, vous me couvrez de calomnies, quand beaucoup d'hommes qui me rendent justice individuellement, me présentent à la France entière dans leur correspondance, comme voulant ruiner la liberté de mon pays? Cent projets absurdes de cette nature ne m'ont-ils pas été successivement prêtés? Mais jamais la calomnie n'a été conséquente dans ses systèmes, elle s'est repliée de cent façons sur mon compte, cent fois elle s'est contredite. Dès le commencement de la Révolution, j'avais fait mon devoir, et vous vous rappelez que je fus alors calomnié, j'ai été de quelque utilité à mon pays, lorsqu'à la révolution du 10 août, Dumouriez lui-même reconnaissait que j'avais apporté du courage dans le conseil, et que je n'avais pas peu contribué à nos succès. Aujourd'hui les homélies misérables d'un vieillard cauteleux, reconnu tel, ont été le texte de nouvelles inculpations; et puisqu'on veut des faits, je vais vous en dire sur Roland. Tel est l'excès de son délire, et Garat lui-même m'a dit que ce vieillard avait tellement perdu la tête, qu'il ne voyait que la mort; qu'il croyait tous les citoyens prêts à le frapper;

qu'il dit un jour, en parlant de son ancien ami, qu'il avait lui-même porté au ministère : *Je ne mourrai que de la main de Pache, depuis qu'il se met à la tête des factieux de Paris...* Eh bien ! quand Paris périra, il n'y aura plus de République. Paris est le centre constitué et naturel de la France libre. C'est le centre des lumières.

On nous accuse d'être les factieux de Paris : Eh bien ! nous avons déroulé notre vie devant la nation, elle a été celle d'hommes qui ont marché d'un pas ferme vers la révolution. Les projets criminels qu'on m'impute, les épithètes de scélérats, tout a été prodigué contre nous, et l'on espère maintenant nous effrayer ! Oh ! non. (*De vifs applaudissements éclatent dans l'extrémité gauche de la salle ; ils sont suivis de ceux des tribunes. — Plusieurs membres demandent qu'elles soient rappelées au respect qu'elles doivent à l'Assemblée.*) Eh bien ! les tribunes de Marseille ont aussi applaudi à la Montagne... J'ai vu depuis la Révolution, depuis que le peuple français a des repréprésentants, j'ai vu se répéter les misérables absurdités que je viens d'entendre débiter ici. Je sais que le peuple n'est pas dans les tribunes, qu'il ne s'y en trouve qu'une petite portion, que les Maury, les Cazalès et tous les partisans du despotisme calomniaient aussi les citoyens des tribunes.

Il fut un temps où vous vouliez une garde départementale. (*Quelques murmures se font entendre.*) On voulait l'opposer aux citoyens égarés par la faction de Paris : Eh bien ! vous avez reconnu que ces mêmes citoyens des départements, que vous appeliez ici, lorsqu'ils ont été à leur tour placés dans les tribunes, n'ont pas manifesté d'autres sentiments que le peuple de Paris, peuple instruit, peuple qui juge bien ceux qui le servent (*on applaudit dans les tribunes et dans une très-grande partie de l'Assemblée*); peuple qui se compose de citoyens pris dans tous les départements; peuple exercé aussi à discerner quels sont ceux qui prostituent leurs talents; peuple qui voit bien que qui combat avec la Montagne, ne peut pas servir les projets d'Orléans. (*Mêmes applaudissements*) Le projet lâche et stupide qu'on avait conçu d'armer la fureur populaire contre les Jacobins, contre vos commissaires, contre moi, parce que j'avais annoncé que Dumouriez avait des talents militaires, et qu'il avait fait un coup de génie en accélérant l'entreprise de la Hollande : ce projet vient sans doute de ceux qui ont voulu faire massacrer les patriotes; car il n'y a que les patriotes qu'on égorge.

Un grand nombre de voix. — Oui, oui.

Marat. — Lepelletier et Léonard Bourdon.

Danton. — Eh bien ! leurs projets seront toujours déçus, le peuple ne s'y méprendra pas. J'attends tranquillement et impassiblement le résultat de cette commission. Je me suis justifié de l'inculpation de n'avoir pas parlé de Dumouriez. J'ai prouvé que j'avais le projet d'envoyer dans la Belgique une commission composée de tous les partis pour se saisir, soit de l'esprit, soit de la personne de Dumouriez.

Marat. — Oui, c'était bon, envoyez-y Lasource !

Danton. — J'ai prouvé, puisqu'on me demande des preuves pour répondre à de simples aperçus de Lasource, que si je suis resté à Paris, ce n'a été en contravention à aucun de vos décrets. J'ai prouvé qu'il est absurde de dire que le séjour prolongé de Delacroix dans la Belgique, était concerté avec ma présence ici, puisque l'un et l'autre nous avons suivi les ordres de la totalité de la commission, que si la commission est coupable, il faut s'adresser à elle et la juger sur des pièces après l'avoir entendue; mais qu'il n'y a aucune inculpation individuelle à faire contre moi. J'ai prouvé qu'il était lâche et absurde de dire que moi, Danton, j'ai reçu cent mille écus pour travailler la Belgique. N'est-ce pas Dumouriez qui, comme Lasource, m'accuse d'avoir opéré à coups de sabre la réunion? Ce n'est pas moi qui ai dirigé les dépenses qu'a entraînées l'exécution du décret du 15 décembre. Ces dépenses ont été nécessitées pour déjouer les prêtres fanatiques qui salariaient le peuple malheureux ; ce n'est pas à moi qu'il faut en demander compte, c'est à Lebrun.

Cambon. — Ces cent mille écus sont tout simplement les dépenses indispensablement nécessaires pour l'exécution du décret du 15 décembre.

Danton. — Je prouverai subséquemment que je suis un révolutionnaire immuable, que je résisterai à toutes les atteintes, et je vous prie, citoyens (se tournant vers les membres de la partie gauche), d'en accepter l'augure. J'aurai la satisfaction de voir la nation entière se lever en masse pour combattre les ennemis extérieurs, et en même temps pour adhérer aux mesures que vous avez décrétées sur mes propositions.

A-t-on pu croire un instant, a-t-on eu la stupidité de croire que moi je me sois coalisé avec Dumouriez? Contre qui Dumouriez s'élève-t-il? Contre le tribunal révolutionnaire : c'est moi qui ai provoqué l'établissement de ce tribunal. Dumouriez veut dissoudre la Convention. Quand on a proposé, dans le même objet, la convocation des assemblées primaires, ne m'y suis-je pas pas opposé? Si j'avais été d'accord avec Dumouriez, aurais-je combattu ses projets de finances sur la Belgique? Aurais-je déjoué son projet de rétablissement des trois États? Les citoyens de Mons, de Liége, de Bruxelles, diront si je n'ai pas été redoutable aux aristocrates, autant exécré par eux qu'ils méritent de l'être: ils vous diront qui servait les projets de Dumouriez, de moi ou de ceux qui le vantaient dans les papiers publics, ou de ceux qui exagéraient les troubles de Paris, et publiaient que des massacres avaient lieu dans la rue des Lombards.

Tous les citoyens vous diront : quel fut son crime? c'est d'avoir défendu Paris.

A qui Dumouriez déclare-t-il le guerre? aux sociétés populaires. Qui de nous a dit que sans les sociétés populaires.

sans le peuple en masse, nous ne pourrions nous sauver? De telles mesures coincident-elles avec celles de Dumouriez ou la complicité ne serait-elle pas plutôt de la part de ceux qui ont calomnié à l'avance les commissaires pour faire manquer leur mission? (*Applaudissements.*) Qui a pressé l'envoi des commissaires? Qui a accéléré le recrutement, le complétement des armées? C'est moi; moi, je le déclare à toute la France, qui ai le plus puissamment agi sur ce complétement. Ai-je, moi, comme Dumouriez, calomnié les soldats de la liberté qui courent en foule pour recueillir les débris de nos armées? N'ai-je pas dit que j'avais vu ces hommes intrépides porter aux armées le civisme qu'ils avaient puisé dans l'intérieur? N'ai-je pas dit que cette portion de l'armée, qui, depuis qu'elle habitait sur un terre étrangère, ne montrait plus la même vigueur, reprendrait, comme le géant de la fable, en posant le pied sur la terre de la liberté, toute l'énergie républicaine? Est-ce là le langage de celui qui aurait voulu tout désorganiser? N'ai-je pas montré la conduite d'un citoyen qui voulait vous tenir en mesure contre toute l'Europe?

Qu'on cesse donc de reproduire des fantômes et des chimères qui ne résisteront pas à la lumière et aux explications.

Je demande que la commission se mette sur-le-champ en activité, qu'elle examine la conduite de chaque député depuis l'ouverture de la Convention. Je demande qu'elle ait caractère surtout pour examiner la conduite de ceux qui, postérieurement au décret pour l'indivisibilité de la République, ont manœuvré pour la détruire; de ceux qui, après la rejection de leur système pour l'appel au peuple, nous ont calomniés; et si, ce que je crois, il a y ici une majorité vraiment républicaine, elle en fera justice. Je demande qu'elle examine la conduite de ceux qui ont empoisonné l'opinion publique dans tous les départements; on verra ce qu'on doit penser de ces hommes qui ont été assez audacieux pour notifier à une administration qu'elle devait arrêter des commissaires de la Convention ; de ces hommes qui ont voulu constituer des citoyens, des administrateurs, juges des députés que vous avez envoyés dans les départements pour y réchauffer l'esprit public et y accélérer le recrutement. On verra quels sont ceux qui, après avoir été assez audacieux pour transiger avec la royauté, après avoir désespéré, comme ils en sont convenus, de l'énergie populaire, ont voulu sauver les débris de la royauté ; car on ne peut trop le répéter, ceux qui ont voulu sauver l'individu, ont par-là même eu intention de donner de grandes espérances au royalisme. (*Applaudissements d'une grande partie de l'Assemblée.*) Tout s'éclaircira ; alors on ne sera plus dupe de ce raisonnement par lequel on cherche à insinuer qu'on n'a voulu détruire un trône que pour en rétablir un autre. Quiconque auprès des rois est convaincu d'avoir voulu frapper un d'eux, est pour tous un ennemi mortel.

Une voix. — Et Cromwell?... (*Des murmures s'élèvent dans une partie de l'Assemblée.*)

Danton. *se tournant vers l'interlocuteur.* Vous êtes bien scélérat de me dire que je ressemble à Cromwell. Je vous cite devant la nation. (*Un grand nombre de voix s'élèvent simultanément pour demander que l'interrupteur soit censuré ; d'autres pour qu'il soit envoyé à l'Abbaye.*)

Oui, je demande que le vil scélérat qui a eu l'impudeur de dire que je suis un Cromwell soit puni, qu'il soit traduit à l'Abbaye. (*On applaudit.*) Et si, en dédaignant d'insister sur la justice que j'ai le droit de réclamer, si je poursuis mon raisonement, je dis que quand j'ai posé en principe que quiconque a frappé un roi à la tête, devient l'objet de l'exécration de tous les rois, j'ai établi une vérité qui ne pourrait être contestée. (*Plusieurs voix. — C'est vrai !*)

Eh bien ! croyez-vous que ce Cromwell dont vous me

parlez ait été l'ami des rois? (*Une voix.* — Il a été roi lui-même!

Danton. — Il a été craint, parce qu'il a été le plus fort. Ici ceux qui ont frappé le tyran de la France seront craints aussi. Ils seront d'autant plus craints que la liberté s'est engraissée du sang du tyran. Ils seront craints, parce que la nation est avec eux. Cromwell n'a été souffert par les rois que parce qu'il a travaillé avec eux. Eh bien! je vous interpelle tous. (Se tournant vers les membres de la partie gauche.) Est-ce la terreur, est-ce l'envie d'avoir un roi qui vous a fait proscrire le tyran? (*L'Assemblée presque unanime*: Non, non!) Si donc ce n'est que le sentiment profond de vos devoirs qui a dicté son arrêt de mort, si vous avez cru sauver le peuple, et faire en cela ce que la nation avait droit d'attendre de ses mandataires, ralliez-vous (s'adressant à la même partie de l'Assemblée), vous qui avez prononcé l'arrêt du tyran contre les lâches (indiquant du geste les membres de la partie droite) qui ont voulu l'épargner (*une partie de l'Assemblée applaudit*); serrez-vous; appelez le peuple à se réunir en armes contre l'ennemi du dehors, et à écraser celui du dedans, et confondez, par la vigueur et l'immobilité de votre caractère, tous les scélérats, tous les modérés (l'orateur, s'adressant toujours à la partie gauche, et indiquant quelquefois du geste les membres du côté opposé); tous ceux qui vous ont calomniés dans les départements. Plus de composition avec eux! (*Vifs applaudissements d'une grande partie de l'Assemblée et des tribunes.*) Reconnaissez-le tous, vous qui n'avez jamais su tirer de votre situation politique dans la nation le parti que vous auriez pu en tirer; qu'enfin justice vous soit rendue. Vous voyez, par la situation où je me trouve en ce moment, la nécessité où vous êtes d'être fermes, et de déclarer la guerre à tous vos ennemis, quels qu'ils soient. (*Mêmes applaudissements.*) Il faut former une phalange indomptable. Ce n'est pas vous, puisque vous aimez les sociétés popu-

laires et le peuple, ce n'est pas vous qui voudrez un roi.
(*Les applaudissements recommencent. — Non, non! s'écrie-
t-on avec force dans la grande majorité de l'Assemblée.*)
C'est à vous à en ôter l'idée à ceux qui ont machiné pour
conserver l'ancien tyran. Je marche à la République ; mar-
chons-y de concert, nous verrons qui de nous ou de nos
détracteurs atteindra le but.

Après avoir démontré que loin d'avoir été jamais d'accord avec Dumouriez, il nous accuse textuellement *d'avoir
fait la réunion à coups de sabre,* qu'il a dit publiquement
qu'il nous ferait arrêter, qu'il était impossible à Delacroix
et à moi, qui ne sommes pas la commission, de l'arracher à
son armée ; après avoir répondu à tout ; après avoir rempli cette tâche de manière à satisfaire tout homme sensé et
de bonne foi, je demande que la commission des six, que
vous venez d'instituer, examine non-seulement la conduite
de ceux qui vous ont calomniés, qui ont machiné contre
l'indivisibilité de la République, mais de ceux encore qui
ont cherché à sauver le tyran (*nouveaux applaudissements
d'une partie de l'Assemblée et des tribunes*), enfin de tous
les coupables qui ont voulu ruiner la liberté, et l'on verra
si je redoute les accusateurs.

Je me suis retranché dans la citadelle de la raison ; j'en
sortirai avec le canon de la vérité, et je pulvériserai les scélérats qui ont voulu m'accuser. (*Danton descend de la tribune au milieu des plus vifs applaudissements d'une très
grande partie de l'Assemblée et des citoyens. Plusieurs
membres de l'extrémité gauche se précipitent vers lui pour
l'embrasser. — Les applaudissements se prolongent.*)

SUR LA PEINE DE MORT CONTRE CEUX QUI PROPOSENT DE TRANSIGER AVEC LES ENNEMIS DE LA RÉPUBLIQUE.

CONVENTION. — *Séance du* 13 *avril* 1793.

Il faut bien saisir le véritable objet de la motion qui vient d'être faite, et ne pas lui donner une étendue que n'a pas voulu lui attribuer son auteur. Je demande qu'elle soit ainsi posée : « La peine de mort est décrétée contre quiconque proposerait à la République de transiger avec des ennemis qui, pour préliminaire, ne reconnaîtraient pas la souveraineté du peuple. » Il est temps, citoyens, que la Convention nationale fasse connaître à l'Europe que la France sait allier à la politique les vertus républicaines. Vous avez rendu, dans un moment d'enthousiasme, un décret dont le motif était beau sans doute, puisque vous vous êtes obligés à donner protection aux peuples qui voudraient résister à l'oppression de leurs tyrans. Ce décret semblerait vous engager à secourir quelques patriotes qui voudraient faire une révolution en Chine. Il faut, avant tout, songer à la conservation de notre corps politique, et fonder la grandeur française. Que la République s'affermisse, et la France, par ses lumières et son énergie, fera attraction sur tous les peuples.

Mais voyez ce que votre position a d'avantageux malgré les revers que nous avons éprouvés. La trahison de Dumouriez nous donne l'occasion de faire un nouveau scrutin épuratoire de l'armée. L'ennemi va être forcé de reconnaître que la nation veut absolument la liberté, puisqu'un général victorieux qui avait promis à nos ennemis de leur livrer et son armée tout entière et une partie de la nation, ne leur a porté que son *misérable individu*. Citoyens, c'est le génie de la liberté qui a lancé le char de la révolution. Le peuple tout entier le tire, et il s'arrêtera aux termes de la raison. Décrétons que nous ne nous mêlerons pas de ce qui se passe chez nos voisins ; mais décrétons aussi que la République vivra, et condamnons à mort celui qui proposerait une transaction autre que celle qui aurait pour base les principes de notre liberté. *(On applaudit.)*

SUR LA LIBERTÉ DES CULTES.

CONVENTION. — *Séance du* 19 *avril* 1793.

Rien ne doit plus nous faire préjuger le salut de la patrie que la disposition actuelle. Nous avons paru divisés entre nous, mais au moment où nous nous occupons du bonheur des hommes, nous sommes d'accord. *(Vifs applaudissements.)* Vergniaud vient de vous dire de bien grandes et d'éternelles vérités. L'Assemblée constituante, embarrassée par un roi, par les préjugés qui enchaînaient encore la nation, par l'intolérance qui s'était établie, n'a pu heurter de front les principes reçus, et a fait encore beaucoup pour la liberté en consacrant celui de la tolérance. Aujourd'hui le terrain de la liberté est déblayé, nous devons au peuple français de donner à son gouvernement des bases éternelles et pures! Oui! nous leur dirons : Français, vous avez la liberté d'adorer la divinité qui vous parait digne de vos hommages, la liberté de culte que vos lois peuvent avoir pour objet ne peut être que la liberté de la réunion des individus assemblés pour rendre, à leur manière, hommage à la divinité. Une telle liberté ne peut être atteinte que par des lois réglementaires et de police; or, sans doute, vous ne voudrez pas insérer dans une déclaration des droits une loi réglementaire. Le droit de la liberté du culte, droit sacré, sera protégé par vos lois qui, en harmonie avec les principes, n'auront pour but que de les garantir. La raison humaine ne peut rétrograder; nous sommes trop avancés pour que le peuple puisse croire n'avoir pas la liberté de son culte, parce qu'il ne verra pas le principe de cette liberté gravé sur la table de vos lois.

Si la superstition semble encore avoir quelque part aux mouvements qui agitent la République, c'est que la politique de nos ennemis l'a toujours employée ; mais regardez que partout le peuple, dégagé des impulsions de la malveillance, reconnaît que quiconque veut s'interposer entre lui et la divinité, est un imposteur. Partout on a demandé la déportation des prêtres fanatiques et rebelles. Gardez-vous de mal présumer de la raison nationale ; gardez-vous d'insérer un article qui contiendrait cette présomption injuste ; en passant à l'ordre du jour, adoptez une espèce de question préalable sur les prêtres, qui vous honore aux yeux de vos concitoyens et de la postérité.

SUR L'IMPOT SUR LES RICHES.

CONVENTION. — *Séance du 27 avril 1793.*

Vous venez de décréter la mention honorable de ce qu'a cru faire pour le salut public le département de l'Hérault. Ce décret autorise la République entière à adopter les mêmes mesures ; car votre décret ratifie celles qu'on vient de vous faire connaître. *(On applaudit.)* Si partout les mêmes mesures sont adoptées, la République est sauvée ; on ne traitera plus d'agitateurs et d'anarchistes les amis ardents de la liberté, ceux qui mettent la nation en mouvement, et l'on dira : Honneur aux agitateurs qui tournent la vigueur du peuple contre ses ennemis. *(On applaudit.)* Quand le temple de la liberté sera assis, le peuple saura bien le décorer. Périsse plutôt le sol de la France que de retourner sous un dur esclavage ! mais qu'on ne croie pas que nous devenions barbares après avoir fondé la liberté ; nous l'embellirons : les despotes nous porteront envie ; mais tant que le vaisseau de l'État est battu par la tempête, ce qui est à chacun est à tous. *Applaudissements.)*

On ne parle plus de lois agraires ; le peuple est plus sage que ses calomniateurs ne le prétendent, et le peuple en masse plus de génie que beaucoup qui se croient des grands hommes. Dans un peuple on ne compte pas plus les grands hommes que les grands arbres dans une vaste forêt. On a cru que peuple voulait la loi agraire ; cette idée pourrait faire naître des soupçons sur les mesures adoptées par le départe-

ment de l'Hérault ; sans doute on empoisonnera ses i
tions et ses arrêtés ; il a, dit-on, imposé les riches ;
citoyens, imposer les riches, c'est les servir ; c'est un
table avantage pour eux qu'un sacrifice considérable
le sacrifice sera grand sur l'usufruit, plus le fonds de l
priété est garanti contre l'envahissement des ennemis
un appel à tout homme qui a les moyens de sauver l
publique. Cet appel est juste. Ce qu'a fait le départem(
l'Hérault, Paris et toute la France veut le faire. (*On
plaudit.*)

Voyez la ressource que la France se procure. Paris
luxe et des richesses considérables ; eh bien, par ce d
cette éponge va être pressée. (*On applaudit.*) Et, par un
gularité satisfaisante, il va se trouver que le peuple f(
révolution aux dépens de ses ennemis intérieurs. Ces (
mis eux-mêmes apprendront le prix de la liberté ; ils
reront la posséder lorsqu'ils reconnaîtront qu'elle aura
servé leurs jouissances. Paris, en faisant un appel au
pitalistes, fournira son contingent, il nous donner
moyens d'étouffer les troubles de la Vendée ; car, à qu(
prix que ce soit, il faut que nous étouffions ces troubl
cela seul tient votre tranquillité extérieure. Déjà les d(
tements du Nord ont appris aux despotes coalisés que
territoire ne pouvait être entamé ; et bientôt peut-être
apprendrez la dissolution de cette ligue formidable de
car, en s'unissant contre vous, ils n'ont pas oublié leur v
haine et leurs prétentions respectives, et peut-être, si le
seil exécutif eût eu plus de latitude dans ses moyens,
ligue serait entièrement dissoute.

Il faut donc diriger Paris sur la Vendée ; il faut qu
hommes requis dans cette ville pour former le camp d(
serve, se portent sur la Vendée. Cette mesure prise, le
belles se dissiperont ; et, comme les Autrichiens, comr
ceront à se retrancher eux-mêmes, comme eux-mêmes à (
heure sont en quelque sorte assiégés. Si le foyer des dis

des civiles est éteint, on nous demandera la paix, et nous la ferons honorablement.

Je demande que la Convention nationale décrète que sur les forces additionnelles au recrutement voté par les départements, 20,000 hommes seront portés par le ministre de la guerre sur les départements de la Vendée, de la Mayenne et de la Loire.

SUR LES NOUVELLES LEVÉES DE VOLONTAIRES.

CONVENTION. — *Séance du 8 mai* 1793.

C'est une vérité puisée dans l'histoire et dans le cœur humain, qu'une grande nation en révolution, ou même en guerre civile, n'en est pas moins redoutable à ses ennemis. *(On applaudit.)* Ainsi donc loin de nous effrayer de notre situation, nous n'y devons voir que le développement de l'énergie nationale que nous pouvons tourner encore au profit de la liberté. La France entière va s'ébranler. *(On applaudit.)* Douze mille hommes de troupes de ligne, tirés de vos armées où ils seront aussitôt remplacés par des recrues, vont s'acheminer vers la Vendée. Avec cette force va se joindre la force parisienne. Eh bien, combinons avec ces moyens de puissance les moyens politiques. C'est de faire connaître à ceux que des traîtres ont égarés, que la nation ne veut pas verser leur sang, mais qu'elle veut les éclairer et les rendre à la patrie. *(On applaudit.)*

Les despotes ne sont pas toujours malhabiles dans leurs moyens. Dans la Belgique, l'empereur traite les peuples avec la plus grande douceur, et semble même flatter ceux qui s'étaient déclarés contre lui avec le plus d'énergie; pourquoi n'agirions-nous pas de même pour rendre des hommes à la liberté? Il faut donc créer une commission ayant pouvoir de faire grâce à ceux des rebelles qui se soumettraient volontairement avant l'action de la force armée.

Cette mesure prise, il faut faire marcher la force de Paris. Deux choses se sont un moment opposées à son recrutement : les intrigues des aristocrates, et les inquiétudes des patriotes eux-mêmes. Ceux-ci n'ont pas considéré que Paris a une arrière-garde bien formidable; elle est composée de 150,000 citoyens que leurs occupations quotidiennes ont éloignés jusqu'ici des affaires publiques, mais que vous devez engager à se porter dans les sections, sauf à les indemniser de la perte de temps qu'ils essuieront. Ce sont ces citoyens qui, dans un grand jour, se débordant sur nos ennemis, les feront disparaître de la terre de la liberté. (*Applaudissements.*)

Que le riche paye, puisqu'il n'est pas digne, le plus souvent, de combattre pour la liberté; qu'il paye largement et que l'homme du peuple marche dans la Vendée.

Il y a telle section où se trouvent des groupes de capitalistes, il n'est pas juste que ces citoyens profitent seuls de ce qui sortira de ces éponges. Il faut que la Convention nationale nomme deux commissaires par section pour s'informer de l'état du recrutement. Dans les sections où le contingent est complet, ils annonceront que l'on répartira également les contributions des riches. Dans les sections qui dans trois jours n'auront point fourni leur contingent, ils assembleront les citoyens, et les feront tirer au sort.

Ce mode, je le sais, a des inconvénients, mais il en a moins encore que tous les autres. Il est un décret que vous avez rendu en principe et dont je demande l'exécution pratique. Vous avez ordonné la formation d'une garde soldée dans toutes les grandes villes. Cette institution soulagera les citoyens que n'a pas favorisés la fortune.

Je demande qu'elle soit promptement organisée, et j'annonce à la Convention nationale qu'après avoir opéré le recrutement de Paris, si elle veut revenir à l'unité d'action, si elle veut mettre à contribution les malheurs même de la patrie, elle verra que les machinations de nos ennemis pour soulever la France, n'auront servi qu'à son triomphe. La force nationale va se développer; si vous savez diriger son énergie, la patrie sera sauvée, et vous verrez les rois coalisés vous proposer une paix honorable. *(On applaudit.)*

SUR L'INSURRECTION DU 31 MAI.

CONVENTION. — *Séance du 14 juin* 1793.

Nous touchons au moment de fonder véritablement la liberté française, en donnant à la France une Constitution républicaine. C'est au moment d'une grande production que les corps politiques comme les corps physiques paraissent toujours menacés d'une destruction prochaine. Nous sommes entourés d'orages, la foudre gronde. Eh bien, c'est du milieu de ses éclats que sortira l'ouvrage qui immortalisera la nation française. Rappelez-vous, citoyens, ce qui s'est passé du temps de la conspiration de Lafayette. Nous semblions être dans la position dans laquelle nous nous trouvons aujourd'hui, rappelez-vous ce qu'était alors Paris; les patriotes étaient opprimés, proscrits partout; nous étions menacés des plus grands malheurs; c'est aujourd'hui la même position, il semble qu'il n'y ait de périls que pour ceux qui ont créé la liberté. Lafayette et sa faction furent bientôt démasqués : aujourd'hui les nouveaux ennemis du peuple se sont trahis eux-mêmes, ils ont fui, ils ont changé de nom, de qualité, ils ont pris de faux passe-ports. (*On applaudit.*) Ce Brissot, ce coryphée de la secte impie qui va être étouffée, cet homme qui vantait son courage et son indigence en m'accusant d'être couvert d'or, n'est plus qu'un misérable qui ne peut échapper au glaive des lois, et dont le peuple a déjà fait justice en l'arrêtant comme un conspirateur. On dit que l'insurrection de Paris cause des mouvements dans les départements; je le déclare à la face de l'univers, ces événements feront la gloire de cette superbe cité; je le proclame à la face de la France, sans les canons du 31 mai, sans l'insurrection, les conspirateurs triomphaient, ils nous donnaient la loi. *(On applaudit à plusieurs reprises dans une grande partie de l'Assemblée et dans les tribunes.)* Que le crime de cette insurrection retombe sur nous; je l'ai appelée, moi, cette insurrection, lorsque j'ai dit que s'il y avait dans la Convention cent hommes qui me ressemblassent, nous résisterions à l'oppression, nous fonderions la liberté sur des bases inébranlables.

Rappelez-vous qu'on a dit que l'agitation qui règne dans les départements, ne s'était manifestée que depuis les événements qui se sont passés ici. Eh bien, il y a des pièces qui constatent qu'avant le 31 mai, les départements avaient envoyé une circulaire pour faire une fédération et se coaliser.

Un grand nombre de voix. — C'est vrai.

Danton. — Que nous reste-t-il à faire? A nous identifier avec le peuple de Paris, avec tous les bons citoyens, à faire le récit de tout ce qui s'est passé. On sait que moi, plus que tout autre, j'ai été menacé des baïonnettes, qu'on les a appuyées sur ma poitrine; on sait que nous avons couvert de nos corps ceux qui se croyaient en danger. Non, les habitants de Paris n'en voulaient pas à la liberté d'aucun représentant du peuple; ils ont pris l'attitude qui leur convenait; ils se sont mis en insurrection. Que les adresses envoyées des départements pour calomnier Paris ne vous épouvantent pas; elles sont l'ouvrage de quelques intrigants et non celui des citoyens des départements : rappelez-vous qu'il en est venu de semblables contre Paris en faveur du tyran. *(On applaudit.)* Paris est le centre où tout vient aboutir; Paris sera le foyer qui recevra tous les rayons du patriotisme français, et en brûlera tous les ennemis. Je demande que vous vous expliquiez loyalement sur l'insurrection qui a eu de si heureux résultats. Le peuple voit que ces hommes qu'on avait accusés de vouloir se gorger du sang du peuple, ont plus fait depuis huit jours pour le bonheur du peuple que la Convention, tourmentée par des intrigants, n'en avait pu faire depuis son existence. (*Applaudissements.*) Voilà le résultat qu'il faut présenter au peuple des départements : il est bon, il applaudira à vos sages mesures. Les hommes criminels qui ont fui, ont répandu des terreurs partout sur leur passage ; ils ont tout exagéré, tout amplifié ; mais le peuple détrompé réagira plus fortement, et se vengera sur ceux qui l'ont trompé.

Quant à la question qui nous occupe, je crois qu'il faut prendre des mesures générales pour tous les départements ; il faut qu'il soit accordé vingt-quatre heures aux administrateurs qui auraient pu être égarés, sans cependant donner une amnistie aux agitateurs. Il faut que dans les départements où les Communes patriotes luttent contre des administrateurs aristocrates, ces administrateurs soient destitués et remplacés par de vrais républicains. Je demande enfin, que la Convention déclare que, sans l'insurrection du 31 mai, il n'y aurait plus de liberté. (*On applaudit.*)

Citoyens, pas de faiblesse ; faites cette déclaration solennelle au peuple français ; dites-lui qu'on veut encore le retour des nobles ; dites-lui que la horde scélérate vient de prouver qu'elle ne voulait pas de constitution ; dites-lui de prononcer entre la Montagne et cette faction ; dites aux citoyens français : rentrez dans vos droits imprescriptibles ; serrez-vous autour de la Convention ; préparez-vous à accepter la constitution qu'elle va vous présenter ; cette constitution qui, comme je l'ai déjà dit, est une batterie qui fait un feu à mitraille contre les ennemis de la liberté, et qui les écrasera tous ; préparez une force armée, mais que ce soit contre les ennemis de la Vendée. (*On applaudit.*)

Étouffez la rébellion de cette partie de la France, et vous aurez la paix.

Le peuple, instruit sur cette dernière époque de la Révolution, ne se laissera plus surprendre, on n'entendra plus de calomnies contre une ville qui a créé la liberté, qui ne périra pas avec elle, mais qui triomphera avec la liberté, et passera avec elle à l'immortalité. (*Vifs applaudissements.*)

SUR LA GUERRE.

CONVENTION. — *Séance du* 13 *juin* 1797.

Le système du comité remplit parfaitement l'objet de Thuriot lui-même. Il n'a pas assez considéré que le peuple français ne peut jamais faire de guerre offensive. Mais quand le gouvernement verra que des puissances voisines font des préparatifs sur nos frontières; quand il aura la conviction que ces préparatifs sont dirigés contre nous, ne doit-il pas tâcher de les prévenir? En théorie, en raison et en justice, l'agression, là, n'est pas une guerre offensive. Quand je vois un ennemi qui me couche en joue, je tire sur lui le premier, si je peux, et je ne fais en cela que me défendre. Voilà donc un genre de guerre que les puissances ennemies caractériseront peut-être de guerre offensive, mais qui ne sera que purement défensive, et que le corps législatif doit pouvoir déclarer.

Une guerre offensive serait celle où, sans aucune provocation, nous combinerions des attaques inopinées et injustes, dans des vues d'agrandissement de notre territoire. Le corps législatif ne serait jamais secondé dans une telle entreprise. Sans doute, si des puissances ennemies nous ont suscité une guerre injuste, si elles nous ont entraîné à des dépenses énormes, nous pouvons séquestrer momentanément une portion de leur territoire, pour nous indemniser; mais c'est encore au corps législatif à veiller à cet égard aux intérêts de la nation. Cette espèce de séquestre sera une chose tellement juste et simple, qu'il n'y aura aucune nécessité de convoquer le peuple pour le faire.

Thuriot répliqua et demanda que la déclaration de guerre fût mise au nombre des lois, et, à ce titre, soumise à la ratification du peuple. Danton reprit :

Je demande à expliquer ma pensée, et à proposer un moyen conciliatoire. S'il est possible de combiner la manière de retarder le fléau de la guerre et la rigueur des principes avec la nécessité d'une défense, ce moyen doit s'appliquer à la guerre défensive, car si la guerre offensive est toujours injuste, celle-ci peut quelquefois s'éviter par quelques sacrifices; et ces sacrifices, il n'appartient qu'au peuple de les faire. Supposez que le corps législatif voie dans l'attitude de l'Europe une apparence de guerre, il faut qu'il soit autorisé à faire immédiatement tous les préparatifs de défense; il faut même, si la sûreté de l'État l'exige, qu'il puisse porter les premiers coups à l'ennemi, ce que j'appelle un acte légitime de défense contre un ennemi déclaré; mais ces préparatifs, et même ce commencement d'hostilités n'empêchent pas que le peuple ne soit ensuite convoqué pour délibérer sur la nécessité de terminer ou de continuer la guerre. Je me réfère donc à demander que la déclaration soit soumise à une ratification populaire dont le mode sera fixé, et que le comité de salut public soit chargé de présenter la rédaction de ce principe.

SUR LA DÉMONÉTISATION DES ASSIGNATS.

CONVENTION. — *Séance du* 31 *juillet* 1793.

Je demande à parler contre l'ajournement[1]. Il y a plus de six mois que j'ai dit ici qu'il y a trop de signes représentatifs en circulation ; il faut que ceux qui possèdent immensément payent la dette nationale. Quels sont ceux qui supportent la misère publique, qui versent leur sang pour la liberté, qui combattent l'aristocratie financière et bourgeoise ? ce sont ceux qui n'ont pas en leur pouvoir un assignat royal de cent livres. Frappez, que vous importent les clameurs des aristocrates ; lorsque le bien sort en masse de la mesure que vous prenez, vous obtenez la bénédiction nationale. (*On applaudit.*) On a dit que cette loi aurait un effet rétroactif, c'est ici une loi politique, et toutes les lois politiques qui ont rasé le despotisme n'ont-elle pas eu un effet rétroatif ? Qui de vous peut les b lâmer ?

On a dit que celui qui n'a qu'un assignat de cent livres sera grevé, parce qu'il sera obligé de vendre son assignat. Je réponds qu'il y gagnera, car les denrées baisseront ; d'ailleurs ce ne sont pas les hommes de la Révolution qui ont des assignats. Soyez comme la nature, elle voit la conser-

---

1. Il s'agissait d'une proposition de Cambon formulée en ces termes : « Si vous démonnayez dès aujourd'hui les assignats de 50 livres, vous allez occasionner une secousse ; mais je ne vois pas de danger à démonnayer ceux d'une valeur d'au-dessus de cent livres. »

vation de l'espèce; ne regardez pas les individus. (*Applau-dissement.*) Si le despotisme triomphait, il ferait dispa-raître tous les signes de la liberté. Eh bien, ne souillez pas les yeux des amis de la liberté de l'image du tyran dont la tête est tombée sous le glaive de la loi. Les despotes de l'Europe diront : quelle est cette nation puissante qui par un seul décret améliore la fortune publique, soulage le peuple, fait revivre le crédit national, et prépare de nouveaux moyens de combattre les ennemis? Cette mesure n'est pas nouvelle, Cambon l'a longtemps méditée; il est de votre devoir de l'adopter; si vous ne l'adoptez pas, la discussion qui vient d'avoir lieu produira les inconvénients qui peuvent être attachés à la loi, et n'en présentera aucun avan-tage. Je ne me connais pas grandement en finances, mais je suis savant dans le bonheur de mon pays. Les riches frémissent de ce décret; mais je sais que ce qui est funeste à ces gens est avantageux pour le peuple. (*On applaudit.*) Le renchérissement des denrées vient de la trop grande masse d'assignats en circulation; que l'éponge nationale épuise cette grande masse, l'équilibre se rétablira. Je de-mande que la proposition de Cambon soit adoptée.

SUR L'ÉRECTION DU COMITÉ DU SALUT PUBLIC EN GOUVERNEMENT PROVISOIRE.

CONVENTION. — *Séance du 1er août 1793.*

J'appuie d'autant plus ces propositions, que le moment est arrivé d'être politique[1]. Sans doute un peuple républicain ne fait pas la guerre à ses ennemis par la corruption, l'assassinat et le poignard. Mais le vaisseau de la raison doit avoir son gouvernail, c'est la saine politique. Nous n'aurons de succès que lorsque la Convention, se rappelant que l'établissement du comité de salut public est une des conquêtes de la liberté, donnera à cette institution l'énergie et le développement dont elle peut être susceptible. Il a, en effet, rendu assez de services pour qu'elle perfectionne ce genre de gouvernement. N'en doutez pas, ce Cobourg qui s'avance sur votre territoire, rend le plus grand service à la République. Les mêmes circonstances que l'année dernière se reproduisent aujourd'hui; les mêmes dangers nous menacent... Mais le peuple n'est poins usé, puisqu'il a accepté la constitution; j'en jure par l'enthousiasme sublime qu'elle vient de produire. Il a par cette acceptation, contracté l'engagement de se déborder tout

---

1. Couthon venait de proposer que l'on décrétât que tous les Français qui placeraient des fonds sur la banque de Londres, fussent condamnée à une amende égale à la somme placés.

entier contre les ennemis. (*On applaudit.*) Eh bien, soyons terribles, faisons la guerre en lions. Pourquoi n'établissons-nous pas un gouvernement provisoire qui seconde, par de puissantes mesures, l'énergie nationale. Je le déclare, je n'entrerai dans aucun comité responsable. Je conserverai ma pensée tout entière, et la faculté de stimuler sans cesse ceux qui gouvernent, mais je vous donne un conseil, j'espère que vous en profiterez. Il nous faut les mêmes moyens qu'emploie Pitt, à l'exception de ceux du du crime. Si vous eussiez, il y a deux mois, éclairé les départements sur la situation de Paris; si vous eussiez répandu partout le tableau fidèle de votre conduite; si le ministre de l'intérieur se fût montré grand et ferme, et qu'il eût fait pour la Révolution ce que Roland a fait contre elle, le fédéralisme et l'intrigue n'auraient pas excité de mouvements dans les départements. Mais rien ne se fait. Le gouvernement ne dispose d'aucun moyen politique.

Il faut donc, en attendant que la Constitution soit en activité et pour qu'elle puisse l'être, que votre comité de salut public soit érigé en gouvernement provisoire; que les ministres ne soient que les premiers agents de ce comité de gouvernement.

Je sais qu'on objectera que les membres de la Convention ne doivent pas être responsables. J'ai déjà dit que vous êtes responsables de la liberté, et que si vous la sauvez, et alors seulement, vous obtiendrez les bénédictions du peuple. Il doit être mis à la disposition de ce comité de gouvernement, les fonds nécessaires pour les dépenses politiques, auxquelles nous obligent les perfidies de nos ennemis. La raison peut être servie à moindres frais que la perfidie; ce comité pourra enfin mettre à exécution des mesures provisoires fortes, avant leur publicité.

N'arrachons point en ce moment aux travaux de la campagne, les bras nécessaires à la récolte. Prenons une première mesure, c'est de faire un inventaire rigoureux de tous les grains. Pitt n'a pas seulement joué sur nos finances; il a accaparé, il a exporté nos denrées. Il faudrait avant tout assurer tous les Français que si le ciel et la terre nous ont si bien servis nous n'aurons plus à craindre la disette factice dans une année d'abondance. Il faudra, après la récolte, que chaque commune fournisse un contingent d'hommes qui s'enrôleront d'autant plus volontiers que le terme de la campagne approche. Chez un peuple qui veut être libre, il faut que la nation entière marche quand sa liberté est menacée. L'ennemi n'a encore vu que l'avant-garde nationale. Qu'il sente enfin le poids des efforts réunis de cette superbe nation. Nous donnons au monde un exemple qu'aucun peuple n'a donné encore. La nation française aura voulu individuellement, et par écrit, le gouvernement qu'elle a adopté; et périsse un peuple qui ne saurait pas défendre un gouvernement aussi solennellement juré!

Remarquez que dans la Vendée on fait la guerre avec plus d'énergie que nous. On fait marcher de force les indifférents. Nous qui stipulons pour les générations futures; nous que l'univers contemple; nous qui, même en périssant tous, laisserions des noms illustres, comment se fait-il que nous envisageons dans une froide inaction les dangers qui nous menacent? Comment n'avons-nous pas déjà entraîné sur les frontières une masse immense de citoyens? Déjà dans plusieurs départements le peuple s'est indigné de cette mollesse, et a demandé que le tocsin du réveil général fût sonné. Le peuple a plus d'énergie que vous. La liberté est toujours partie de sa base. Si vous vous montrez dignes de lui, il vous suivra; et vos ennemis seront exterminés. (*On applaudit.*)

Je demande que la Convention érige en gouvernement provisoire son comité de salut public; que les ministres ne soient que les premiers commis de ce gouvernement provisoire; qu'il soit mis 50,000,000 à la disposition de ce gouvernement, qui en rendra compte à la fin de sa session, mais qui aura la faculté de les employer tous en un jour, si elle le juge utile.

Une immense prodigalité pour la cause de la liberté est un placement à usure. Soyons donc grands et politiques partout. Nous avons dans la France une foule de traîtres à découvrir et à déjouer. Eh bien, un gouvernement adroit aurait une foule d'agents : et remarquez que c'est par ce moyen que vous avez découvert plusieurs correspondances précieuses. Ajoutez à la force des armes, au développement de la force nationale, tous les moyens additionnels que les bons esprits peuvent vous suggérer. Il ne faut pas que l'orgueilleux ministre d'un despote surpasse en génie et en moyens, ceux qui sont chargés de régénérer le monde.

Je demande au nom de la postérité, car si vous ne tenez pas d'une main ferme les rênes du gouvernement, vous affaiblissez plusieurs générations par l'épuisement de la population; enfin vous les condamneriez à la servitude et à la misère; je demande, dis-je, que vous adoptiez sans délai ma proposition.

Après, vous prendrez une mesure pour inventorier toutes les récoltes. Vous ferez surveiller les transports, afin que rien ne puisse s'écouler par les ports ou par les frontières. Vous ferez faire aussi l'inventaire des armes. A partir d'aujourd'hui vous mettrez à la disposition du gouvernement cent millions pour fondre des canons, faire des fusils et des piques. Dans toutes les villes un peu considérables, l'enclume ne doit être frappée que pour la fabrication du fer que vous devez tourner contre les ennemis. Dès que la moisson sera finie, vous prendrez dans chaque commune une force additionnelle, et vous verrez que rien n'est désespéré. Au moins à présent, vous êtes purgés des intrigants; vous n'êtes plus gênés dans votre marche; vous n'êtes plus tiraillés par les factions; et nos ennemis ne peuvent plus se vanter, comme Dumouriez, d'être maîtres d'une partie de la Convention. Le peuple a confiance en vous. Soyez

grands et dignes de lui ; car si votre faiblesse vous empêchait
de le sauver, il se sauverait sans vous et l'opprobre vous
resterait. (*Il s'élève de nombreux applaudissements.*)

Barrère se récrie, et déclare que si le comité du salut public a le
maniement des deniers publics, il donnera sa démission. Danton reprend :

Ce n'est pas être homme public que de craindre la calomnie. Lorsque l'année dernière dans le conseil exécutif,
je pris seul sur ma responsabilité les moyens nécessaires
pour donner la grande impulsion, pour faire marcher la
nation sur les frontières ; je me dis : qu'on me calomnie, je
le prévois, il ne m'importe ; dût mon nom être flétri, je
sauverai la liberté. Aujourd'hui la question est de savoir s'il
est bon que le comité de gouvernement ait des moyens de
finances, des agents, etc., etc. Je demande qu'il ait à sa
disposition cinquante millions, avec cet amendement, que
les fonds resteront à la trésorerie nationale, et n'en seront
tirés que sur des arrêtés du comité.

Je déclare que puisqu'on a laissé à moi seul le poids de
la proposition que je n'ai faite qu'après avoir eu l'avis de
plusieurs de mes collègues, même des membres du comité
de salut public ; je déclare, comme étant un de ceux qui
ont toujours été les plus calomniés, que je n'accepterai
jamais de fonctions dans ce comité ; j'en jure par la liberté
de ma patrie.

SUR L'ARRESTATION DES SUSPECTS.

CONVENTION. — *Séance du 12 août* 1793.

Les députés des assemblées primaires viennent d'exercer parmi nous l'initiative de la terreur contre les ennemis de l'intérieur. Répondons à leurs vœux; non, pas d'amnistie à aucun traître. L'homme juste ne fait point de grâce au méchant. Signalons la vengeance populaire par le glaive de la loi sur les conspirateurs de l'intérieur; mais sachons donc mettre à profit cette mémorable journée. On vous a dit qu'il fallait se lever en masse; oui, sans doute, mais il faut que ce soit avec ordre.

C'est une belle idée que celle que Barrère vient de nous donner, quand il vous a dit que les commissaires des assemblées primaires devaient être des espèces de représentants du peuple, chargés d'exciter l'énergie des citoyens pour la défense de la constitution. Si chacun d'eux pousse à l'ennemi vingt hommes armés, et ils doivent être à peu près huit mille commissaires, la patrie est sauvée. Je demande qu'on les investisse de la qualité nécessaire pour faire cet appel au peuple; que, de concert avec les autorités constituées et les bons citoyens, ils soient chargés de faire l'inventaire des grains, des armes, la réquisition des hommes. et que le comité de salut public dirige ce sublime monument. C'est à coups de canon qu'il faut signifier la constitution à nos ennemis. J'ai bien remarqué l'énergie des hommes que les sections nationales nous ont envoyés, j'ai la conviction qu'ils vont tous jurer de donner, en retour-

nant dans leurs foyers, cette impulsion à leurs concitoyens.
(*On applaudit*) — *Tous les commissaires présents à la
séance se lèvent en criant :* Oui, nous le jurons. C'est l'instant de faire ce grand et dernier serment, que nous nous
vouons tous à la mort ou que nous anéantirons les tyrans.
(*De nouvelles acclamations se font entendre. Tous les citoyens se lèvent, et, agitant en l'air leurs chapeaux :* Oui,
nous le jurons. Ce cri *est plusieurs fois répété dans toutes
les parties de la salle et dans les tribunes.*)

Je demande donc qu'on mette en état d'arrestation tous
les hommes vraiment suspects; mais que cette mesure s'exécute avec plus d'intelligence que jusqu'à présent, où, au
lieu de saisir les grands scélérats, les vrais conspirateurs,
on a arrêté des hommes plus qu'insignifiants. Ne demandez
pas qu'on les mène à l'ennemi, ils seraient dans nos armées
plus dangereux qu'utiles. Enfermons-les, ils seront nos
otages. Je demande que la Convention nationale, qui doit
être maintenant pénétrée de toute sa dignité, car elle vient
d'être revêtue de toute la force nationale; je demande
qu'elle décrète qu'elle investit les commissaires des assemblées primaires du droit de dresser l'état des armes, des
subsistances, des munitions, et de mettre en réquisition
400 mille hommes contre nos ennemis du Nord. (*On applaudit.*)

SUR L'INSTRUCTION GRATUITE ET OBLIGATOÎRE.

CONVENTION. — *Séance du 13 août 1793.*

Citoyens, après la gloire de donner la liberté à la France, après celle de vaincre ses ennemis, il n'en est pas de plus grande que de préparer aux générations futures une éducation digne de la liberté; tel fut le but que Lepelletier se proposa. Il partit de ce principe que tout ce qui est bon pour la société doit être adopté par ceux qui ont pris part au contrat social. Or, s'il est bon d'éclairer les hommes, notre collègue, assassiné par la tyrannie, mérita bien de l'humanité. Mais que doit faire le législateur? Il doit concilier ce qui convient aux principes et ce qui convient aux circonstances. On a dit contre le plan que l'amour paternel s'oppose à son exécution : sans doute il faut respecter la nature même dans ses écarts. Mais si nous ne décrétons pas l'éducation impérative, nous ne devons pas priver les enfants du pauvre de l'éducation.

La plus grande objection est celle de la finance; mais j'ai déjà dit qu'il n'y a point de dépense réelle là où est le bon emploi pour l'intérêt public, et j'ajoute ce principe, que l'enfant du peuple sera élevé aux dépens du superflu des fortunes scandaleuses. C'est à vous, républicains célèbres, que j'en appelle; mettez ici tout le feu de votre imagination, mettez-y toute l'énergie de votre caractère, c'est le peuple qu'il faut doter de l'écudation nationale. Quand vous semez dans le vaste champ de la République, vous ne devez pas compter le prix de cette semence. Après le pain, l'éducation est le premier besoin du peuple. (*On applaudit.*) Je demande qu'on pose la question : sera-t-il formé aux dépens de la nation des établissements, où chaque citoyen aura la faculté d'envoyer ses enfants pour l'instruction publique?

C'est aux moines, cette espèce misérable, c'est au siècle de Louis XIV, où les hommes étaient grands par leurs connaissances, que nous devons le siècle de la philosophie, c'est-à-dire de la raison mise à la portée du peuple; c'est aux jésuites, qui se sont perdus par leur ambition politique, que nous devons ces élans sublimes qui font naître l'admiration. La République était dans les esprits vingt ans au moins avant sa proclamation. Corneille faisait des épîtres dédicatoires à Montauron, mais Corneille avait fait le Cid, Cinna; Corneille avait parlé en Romain, et celui qui avait dit : « Pour être plus qu'un roi tu te crois quelque chose, » était un vrai républicain.

Allons donc à l'instruction commune; tout se rétrécit dans l'éducation domestique, tout s'agrandit dans l'éducation commune. On a fait une objection en présentant le tableau des affections paternelles; et moi aussi je suis père, et plus que les aristocrates qui s'opposent à l'éducation commune, car ils ne sont pas sûrs de leur paternité. (*On rit.*) Eh bien, quand je considère ma personne relativement au bien général, je me sens élevé; mon fils ne m'appartient pas, il est à la République; c'est à elle à lui dicter ses devoirs pour qu'il la serve bien.

On a dit qu'il répugnerait aux cœurs des cultivateurs de faire le sacrifice de leurs enfants. Eh bien, ne les contraignez pas, laissez leur en la faculté seulement. Qu'il y ait des classes où il n'enverra ses enfants que le dimanche seulement, s'il le veut. Il faut que les institutions forment les mœurs. Si vous attendiez pour l'État une régénération absolue, vous n'auriez jamais d'instruction. Il est nécessaire que chaque homme puisse développer les moyens moraux qu'il a reçus de la nature. Vous devez avoir pour cela des maisons communes, facultatives, et ne point vous arrêter à toutes les considérations secondaires. Le riche payera, et il ne perdra rien s'il veut profiter de l'instruction pour son fils. Je demande que, sauf les modifications nécessaires, vous décrétiez qu'il y aura des établissements nationaux où les enfants seront instruits, nourris et logés gratuitement, et des classes où les citoyens qui voudront garder leurs enfants chez eux, pourront les envoyer s'instruire.

CONVENTION. — *Séance du* 12 *décembre* 1793.

Il est temps de rétablir ce grand principe qu'on semble méconnaître : que les enfants appartiennent à la République avant d'appartenir à leurs parents. Personne plus que moi ne respecte la nature. Mais l'intérêt social exige que là seulement doivent se réunir les affections. Qui me répondra que les enfants, travaillés par l'égoïsme des pères, ne deviennent dangereux pour la République. Nous avons assez fait pour les affections, nous devons dire aux parents : nous ne vous arrachons pas vos enfants; mais vous ne pourrez les soustraire à l'influence nationale.

Et que doit donc nous importer la raison d'un individu devant la raison nationale? Qui de nous ignore les dangers que peut produire cet isolement perpétuel? C'est dans les écoles nationales que l'enfant doit sucer le lait républicain. La République est une et indivisible. L'instruction publique doit aussi se rapporter à ce centre d'unité. A qui d'ailleurs accorderions-nous cette faculté de s'isoler? C'est au riche seul. Et que dira le pauvre, contre lequel peut-être on élèvera des serpents? J'appuie donc l'amendement proposé. (*Vifs applaudissements.*)

SUR LES RÉQUISITIONS.

CONVENTION. — *Séance du 14 août 1793.*

En parlant à l'énergie nationale, en faisant appel au peuple, je crois que vous avez pris une grande mesure, et le comité de salut public a fait un rapport digne de lui, en faisant le tableau des dangers que court la patrie, et des ressources qu'elle a, en parlant des sacrifices que devaient faire les riches, mais il ne nous a pas tout dit. Si les tyrans mettaient notre liberté en danger, nous les surpasserions en audace, nous dévasterions le sol français avant qu'ils pussent le parcourir, et les riches, ces vils égoïstes, seraient les premiers la proie de la fureur populaire. (*Vifs applaudissements :* Oui, oui, *s'écrie-t-on dans toutes les parties de la salle et dans les tribunes.*) Vous qui m'entendez, répétez ce langage à ces mêmes riches de vos communes; dites leur : Qu'espérez-vous, malheureux; voyez ce que serait la France si l'ennemi l'envahissait, prenez le système le plus favorable. Une régence conduite par un imbécile, le gouvernement d'un mineur, l'ambition des puissances étrangères, le morcellement du territoire dévoreraient vos biens; vous perdriez plus par l'esclavage que par tous les sacrifices que vous pourriez faire pour soutenir la liberté. (*On applaudit.*)

Il faut qu'au nom de la Convention nationale, qui a la foudre populaire entre les mains... (*Applaudissements.*) il faut que les envoyés des assemblées primaires, là où l'enthousiasme ne produira pas ce qu'en a droit d'en attendre, fassent des réquisitions à la première classe. En réunissant la chaleur de l'apostolat de la liberté à la rigueur de la loi, nous obtiendrons pour résultat une grande masse de forces. Je demande que la Convention donne des pouvoirs plus positifs et plus étendus aux commissaires des assemblées primaires, et qu'ils puissent faire marcher la première classe en réquisition. (*On applaudit.*) Je demande qu'il soit nommé des commissaires pris dans le sein de la Convention pour se concerter avec les délégués des assemblées primaires, afin d'armer cette force nationale, de pourvoir à sa subsistance, et de la diriger vers un même but. Les tyrans, en apprenant ce mouvement sublime, seront saisis d'effroi, et la terreur que répandra la marche de cette grande masse, nous en fera justice. Je demande que mes propositions soient mises aux voix et adoptées.

SUR LA FORMATION D'UNE ARMÉE SECTIONNAIRE.

CONVENTION. — *Séance du 4 septembre* 1793.

Je pense comme plusieurs membres, notamment comme Billaud-Varennes, qu'il faut savoir mettre à profit l'élan sublime de ce peuple qui se presse autour de nous (*On applaudit*). Je sais que quand le peuple présente ses besoins, qu'il offre de marcher coutre ses ennemis, il ne faut prendre d'autres mesures que celles qu'il présente lui-même, car c'est le génie national qui les a dictées. Je pense qu'il sera bon que le comité fasse son rapport, qu'il calcule et qu'il propose les moyens d'exécution : mais je vois aussi qu'il n'y a aucun inconvénient à décréter à l'instant même une armée révolutionnaire. (*On applaudit.*) Élargissons, s'il se peut, ces mesures.

Vous venez de proclamer à la face de la France qu'elle est encore en vraie révolution active; eh bien, il faut la consommer cette révolution. Ne vous effrayez point des mouvements que pourront tenter les contre-révolutionnaires de Paris. Sans doute ils voudraient éteindre le feu de la liberté dans son foyer le plus ardent, mais la masse immense des vrais patriotes, des sans-culottes, qui cent fois ont terrassé leurs ennemis, existe encore; elle est prête à s'ébranler : sachez la diriger, et elle confondra encore et déjouera toutes les manœuvres. Ce n'est pas assez d'une armée révolutionnaire, soyez révolutionnaires vous-mêmes. Songez que les hommes industrieux qui vivent du prix de leurs sueurs, ne peuvent aller dans les sections. Décrétez donc deux grandes assemblées de sections par semaine, que l'homme du peuple qui assistera à ces assemblées politiques, ait une juste rétribution pour le temps qu'elles enlèveront à son travail. (*On applaudit.*)

Il est bon encore que nous annoncions à tous nos ennemis que nous voulons être continuellement et complétement en mesure contre eux. Vous avez décrété 30 millions à la disposition du ministre de la guerre pour des fabrications d'armes; décrétez que ces fabrications extraordinaires ne cesseront que quand la nation aura donné à chaque citoyen un fusil. Annonçons la ferme résolution d'avoir autant de fusils et presque autant de canons que de sans-culottes. (*On applaudit.*) Que ce soit la République qui mette le fusil dans la main du citoyen, du vrai patriote; qu'elle lui dise : la patrie te confie cette arme pour sa défense; tu le représenteras tous les mois et quand tu en seras requis par l'autorité nationale. Qu'un fusil soit la chose la plus sacrée parmi nous; qu'on perde plutôt la vie que son fusil. (*On applaudit.*) Je demande donc que vous décrétiez au moins cent millions pour faire des armes de toute nature; car si nous avions eu des armes, nous aurions tous marché. C'est le besoin d'armes qui nous enchaîne. Jamais la patrie en danger ne manquera de citoyens. (*Mêmes applaudissements.*)

Mais il reste à punir et l'ennemi intérieur que vous tenez, et celui que vous avez à saisir. Il faut que le tribunal révolutionnaire soit divisé en un assez grand nombre de sections.

Plusieurs voix. — C'est fait.

Pour que tous les jours un aristocrate, un scélérat paie de sa tête ses forfaits. (*Applaudissements.*)

Je demande donc qu'on mette aux voix d'abord la proposition de Billaud.

2° Qu'on décrète également que les sections de Paris s'assembleront extraordinairement les dimanches et les jeudis, et que tout citoyen faisant partie de ces assemblées, qui voudra, attendu ses besoins, réclamer une indemnité, la recevra, à raison de 40 sols par assemblée.

4° Qu'il soit décrété par la Convention qu'elle met à la disposition du ministre de la guerre 100 millions pour des fabrications d'armes, et notamment pour des fusils; que ces manufactures extraordinaires reçoivent tous les encouragements et les additions nécessaires, et qu'elles ne cessent leurs travaux que quand la France aura donné à chaque citoyen un fusil.

Je demande enfin qu'il soit fait un rapport sur le mode d'augmenter de plus en plus l'action du tribunal révolutionnaire. Que le peuple voie tomber ses ennemis, qu'il voie que la Convention s'occupe de ses besoins. Le peuple est grand, et il vous en donne en cet instant même une preuve remarquable : c'est que, quoi qu'il ait souffert de la disette factice machinée pour le mener à la contre-révolution, il a senti qu'il souffrait pour sa propre cause ; et, sous le despotisme, il aurait exterminé tous les gouvernements. (*On applaudit.*)

Tel est le caractère du Français éclairé par quatre années de révolutions.

Hommage vous soit rendu, peuple sublime! A la grandeur vous joignez la persévérance ; vous voulez la liberté avec obstination ; vous jeûnez pour la liberté, vous devez l'acquérir. Nous marcherons avec vous, vos ennemis seront confondus, vous serez libres!

(*Des applaudissements universels éclatent à la fois dans toutes les parties de la salle ; des cris de* vive la République! *se font entendre à plusieurs reprises. — Tous les citoyens qui remplissent la salle et les tribunes se lèvent par*

*une même impulsion; les uns lèvent leurs mains en l'air;
d'autres agitent leurs chapeaux; l'enthousiasme paraît
universel.)*

Les trois propositions de Danton sont décrétées.

*(De nouvelles acclamations se font entendre. — La salle
retentit des cris de* vive la République.)

SUR L'ABDICATION DES PRÊTRES ET SUR LE RÉGIME DE LA TERREUR.

CONVENTION. — *Séance du 26 novembre 1793.*

Il y a un décret qui porte que les prêtres qui abdiqueront iront porter leur renonciation au comité. Je demande l'exécution de ce décret ; car je ne doute pas qu'ils ne viennent successivement abjurer l'imposture. Il ne faut pas tant s'extasier sur la démarche d'hommes qui ne font que suivre le torrent. Nous ne voulons nous engouer pour personne. Si nous n'avons pas honoré le prêtre de l'erreur et du fanatisme, nous ne voulons pas non plus honorer le prêtre de l'incrédulité : nous voulons servir le peuple. Je demande qu'il n'y ait plus de mascarades anti-religieuses dans le sein de la Convention. Que les individus qui voudront déposer sur l'autel de la patrie les dépouilles de l'Église, ne s'en fassent plus un jeu ni un trophée. Notre mission n'est pas de recevoir sans cesse des députations qui répètent toujours les mêmes mots. Il est un terme à tout, même aux félicitations. Je demande qu'on pose la barrière.

Il faut que les comités préparent un rapport sur ce qu'on appelle une conspiration de l'étranger. Il faut nous préparer à donner du ton et de l'énergie au gouvernement. Le peuple veut, et il a raison, que la terreur soit à l'ordre du jour. Mais il veut que la terreur soit reportée à son vrai but, c'est à dire contre les aristocrates, contre les égoïstes,

contre les conspirateurs, contre les traîtres amis de l'é-
tranger. Le peuple ne veut pas que celui qui n'a pas reçu
de la nature une grande force d'énergie, mais qui sert la
patrie de tous ses moyens, quelque faibles qu'ils soient,
non, le peuple ne veut pas qu'il tremble.

Un tyran, après avoir terrassé la ligue, disait à un des
chefs qu'il avait vaincus, en le faisant tuer : « Je ne veux
pas d'autre vengeance de vous. » Le temps n'est pas venu
où le peuple pourra se montrer clément. Le temps de l'inflexibilité et des vengeances nationales n'est point passé; il
faut un nerf puissant, un nerf terrible au peuple. Ce nerf
est le sien propre, puisque d'un souffle il peut créer et détruire ses magistrats, ses représentants. Nous ne sommes,
sous le rapport politique, qu'une commission nationale que
le peuple encourage par ses applaudissements.

Le peuple veut, après avoir fondé la République, que
nous essayions tous les moyens qui pourront donner plus
de force et d'action au gouvernement républicain.

Que chacun de vous médite donc tous les jours ces grands
objets. Il faut que le comité de salut public se dégage de
beaucoup de détails, pour se livrer tout entier à ces importantes méditations. Donnons enfin des résultats au peuple.
Depuis longtemps c'est le peuple qui fait toutes les grandes
choses. Certes, il est beau que ses représentants s'humilient
devant sa puissance souveraine. Mais il serait plus beau
qu'ils s'associassent à sa gloire, qu'ils prévinssent et diri-
geassent ses mouvements immortels.

Je demande que le comité de salut public, réuni à celui
de sûreté générale, fasse un prompt rapport sur la conspiration dénoncée, et sur les moyens de donner une action
grande et forte au gouvernement provisoire.

Fayau. — Je ne m'oppose pas au renvoi; mais je fais observer à
Danton qu'il a laissé échapper des expressions qui ne me paraissent
pas propres. Il a dit que le peuple est souverain, c'est une vérité éter-

elle. Mais il a parlé de clémence; il a voulu établir entre les ennemis de la patrie une distinction dangereuse en ce moment. Quant à
moi, je pense que quiconque n'a rien fait pour la liberté, ou n'a pas
fait pour elle tout ce qu'il pouvait faire, doit être compté au nombre
de ses ennemis.

DANTON — Je demande à relever un fait. Il est faux que
j'aie dit qu'il fallait que le peuple se portât à l'indulgence;
j'ai dit au contraire que le temps de l'inflexibilité et des
vengeances nationales n'était point passé. Je veux que la
terreur soit à l'ordre du jour; je veux des peines plus fortes, des châtiments plus effrayants contre les ennemis de
la liberté, mais je veux qu'ils ne portent que sur eux
seuls.

FAYAU. — Danton a dit encore que nous faisons un essai de gouvernement républicain. Je suis bien loin de partager cette opinion.
N'est-ce pas donner à penser qu'un autre gouvernement peut convenir au peuple. Non, nous n'aurons pas juré en vain la République
ou la mort; nous aurons toujours la République.

DANTON. — Je ne conçois pas qu'on puisse ainsi dénaturer mes idées. Il est encore faux que j'ai parlé d'un essai
de gouvernement républicain. Et moi aussi je suis républicain, républicain impérissable. La Constitution est décrétée et acceptée. Je n'ai parlé que du gouvernement
provisoire; j'ai voulu tourner l'attention de mes collègues
vers les lois de détail nécessaires pour parvenir à l'exécution de cette Constitution républicaine.

SUR L'ORGANISATION DE L'INSTRUCTION PUBLIQUE.

CONVENTION. — *Séance du 2ö novembre* 1793.

Dans ce moment où la superstition succombe pour faire place à la raison, vous devez donner une centralité à l'instruction publique, comme vous en avez donné une au gouvernement. Sans doute vous disséminerez dans les départements des maisons où la jeunesse sera instruite dans les grands principes de la raison et de la liberté ; mais le peuple entier doit célébrer les grandes actions qui auront honoré notre révolution. Il faut qu'il se réunisse dans un vaste temple, et je demande que les artistes les plus distingués concourent pour l'élévation de cet édifice, où à un jour indiqué seront célébrés les jeux nationaux. Si la Grèce eut ses jeux olympiques, la France solennisera aussi ses jours sans-culottides. Le peuple aura des fêtes dans lesquelles il offrira de l'encens à l'être Suprême, au maître de la nature ; car nous n'avons pas voulu anéantir le règne de la superstition, pour établir le règne de l'athéisme.

Citoyens, que le berceau de la liberté soit encore le centre des fêtes nationales. Je demande que la Convention consacre le Champ-de-Mars aux jeux nationaux, qu'elle ordonne d'y élever un temple où les Français puissent se réunir en grand nombre. Cette réunion alimentera l'amour sacré de la liberté, et augmentera les ressorts de l'énergie nationale ; c'est par de tels établissements que nous vraincrons l'univers. Des enfants vous demandent d'organiser l'instruction publique; c'est le pain de la raison, vous le leur devez; c'est la raison, ce sont les lumières qui font la guerre aux vices. Notre révolution est fondée sur la justice, elle doit être consolidée par les lumières. Donnons des armes à ceux qui peuvent les porter, de l'instruction à la jeunesse, et des fêtes nationales au peuple.

CONTRE LES ARRÊTÉS DES REPRÉSENTANTS SUR L'ÉCHANGE DES MATIÈRES D'OR ET D'ARGENT.

CONVENTION. — *Séance du 1er décembre 1793.*

Cambon nous a fait une déclaration solennelle et qu'il faut répéter; c'est que nous avons au trésor public de l'or, de quoi acquérir du pain et des armes, autant que le comerce neutre pourra nous en fournir. D'après cela nous ne devons rien faire précipitamment en matière de finances. C'est toujours avec circonspection que nous devons toucher à ce qui a sauvé la République. Quelqu'intérêt qu'eussent tous nos ennemis à faire tomber l'assignat, il est resté, parce que sa valeur a pour base le sol entier de la République. Nous pourrons examiner à loisir, et méditer mûrement la théorie du comité. J'en ai raisonné avec Cambon. Je lui ai développé des inconvénients graves dont il est convenu avec moi. N'oublions jamais qu'en pareille matière des résultats faux compromettraient la liberté.

Cambon nous a apporté des faits. Des représentants du peuple ont rendu des lois de mort pour l'argent. Nous ne saurions nous montrer assez sévères sur de pareilles mesures, et surtout à l'égard de nos collègues. Maintenant que le fédéralisme est brisé, les mesures révolutionnaires doivent être une conséquence nécessaire de nos lois positives. La Convention a senti l'utilité d'un supplément de mesures révolutionnaires; elle l'a décrété : dès ce moment, tout homme qui se fait ultra-révolutionnaire donnera des résultats aussi dangereux que pourrait le faire le contre-révolutionnaire décidé. Je dis donc que nous devons manifester la plus vive indignation pour tout ce qui excédera les bornes que je viens d'établir.

Déclarons que nul n'aura le droit de faire arbitrairement la loi à un citoyen; défendons contre toute atteinte ce principe : que la loi n'émane que de la Convention, qui seule a reçu du peuple la faculté législative : rappelons ceux de nos commissaires qui, avec de bonnes intentions sans doute, ont pris les mesures qu'on nous a rapportées, et que nul représentant du peuple ne prenne désormais d'arrêté qu'en concordance avec nos décrets révolutionnaires, avec les principes de la liberté, et d'après les instructions qui lui seront transmises par le comité de salut public. Rappelons-nous que si c'est avec la pique que l'on renverse, c'est avec le compas de la raison et du génie qu'on peut élever et consolider l'édifice de la société. Le peuple nous félicite chaque jour sur nos travaux; il nous a signifié de rester à notre poste : c'est parce que nous avons fait notre devoir. Rendons-nous de plus en plus dignes de la confiance dont il s'empresse de nous investir; faisons seuls la loi et que nul ne nous la donne. J'insiste sur le rappel et l'improbation des commissaires qui ont pris l'arrêté qui vous a été dénoncé.

Enfin je demande que le comité de salut public soit chargé de notifier à tous les représentants du peuple qui sont en commission, qu'ils ne pourront prendre aucune mesure qu'en conséquence de vos lois révolutionnaires, et des instructions qui leur seront données.

FAYAU. — J'appuie deux des propositions de Danton; mais il en est une sur laquelle je demande la question préalable. Les localités peuvent rendre nécessaires des mesures révolutionnaires dont nous ne sentirions pas la nécessité; il faut laisser de la latitude pour pouvoir atteindre tous nos ennemis. Certes, on ne devrait pas sitôt

voir oublié le bien qu'ont fait nos commissaires, au moyen des
ouvoirs illimités qui leur ont été révolutionnairement confiés.
D'ailleurs tous les inconvénients qui a pu craindre Danton disparaissent devant le décret qui ordonne aux commissaires de rendre compte
dans les vingt-quatre heures, au comité de salut public, des arrêtés
qu'ils prennent.

DANTON. — Je suis d'accord sur l'action prolongée et nécessaire du mouvement et de la force révolutionnaires. Le
comité de salut public examinera celles qui seront nécessaires et utiles; et s'il est utile d'ordonner la remise de l'or
et de l'argent, sous peine de mort, nous le ratifierons, et le
peuple le ratifiera avec nous; mais le principe que j'ai posé
n'en est pas moins constant : c'est au comité de salut public à diriger les mesures révolutionnaires sans les resserrer; ainsi tout commissaire peut arrêter les individus, les
imposer même, telle est mon intention. Non-seulement je ne
demande point le ralentissement des mesures révolutionnaires, mais je me propose d'en présenter qui frapperont et
plus fort et plus juste; car, dans la République, il y a un
tas d'intrigants et de conspirateurs véritables qui ont
échappé au bras national qui en a atteint de moins coupables qu'eux. Oui, nous voulons marcher révolutionnairement, dût le sol de la République s'anéantir; mais, après
avoir donné tout à la vigueur, donnons beaucoup à la sagesse; c'est de la constitution de ces deux éléments que
nous recueillerons les moyens de sauver la patrie.

SUR LES MOYENS DE RENDRE AUX VICTIMES JUSTICE DES MESURES ET ARRESTATIONS ARBITRAIRES.

CONVENTION. — *Séance du 23 janvier 1794.*

Je m'oppose à l'espèce de distinction, de privilége qui semblerait accordé au beau-père de Desmoulins[1]. Je veux que la Convention ne s'occupe que d'affaires générales. Si l'on veut un rapport pour ce citoyen, il en faut aussi pour tous les autres. Je m'élève contre la priorité de date qu'on cherche à lui donner à leur préjudice. Il s'agit d'ailleurs de savoir si le comité de sûreté générale n'est pas tellement surchargé d'affaires qu'il trouve à peine le temps se s'occuper de réclamations particulières.

Une Révolution ne peut se faire géométriquement. Les bons citoyens qui souffrent pour la liberté, doivent se consoler par ce grand et sublime motif. Personne n'a plus que moi demandé les comités révolutionnaires ; c'est sur ma proposition qu'ils ont été établis. Vous avez voulu créer une espèce de dictature patriotique des citoyens les plus dévoués à la liberté, sur ceux qui se sont rendus suspects. Ils ont été élevés dans un moment où le fédéralisme prédo-

[1] Camille Desmoulins était venu réclamer contre des commissaires de section qui avaient fait une descente chez son beau-père et saisi une partie de sa bibliothèque.

minait. Il a fallu, il faut encore les maintenir dans toute leur force ; mais prenons garde aux deux écueils contre lesquels nous pourions nous briser. Si nous faisions trop pour la justice, nous donnerions peut-être dans le modérantisme, et prêterions des armes à nos ennemis. Il faut que la justice soit rendue de manière à ne point atténuér la sévérité de nos mesures.

Lorsqu'une Révolution marche vers son terme quoiqu'elle ne soit pas encore consolidée, lorsque la République obtient des triomphes, que ses ennemis sont battus, il se trouve une foule de patriotes tardifs et de fraiche date ; il s'élève des luttes de passions, des préventions, des haines particulières, et souvent les vrais, les constants patriotes sont écrasés par ces nouveaux venus. Mais enfin là où les résultats sont pour la liberté par des mesures générales, gardons-nous de les accuser. Il vaudrait mieux outrer la liberté et la Révolution, que de donner à nos ennemis la moindre espérance de rétroaction. N'est-elle pas bien puissante cette nation ? N'a-t-elle pas le droit comme la force d'ajouter à ses mesures contre les aristocrates, et de dissiper les erreurs élevées contre les ennemis de la patrie ? Au moment où la Convention peut, sans inconvénient pour la chose publique, faire justice à un citoyen, elle violerait ses droits, si elle ne s'empressait de le faire.

La réclamation de mon collègue est juste en elle-même, mais elle ferait naître un décret indigne de nous. Si nous devions accorder une priorité, elle appartiendrait aux citoyens qui ne trouvent pas dans leur fortune et dans leurs connaissances avec des membres de la Convention, des espérances et des ressouces au milieu de leur malheur ; ce serait aux malheureux, aux nécessiteux qu'il faudrait dabord tendre les mains. Je demande que la Convention médite les moyens de rendre justice à toutes les victimes des mesures et arrestations arbitraires, sans nuire à l'action du gouvernement révolutionnaire. Je me garderai bien d'en prescrire ici les moyens. Je demande le renvoi de cette question à la méditation du comité de sûreté générale, qui se concertera avec le comité de salut public; qu'il soit fait un rapport à la Convention, et qu'il soit suivi d'une discussion large et approfondie; car toutes les discussions de la Convention ont eu pour résultat le triomphe de la liberté.

La Convention n'a eu de succès que parce qu'elle a été peuple; elle restera peuple; elle cherchera et suivra sans cesse l'opinion qui doit décréter toutes les lois que vous proclamez. En approfondissant ces grandes questions, vous obtiendrez, je l'espère, des résultats qui satisferont la justice et l'humanité. (*On applaudit.*)

SUR LA MISE EN LIBERTÉ DE VINCENT ET DE RONSIN.

CONVENTION. — *Séance du 2 février 1794.*

Ce devrait être un principe incontestable parmi les patriotes que, par provision, on ne traitât pas comme suspects des vétérans révolutionnaires qui, de l'aveu public, ont rendu des services constants à la liberté. Je sais que le caractère violent et impétueux de Vincent et de Ronsin ont pu leur donner des torts particuliers vis-à-vis de tel et tel individu ; mais, de même que dans toutes les grandes affaires, je conserverai l'inaltérabilité de mon opinion, et que j'accuserai mon meilleur ami si ma conscience me dit qu'il est coupable, de même je veux aujourd'hui défendre Ronsin et Vincent contre des préventions que je pourrais reprocher à quelques-uns de mes collègues, et contre des faits énoncés postérieurement à l'arrestation des deux détenus, ou bien antérieurement, mais alors peu soigneusement conservés dans les circonstances dont on les a environnés. Car enfin, sur ces derniers, vous venez d'entendre l'explication de Levasseur ; quant aux autres, quelles probabilités les accompagnent ? combien de signataires en attestent la vérité ? qui les garantit à celui qui a signé la dénonciation ? Lui-même est-il témoin et témoin oculaire ? Si aucun des signataires n'a été le témoin de ce qu'il a avancé, s'il n'a que de simples soupçons, je répète qu'il est très-dangereux et très-impolitique d'assigner comme suspect un homme qui a rendu de grands services à la révolution.

Je suppose que Ronsin et Vincent, s'abandonnant aussi à des préventions individuelles, voulussent voir dans les erreurs où Philippeaux a pu tomber le plan formé d'une contre-révolution ; immuable, comme je le suis, je déclare que je n'examinerais que les faits, et que je laisserais de côté le caractère qu'on aurait voulu leur donner.

Ainsi donc quand je considère que rien, en effet, n'est parvenu au comité de sûreté générale contre Vincent et Ronsin, que d'un autre côté je vois une dénonciation signée d'un seul individu, qui peut-être ne déclare qu'un ouï-dire, je rentre alors dans mes fonctions de législateur ; je me rappelle le principe que je posais tout à l'heure, qui est qu'il faut être bien sûr des faits pour prêter des intentions contre-révolutionnaires à des amis ardents de la liberté, ou pour donner à leurs erreurs un caractère de gravité qu'on ne supporterait pas pour les siennes propres. Je dis alors qu'il faut être aussi prompt à démêler les intentions évidentes d'un aristocrate qu'à rechercher le véritable délit d'un patriote ; je dis ce que je disais à Fabre lui-même lorsqu'il arracha à la Convention le décret d'arrestation contre Vincent et Ronsin : vous prétendez que la Convention a été grande lorsqu'elle a rendu ce décret, et moi je soutiens qu'elle a eu seulement une bonne intention et qu'il la fallait bien éclairer.

Ainsi je défends Ronsin et Vincent contre des préventions, de même que je défendrai Fabre et mes autres collègues, tant qu'on n'aura pas porté dans mon âme une conviction contraire à celle que j'en ai. L'exubérance de chaleur qui nous a mis à la hauteur des circonstances, et qui nous a donné la force de déterminer les événements et de les faire tourner au profit de la liberté, ne doit pas devenir profitable aux ennemis de la liberté ! Mon plus cruel ennemi, s'il avait été utile à la République, trouverait en moi un défen-

seur ardent quand il serait arrêté, parce que je me défierai
d'autant plus de mes préventions qu'il aurait été plus patriote.

Je crois Philippeaux profondément convaincu de ce qu'il
avance, sans que pour cela je partage son opinion ; mais, ne
voyant pas de danger pour la liberté dans l'élargissement de
deux citoyens qui, comme lui et comme nous, veulent la République, je suis convaincu qu'il ne s'y opposera pas ; qu'il
se contentera d'épier leur conduite et de saisir les occasions
de prouver ce qu'il avance ; à plus forte raison la Convention
ne voyant pas de danger dans la mesure que lui propose le
comité de sûreté générale, doit se hâter de l'adopter.

Si, quand il fallait être électrisé autant qu'il était possible
pour opérer et maintenir la révolution ; si, quand il a fallu
surpasser en chaleur et en énergie tout ce que l'histoire rapporte de tous les peuples de la terre ; si alors j'avais vu un
seul moment de douceur, même envers les patriotes, j'aurais
dit : notre énergie baisse, notre chaleur diminue. Ici, je vois
que la Convention a toujours été ferme, inexorable envers
ceux qui ont été opposés à l'établissement de la liberté ; elle
doit être aujourd'hui bienveillante envers ceux qui l'ont servie, et ne pas se départir de ce système qu'elle ne soit convaincue qu'il blesse la justice. Je crois qu'il importe à tous
que l'avis du comité soit adopté ; préparez-vous à être plus
que jamais impassibles envers vos vieux ennemis, difficiles
à accuser vos anciens amis. Voilà, je le déclare, ma profession de foi, et j'invite mes collègues à la faire dans leur
cœur. Je jure de me dépouiller éternellement de toute passion, lorsque j'aurai à prononcer sur les opinions, sur les
écrits, sur les actions de ceux qui ont servi la cause du peuple et de la liberté. J'ajoute qu'il ne faut pas oublier qu'un
premier tort conduit toujours à un plus grand. Faisons d'a-
vance cesser ce genre de division que nos ennemis, sans
doute, cherchent à jeter au milieu de nous ; que l'acte de justice que vous allez faire soit un germe d'espérance jeté dans

le cœur des citoyens qui, comme Vincent et Ronsin, ont souffert un instant pour la cause commune, et nous verrons
naître pour la liberté des jours aussi brillants et aussi purs
que vous lui en avez déjà donné de victorieux. (*On applaudit*).

SUR L'ABOLITION DE L'ESCLAVAGE.

CONVENTION. — *Séance du 6 février* 1794.

Représentants du peuple français, jusqu'ici nous n'avions décrété la liberté qu'en égoïstes et pour nous seuls. Mais aujourd'hui nous proclamons à la face de l'univers, et les générations futures trouveront leur gloire dans ce décret, nous proclamons la liberté universelle. Hier, lorsque le président donna le baiser fraternel aux députés de couleur, je vis le moment où la Convention devait décréter la liberté de nos frères. La séance était trop nombreuse. La Convention vient de faire son devoir. Mais après avoir accordé le bienfait de la liberté, il faut que nous en soyons pour ainsi dire les modérateurs. Renvoyons au comité de salut public et des colonies, pour combiner les moyens de rendre ce décret utile à l'humanité, sans aucun danger pour elle.

Nous avions déshonoré notre gloire en tronquant nos travaux. Les grands principes développés par le vertueux Las Casas avaient été méconnus. Nous travaillons pour les générations futures, lançons la liberté dans les colonies, c'est aujourd'hui que l'Anglais est mort. (*On applaudit.*) En jetant la liberté dans le Nouveau Monde, elle y portera des fruits abondants, elle y poussera des racines profondes. En vain Pitt et ses complices voudront par des considérations politiques écarter la jouissance de ce bienfait, ils vont être entraînés dans le néant, la France va reprendre

le rang et l'influence que lui assurent son énergie, son sol
et sa population. Nous jouirons nous-mêmes de notre générosité, mais nous ne l'étendrons point au delà des bornes
de la sagesse. Nous abattrons les tyrans comme nous avons
écrasé les hommes perfides qui voulaient faire rétrograder
la révolution. Ne perdons point notre énergie, lançons nos
frégates, soyons sûrs des bénédictions de l'univers et de la
postérité, et décrétons le renvoi des mesures à l'examen du
comité.

SUR L'EXAMEN DE LA CONDUITE DE TOUS LES FONCTIONNAIRES PUBLICS.

CONVENTION. — *Séance du* 19 *mars* 1794.

La représentation nationale, appuyée de la force du peuple, déjouera tous les complots. Celui qui devait ces jours derniers perdre la liberté, est déjà presque en totalité anéanti. Le peuple et la Convention veulent que tous les coupables soient punis de mort. Mais la Convention doit prendre une marche digne d'elle. Prenez garde qu'en marchant par saccade on ne confonde le vrai patriote avec ceux qui s'étaient couverts du masque du patriotisme pour assassiner le peuple. Le décret dont on vient de lire la rédaction n'est rien ; il s'agit de dire au comité de salut public : examinez le complot dans toutes ses ramifications; scrutez la conduite de tous les fonctionnaires publics; voyez si leur mollesse ou leur négligence a concouru, même malgré eux, à favoriser les conspirateurs. Un homme qui affectait l'empire de la guerre se trouve au nombre des coupables. Eh bien, le ministre est, à mon opinion, dans le cas d'être accusé de s'être au moins laissé paralyser. Le comité de salut public veille jour et nuit; que les membres de la Convention s'unissent tous; que les révolutionnaires qui ont les premiers parlé de République, face à face avec Lafayette, apportent ici leur tête et leurs bras pour servir la patrie. Nous sommes tous responsables au peuple de sa liberté. Français, ne vous effrayez pas, la liberté doit bouillonner jusqu'à ce que l'écume soit sortie. (*On applaudit*).

Nos comités sont l'avant-garde politique; les armées doivent vaincre quand l'avant-garde est en surveillance. Jamais la République ne fut à mon sens, plus grande. Voici le nouveau temps marqué pour cette sublime révolution. Il fallait vaincre ceux qui singeaient le patriotisme pour tuer la liberté; nous les avons vaincus.

Je demande que le comité de salut public se concerte avec celui de sûreté générale pour examiner la conduite de tous les fonctionnaires. Il faut que chacun de nous se prononce. J'ai demandé le premier le gouvernement révolutionnaire. On rejeta d'abord mon idée, on l'a adoptée ensuite; ce gouvernement révolutionnaire a sauvé la République; ce gouvernement c'est vous. Union, vigilance, méditation parmi les membres de la Convention.

DERNIER DISCOURS DE DANTON A LA CONVENTION.

Séance du 19 *mars* 1794.

Pache vient au nom de la Commune protester de son dévouement à la Convention. Le président de l'Assemblée, Rhull, lui reproche d'être venu un peu tard faire cette protestation que néanmoins il se plaît à regarder comme sincère. Quelques membres demandent que la réponse du président soit imprimée dans le Bulletin. — Danton intervient :

Je demande la parole sur cette proposition. La représentation nationale doit toujours avoir une marche digne d'elle. Elle ne doit pas avilir un corps entier, et frapper d'une prévention collective, une administration collective, parce que quelques individus de ce corps peuvent être coupables. Si nous ne réglons pas nos mouvements, nous pouvons confondre des patriotes énergiques avec des scélérats qui n'avaient que le masque de patriotisme. Je suis convaincu que la grande majorité du conseil général de la Commune de Paris est digne de toute la confiance du peuple et de ses représentants ; qu'elle est composée d'excellents patriotes, d'ardents révolutionnaires.

J'aime à saisir cette occasion pour lui faire individuellement hommage de mon estime. Le conseil général est venu déclarer qu'il fait cause commune avec vous. Le président de la Convention a senti vivement sa dignité ; la réponse qu'il a faite est, par le sens qu'elle renferme et par l'intention dans laquelle elle est rédigée, digne de la majesté du peuple que nous représentons. L'accent patriarchal et le ton solennel dont il l'a prononcée, donnaient à ces paroles un caractère plus auguste encore. Cependant ne devons-nous pas craindre, dans ce moment, que les malveillants n'abusent des expressions de Rhull, dont l'intention ne nous est point suspecte, et qui ne veut sûrement pas que des citoyens qui viennent se mettre dans les rangs, sous les drapeaux du peuple et de la liberté, remportent de notre sein la moindre armertume? Au nom de la patrie, ne laissons pas aucune prise à la dissension. Si jamais, quand nous serons vainqueurs, et déjà la victoire nous est assurée, si jamais des passions particulières pouvaient prévaloir sur l'amour de la patrie, si elles tentaient de creuser un nouvel abime pour la liberté, je voudrais m'y précipiter tout le premier. Mais loin de nous tout ressentiment.....

Le temps est venu où l'on ne jugera plus que les actions. Les masques tombent, les masques ne séduiront plus. On ne confondra plus ceux qui veulent égorger les patriotes avec les véritables magistrats du peuple, qui sont peuple eux-mêmes. N'y eût-il parmi tous les magistrats qu'un seul homme qui eût fait son devoir, il faudrait tout souffrir plutôt que de lui faire boire le calice d'armertume; mais ici on ne doute pas du patriotisme de la plus grande majorité de la commune. Le président lui a fait une réponse où règne une sévère justice; mais elle peut être mal interprétée. Épargnons à la commune la douleur de croire qu'elle a été censurée avec aigreur.

LE PRÉSIDENT. — Je vais répondre à la tribune; viens, mon cher collègue, occupe toi-même le fauteuil.

DANTON. — Président, ne demande pas que je monte au fauteuil, tu l'occupes dignement. (*On applaudit.*) Ma pensée est pure, si mes expressions l'ont mal rendue, pardonne-moi une inconséquence involontaire; je te pardonnerais moi-même une pareille erreur. Vois en moi un frère qui a exprimé librement son opinion. (*Rhull descend de la tribune, et se jette dans les bras de Danton. Cette scène excite le plus vif enthousiasme dans l'Assemblée.*)

NOTES

Séance du 1ᵉʳ avril 1793 à la Convention.

LEGENDRE. — Citoyens, quatre membres de cette Assemblée sont arrêtés de cette nuit. Je sais que Danton en est un; j'ignore les noms des autres. Qu'importe leurs noms, s'ils sont coupables?. Mais citoyens, je viens demander que les membres arrêtés soient traduits à la barre où vous les entendrez et où ils seront accusés ou absous par vous.

Citoyens, je ne suis que le fruit du génie de la liberté. Je suis uniquement son ouvrage, et je ne développerai qu'avec une grande simplicité la proposition que je vous fais. Mon éducation n'est point l'ouvrage des hommes; elle n'est que l'ouvrage de la nature. N'attendez de moi que l'explosion d'un sentiment.

Citoyens, je le déclare, je crois Danton aussi pur que moi, et je ne pense pas que qui que ce soit me puisse reprocher un acte qui blesse la probité la plus scrupuleuse... *(Des murmures interrompent l'orateur.)*

CLAUZEL. — Président, maintiens la liberté des opinions.

LE PRÉSIDENT. — Oui, je la maintiendrai. Nous resterons tous ici pour sauver la liberté. *(On applaudit.)*

Legendre. — Je n'apostropherai aucun membre des comités de salut public et de sûreté générale ; mais j'ai le droit de craindre que des haines particulières et des passions individuelles n'arrachent à la liberté des hommes qui lui ont rendu les plus grands, les plus utiles services. Il m'appartient de dire cela de l'homme qui, en 1792, fit lever la France entière par les mesures énergiques dont il se servit pour ébranler le peuple, de l'homme qui fit décréter la peine de mort contre quiconque ne donnerait pas ses armes ou n'irait pas en frapper l'ennemi.

L'ennemi était alors aux portes de Paris, Danton vint et ses idées sauvèrent la patrie.

J'avoue que je ne puis le croire coupable, et ici je veux rappeler le serment que nous nous fîmes en 90, qui engagea celui de nous deux qui verrait l'autre survivre à son attachement pour la cause du peuple à le poignarder sur-le-champ, et dont j'aime à me ressouvenir aujourd'hui. Je le répète, je crois Danton aussi pur que moi : il est dans les fers depuis cette nuit. On a craint sans doute que ses réponses ne détruisissent les accusations dirigées contre lui. Je demande, en conséquence, qu'avant que vous entendiez aucun rapport les détenus soient mandés et entendus.

Fayau combat cette proposition sur ce qu'elle serait un privilége.

Robespierre. — A ce trouble depuis longtemps inconnu qui règne dans cette Assemblée, aux agitations qu'ont produites les premières paroles de celui qui a parlé avant le dernier opinant, il est aisé de s'apercevoir, en effet, qu'il s'agit ici d'un grand intérêt, qu'il s'agit de savoir si quelques hommes aujourd'hui doivent l'emporter sur la patrie. Quel est donc ce changement qui paraît se manifester dans les principes des membres de cette Assemblée, de ceux surtout qui siégent dans un côté qui s'honore d'avoir été l'asile des plus intrépides défenseurs de la liberté. Pourquoi une doctrine, qui paraissait naguère criminelle et méprisable, est-elle reproduite aujourd'hui? Pourquoi cette motion, rejetée quand elle fut proposée par Danton pour Bazire, Chabot et Fabre d'Églantine, a-t-elle été accueillie tout à l'heure par une portion des membres de cette assemblée? Pourquoi? Parce qu'il s'agit aujourd'hui de savoir si l'intérêt de quelques hypocrites ambitieux doit l'emporter sur l'intérêt du peuple français. (*Applaudissements.*)

Eh quoi ! n'avons-nous donc fait tant de sacrifices héroïques, au nombre desquels il faut compter ces actes d'une sévérité douloureuse, n'avons-nous fait ces sacrifices que pour retourner sous le joug de quelques intrigants qui prétendraient dominer ?

Que m'importent à moi les beaux discours, les éloges qu'on se donne à soi-même et à ses amis ? Une trop longue et trop pénible expérience nous a appris le cas que nous devions faire de semblables formules oratoires. On ne demande plus ce qu'un homme et ses amis se vantent d'avoir fait à telle époque, dans telle circonstance particulière de la révolution ; on demande ce qu'ils ont fait dans tout le cours de leur carrière politique. (*On applaudit.*)

Legendre paraît ignorer les noms de ceux qui sont arrêtés : toute la Convention les sait. Son ami Lacroix est du nombre de ces détenus. Pourquoi feint-il de l'ignorer? Parce qu'il sait bien qu'on ne peut, sans impudeur, défendre Lacroix. Il a parlé de Danton parce qu'il croit sans doute qu'à ce nom est attaché un privilége. Non nous n'en voulons point de priviléges; non, nous n'en voulons point d'idoles. (*On applaudit à plusieurs reprises.*)

Nous verrons dans ce jour si la Convention saura briser une prétendue idole pourrie depuis longtemps, ou si dans sa chute elle écrasera la Convention et le peuple français. Ce qu'on a dit de Danton ne pouvait-il pas s'appliquer à Brissot, à Pétion, à Chabot, à Hébert même et à tant d'autres qui ont rempli la France du bruit fastueux de leur patriotisme trompeur. Quel privilége aurait-il donc ? En quoi

Danton est-il supérieur à ses collègues, à Chabot, à Fabre d'Églantine, son ami et son confident, dont il a été l'ardent défenseur? En quoi est-il supérieur à ses concitoyens? Est-ce parce que quelques individus trompés et d'autres qui ne l'étaient pas se sont groupés autour de lui pour marcher à sa suite à la fortune et au pouvoir? Plus il a trompé les patriotes qui avaient confiance en lui, plus il doit éprouver la sévérité des amis de la liberté.

Citoyens, c'est ici le moment de dire la vérité. Je ne reconnais à tout ce qu'on a dit que le présage sinistre de la ruine de la liberté et de la décadence des principes. Quels sont, en effet, ces hommes qui sacrifient à des liaisons personnelles, à la crainte peut-être, les intérêts de la patrie? qui, au moment où l'égalité triomphe, osent tenter de l'anéantir dans cette enceinte? On veut vous faire craindre les abus du pouvoir, de ce pouvoir national que vous avez exercé et qui ne réside que dans quelques hommes seulement. Qu'avez-vous fait que vous n'ayez fait librement, qui n'ait sauvé la république, qui n'ait été approuvé par la France entière? On veut vous faire craindre que le peuple périsse victime des comités qui ont obtenu la confiance publique, qui sont émanés de la Convention nationale et qu'on veut en séparer; car tous ceux qui défendent sa dignité sont voués à la calomnie. On craint que les détenus ne soient opprimés; on se défie donc de la justice nationale, des hommes qui ont obtenu la confiance de la Convention nationale; on se défie de la Convention qui leur a donné cette confiance, de l'opinion publique qui l'a sanctionnée. Je dis que quiconque tremble en ce moment est coupable; car jamais l'innocence ne redoute la surveillance publique. (*On applaudit.*)

Je dois ajouter ici qu'un devoir particulier m'est imposé de défendre toute la pureté des principes contre les efforts de l'intrigue. Et à moi aussi on a voulu inspirer des terreurs; on a voulu me faire croire qu'en approchant de

Danton le danger ne pourrait arriver jusqu'à moi ; on me l'a présenté comme un homme auquel je devais m'accoler, comme un bouclier qui pourrait me défendre, comme un rempart qui, une fois renversé, me laisserait exposé aux traits de mes ennemis. On m'a écrit, les amis de Danton m'ont fait parvenir des lettres, m'ont obsédé de leurs discours ; ils ont cru que le souvenir d'une ancienne liaison, qu'une foi antique dans de fausses vertus me détermineraient à ralentir mon zèle et ma passion pour la liberté. Eh bien ! je déclare qu'aucun de ces motifs n'a effleuré mon âme de la plus légère impression. Je déclare que s'il était vrai que les dangers de Danton dussent devenir les miens, que s'ils avaient fait faire à l'aristocratie un pas de plus pour m'atteindre, je ne regarderais pas cette circonstance comme une calamité publique. Que m'importent les dangers ? Ma vie est à la patrie, mon cœur est exempt de crainte : et si je mourais, ce serait sans reproche et sans ignominie. (*On applaudit à plusieurs reprises.*)

Je n'ai vu dans les flatteries qui m'ont été faites, dans les caresses de ceux qui environnaient Danton, que des signes certains de la terreur qu'ils avaient conçue, avant même qu'ils fussent menacés.

Et moi aussi, j'ai été l'ami de Pétion ; dès qu'il s'est démasqué, je l'ai abandonné ; j'ai eu aussi des liaisons avec Roland ; il a trahi, je l'ai abandonné. Danton veut prendre leur place, et il n'est plus à mes yeux qu'ennemi de la patrie. (*Applaudissements.*)

C'est ici sans doute qu'il nous faut quelque courage, et quelque grandeur d'âme. Les âmes vulgaires ou les hommes coupables craignent toujours de voir tomber leurs semblables, parce que n'ayant plus devant eux une barrière de coupables, ils restent plus exposés au jour de la vérité ; mais s'il existe des âmes vulgaires, il en est d'héroïques dans cette Assemblée, puisqu'elle dirige les destinées de la terre, et qu'elle anéantit toutes les factions.

Le nombre des coupables n'est pas si grand ; le patriotisme, la Convention nationale ont su distinguer l'erreur du
crime, et la faiblesse des conspirations. On voit bien que
l'opinion publique, que la Convention marchent droit aux
chefs de parti, et qu'elles ne frappent pas sans discernement.

Il n'est pas si nombreux le nombre des coupables ; j'en
atteste l'humanité, la presque unanimité avec laquelle vous
avez voté depuis plusieurs mois pour les principes. Ceux
qu'on méprise le plus ne sont pas les plus coupables, ce
sont ceux qu'on prône, et dont on fait des idoles pour en
faire des dominateurs. Quelques membres de cette Assemblée, nous le savons, ont reçu des prisonniers des instructions portant qu'il fallait demander à la Convention quand
finirait la tyrannie des comités de salut public et de sûreté
générale ; qu'il fallait demander à ces comités s'ils voulaient
anéantir succesivement la Convention nationale. Ces comités
ne tiennent que de la patrie leurs pouvoirs qui sont un
immense fardeau, dont d'autres peut-être n'auraient pas
voulu se charger. Oui, demandez-nous compte de notre
administration, nous répondrons par des faits, nous mon-
trerons les factions abattues ; nous vous prouverons que
nous n'en avons flatté aucune, que nous les avons écrasées
toutes pour établir sur leurs ruines la représentation nationale.

Quoi ! on voudrait faire croire que nous voulons écraser
la représentation, nous qui lui avons fait un rempart de nos
corps ! nous qui avons étouffé ses plus dangereux ennemis !
on voudrait que nous laissassions exister une faction aussi
dangereuse que celle qui vient d'être anéantie, et qui a le
même but, celui d'avilir la représentation, de la dissoudre.

Au reste, la discussion qui vient de s'engager est un
danger pour la patrie ; déjà elle est une atteinte coupable
portée à la liberté ; car c'est avoir outragé la liberté que
d'avoir mis en question s'il fallait donner à un citoyen
plus de faveur qu'à un autre ; tenter de rompe ici cette

égalité, c'est censurer indirectement les décrets salutaires que vous avez portés en plusieurs circonstances, les jugements que vous avez rendus contre les conspirateurs; c'est défendre aussi indirectement ces conspirateurs qu'on veut soustraire au glaive de la justice, parce qu'on a avec eux, un intérêt commun; c'est rompre l'égalité. Il est donc de la dignité de la représentation nationale de maintenir ces principes. Je demande la question préalable sur la proposition de Legendre.

Legendre. — Robespierre me connaît bien mal, s'il me croit capable de sacrifier à un individu la liberté. Citoyens, est-il un d'entre vous qui me croie complice d'une mauvaise action? J'aime mon pays, et je déclare que mon sang, que ma vie lui appartiennent. Si j'ai fait la proposition que le préopinant a combattue, c'est qu'il ne m'est pas démontré encore que les détenus soient coupables, comme cela peut être démontré à ceux qui ont les preuves sous les yeux; au reste, je n'entends défendre ici aucun individu.

Barrère soutient comme Robespierre que les représentants livrés au tribunal révolutionnaire par les comités ne doivent pas avoir le privilége de venir se défendre devant l'Assemblée nationale.

La proposition de Legendre n'a pas de suite.

Saint-Just prend la parole au nom des comités de salut public et de sûreté générale :

La révolution est dans le peuple et non pas dans la renommée de quelques personnages. Cette idée vraie est la source de la justice et de l'égalité dans un État libre. Elle

---

1. Ce discours très-étendu, renferme toutes les inculpations faites aux divers accusés; nous avons dû en détacher exclusivement celles qui se rapportent à Danton. On peut lire ce discours entier au *Moniteur* du 12 germinal, an II.

est la garantie du peuple contre les hommes artificieux qui s'érigent en quelque sorte patriciens, par leur audace et leur impunité.

Il y a quelque chose de terrible dans l'amour sacré de la patrie ; il est tellement exclusif qu'il immole tout sans pitié, sans frayeur, sans respect humain, à l'intérêt public. Il précipite Manlius ; il immole les affections privées ; il entraine Régulus à Carthage ; il jette un Romain dans un abime et met Marat au Panthéon, victime de son dévouement.

Vos comités de salut public et de sûreté générale, pleins de ce sentiment, m'ont chargé de vous demander justice contre des hommes qui conspirent en ce moment avec les rois ligués contre la République.

Puisse cet exemple être le dernier que vous donnerez de votre inflexibilité envers vous-mêmes. Il faut quelque courage pour vous parler encore de sévérité, après tant de sévérité. L'aristocratie dit : ils vont s'entre-détruire. Mais l'aristocratie ment à son propre cœur ; c'est elle que nous détruisons.

Je viens vous dénoncer les derniers partisans du royalisme ; j'achèverai de vous dépeindre la conjuration, et vous désignerai les derniers complices. Beaucoup de gens ont assez d'esprit pour faire le bien ; peu des gens ont un cœur propre à le vouloir opiniâtrement. Qu'on ne s'étonne plus de la chute de tant de traitres.

L'orateur suit pas à pas la faction d'Orléans soutenue surtout par Dumouriez : c'est la faction royaliste, puis celle d'Hébert payée par l'étranger pour corrompre la République par la subversion de toutes les idées de religion, de morale. Mais venant à celle qu'il s'agit d'immoler cette fois, il ajoute :

Les mêmes hommes qui s'étaient efforcés dès le commencement de la révolution, de la borner à un changement de dynastie, se retrouvent encore à la tête de ces factions dont le but était de vous immoler.

C'est ici que la patience échappe au juste courroux de la vérité. Quoi! quand toute l'Europe, excepté nous qui sommes aveugles, est convaincue que Lacroix et Danton ont stipulé pour la royauté; quoi! quand les renseignements pris sur Fabre d'Églantine, le complice de Danton, ne laissent plus de doute sur sa trahison; lorsque l'ambassadeur du peuple français en Suisse nous mande la consternation des émigrés, depuis la mise en jugement de Fabre, ami de Danton, nos yeux refuseraient encore de s'ouvrir!... Danton, tu répondras à la justice inévitable, inflexible. Voyons ta conduite passée, et montrons que depuis le premier jour, complice de tous les attentats, tu fus toujours contraire au parti de la liberté, et que tu conspirais avec Mirabeau, avec Dumouriez, avec Hébert, avec Hérault-Séchelles.

Danton, tu as servi la tyrannie; tu fus, il est vrai, opposé à Lafayette; mais Mirabeau, d'Orléans, Dumouriez lui furent opposés de même. Oserais-tu nier d'avoir été vendu aux trois hommes les plus violents conspirateurs contre la liberté? Ce fut par la protection de Mirabeau que tu fus nommé administrateur au département de Paris, dans le temps où l'Assemblée électorale était décidément royaliste. Tous les amis de Mirabeau se vantaient hautement qu'ils t'avaient fermé la bouche. Aussi, tant qu'a vécu ce personnage affreux, tu es resté muet. Dans ce temps-là tu reprochas à un patriote rigide dans un repas, qu'il compromettait la bonne cause en s'écartant du chemin où marchaient Barnave et Lameth, qui abandonnaient le parti populaire.

Dans les premiers éclairs de la révolution tu montras à la cour un front menaçant; tu parlais contre elle avec véhémence. Mirabeau, qui méditait un changement de dynastie, sentit le prix de ton audace. Il te saisit; tu t'écartas dès lors des principes sévères, et l'on n'entendit plus parler de toi jusqu'au massacre du Champ-de-Mars. Alors tu appuyas aux Jacobins la motion de Laclos, qui fut un prétexte funeste et payé par la cour, pour déployer le drapeau rouge et essayer la tyrannie. Les patriotes qui n'étaient pas initiés dans ce complot, avaient combattu inutilement ton opinion sanguinaire. Tu contribuas à rédiger avec Brissot la pétition du Champ-de-Mars, et vous échappâtes à la fureur de Lafayette qui fit massacrer 2,000 patriotes. Brissot erra depuis paisiblement dans Paris, et toi, tu fus couler d'heureux jours à Arcis-sur-Aube, si toutefois celui qui conspirait contre la patrie pouvait être heureux.

Le calme de ta retraite à Arcis-sur-Aube se conçoit-il ? Toi, l'un des auteurs de la pétition, tandis que ceux qui l'avaient signée, avaient été les uns chargés de fers, les autres massacrés. Brissot et toi étiez donc des objets de reconnaissance pour la tyrannie, puisque vous n'étiez pas pour elle des objets de haine et de terreur.

Que dirai-je de ton lâche et constant abandon de la chose publique au milieu des crises, où tu prenais toujours le parti de la retraite?

Mirabeau mort, tu conspiras avec les Lameth et tu les soutins. Tu restas neutre pendant l'Assemblée législative, et tu t'es tû dans la lutte pénible des Jacobins avec Brissot et la faction de la Gironde. Tu appuyas d'abord leur opinion sur la guerre. Pressé ensuite par les reproches des meilleurs citoyens, tu déclaras que tu observais les deux partis, et tu te renfermas dans le silence. Lié avec Brissot au Champs-de-Mars, tu partageas ensuite sa tranquillité et ses opinions liberticides; alors livré entièrement au parti vainqueur, tu dis de ceux qui s'y refusaient, que puisqu'ils restaient seuls de leur avis sur la guerre, et que puisqu'ils se voulaient perdre, tes amis et toi deviez les abandonner à leur sort. Legendre entendit ce propos et le redit.

Quand tu vis l'orage du 10 août se préparer, tu te retiras encore à Arcis-sur-Aube ; déserteur des périls qui entouraient la liberté, les patriotes n'espéraient plus te revoir; cependant, pressé par la honte, par les reproches; et quand tu sus que la chute de la tyrannie était bien préparée et inévitable, tu revins à Paris le 9 août; tu voulus te coucher dans cette nuit sinistre; tu fus traîné par les amis ardents de la liberté dans la section où les Marseillais étaient assemblés; tu y parlas, mais tout était fait, l'insurrection était déjà en mouvement.

Dans ce moment que faisait Fabre, ton complice et ton ami? Tu l'as dit toi-même, il parlementait avec la cour pour la tromper. Mais la cour pouvait-elle se fier à Fabre, sans un gage certain de son dévouement, et sans des actes très évidents de sa haine pour le parti populaire. Quiconque est l'ami d'un homme qui a parlementé avec la cour est coupable de lâcheté. L'esprit a des erreurs, les erreurs de la conscience sont des crimes.

Mais qu'as-tu fait depuis pour nous prouver que Fabre ton complice et toi, aviez tout fait pour tromper la cour? Votre conduite depuis a été celle des conjurés. Quand tu étais ministre, il s'agit d'envoyer un ambassadeur à Londres pour resserrer l'alliance des deux peuples. Noël, journaliste contre-révolutionnaire, fut offert par Lebrun. Tu ne t'y opposas point. On te le reprocha comme une faiblesse, tu répondis : Je sais que Noël ne vaut rien, mais je le fais accompagner par un de mes parents. Quelle a été la suite de cette ambassade criminelle? La guerre et ta liaison avec Dumouriez et Brissot.

Ce fut toi qui fis nommer Fabre et d'Orléans par l'assemblée électorale, où tu vantas le premier comme un homme très-adroit, et où tu dis que la présence du second au milieu des représentants du peuple leur donnerait plus d'importance aux yeux de l'Europe.

Chabot parla en faveur de Fabre et d'Orléans; tu enrichis Fabre pendant ton ministère; Fabre alors professa hautement le fédéralisme, et disait qu'on diviserait la France en quatre parties,

Roland, partisan de Capet, voulut passer la Loire pour chercher la Vendée ; toi, tu restas à Paris où était d'Orléans et que menaçait Dumouriez. Tu fis sauver Duport au milieu d'une émeute concertée à Melun par tes émissaires pour fouiller une voiture d'armes.

Le parti de Brissot accusa Marat, tu te déclaras son ennemi ; tu t'isolas de la Montagne dans les dangers qu'elle courait ; tu te fis publiquement un mérite de n'avoir jamais dénoncé publiquement Gensonné, Guadet et Brissot ; u leur tendais sans cesse l'olivier, gage de ton alliance avec eux contre le peuple et les républicains sévères.

La Gironde te fit une guerre feinte pour te forcer à te prononcer. Elle te demanda des comptes, elle t'accusa d'ambition. Ton hypocrisie prévoyante concilia tout, et sut se maintenir au milieu des partis, toujours prêt à dissimuler avec le plus fort, sans insulter le plus faible. Dans les débats orageux on s'indignait de ton absence et de ton silence ; toi, tu parlais de la campagne, des délices de la solitude et de la paresse. Mais tu savais sortir de ton engourdissement pour défendre Dumouriez, Westerman, sa créature vantée, et les généraux ses complices.

Tu envoyas Fabre en ambassade près de Dumouriez pendant ce hiver, sous le prétexte, disais-tu, de le réconcilier avec Kellermann. Les traîtres n'étaient que trop unis pour notre malheur. Dans toutes leurs lettres à la Convention, dans leurs discours à la barre, ils se traitaient d'amis, et tu étais le leur. Le résultat de l'ambassade de Fabre fut le salut de l'armée prussienne à des conditions secrètes que ta conduite expliqua depuis. Dumouriez louait Fabre-Fond, frère de Fabre-d'Églantine. Peut-on douter de votre concert criminel pour renverser la République. Tu savais amortir le courroux des patriotes ; tu faisais envisager nos malheurs comme résultats de la faiblesse de nos armées, et tu détournais l'attention de la perfidie des généraux, pour s'occuper de nouvelles levées d'hommes. Tu t'associas

dans tes crimes Lacroix, conspirateur décrié depuis longtemps, avec l'âme impure duquel on ne peut être uni que
par le nœud qui associe des conjurés.

Lacroix fut de tout temps plus que suspect, hypocrite et
perfide... il tint la même conduite que toi avec Dumouriez ;
votre agitation était la même pour cacher les mêmes forfaits... Mais pourquoi rappeler tant d'horreurs, lorsque
votre complicité manifeste avec d'Orléans et Dumouriez
dans la Belgique, suffit à la justice pour vous frapper ?

Danton, tu eus, après le 10 août, une conférence avec
Dumouriez où vous vous jurâtes une amitié à toute épreuve,
et vous unîtes votre fortune. Tu as justifié depuis cet affreux concordat, et tu es encore son ami au moment où je
parle.

C'est toi, qui au retour de la Belgique, osas parler des vices
et de crimes des Dumouriez avec la même admiration qu'on
eût parlé des vertus de Caton. Tu t'es efforcé de corrompre
la morale publique, en te rendant dans plusieurs occasions,
l'apologiste des hommes corrompus, tes complices. C'est toi
qui, le premier, dans un cercle de patriotes que tu voulais
surprendre, proposas le bannissement de Capet! proposition que tu n'osas plus soutenir à ton retour, parce qu'elle
était abattue, et qu'elle t'eût perdu...

Quelle conduite tins-tu dans le comité de défense générale? Tu y recevais les compliments de Guadet et Brissot, et
tu les leur rendais. Tu disais à Brissot: Vous avez de l'esprit,
mais vous avez des prétentions. Voilà ton indignation contre
les ennemis de la patrie ! Tu consentis à ce qu'on ne fît
point part à la Convention de l'indépendance et de la trahison
de Dumouriez; et tu te trouvais dans des conciliabules
avec Wimpfen et d'Orléans.

Dans le même temps tu te déclaras pour des principes
modérés, et tes formes robustes semblaient déguiser la faiblesse de tes conseils ; tu disais que des maximes sévères,
feraient trop d'ennemis à la République. Conciliateur ba-

nal, tous tes efforts à la tribune commençaient comme le tonnerre, et tu finissais par faire transiger la vérité et le mensonge. Quelle proposition vigoureuse as-tu jamais faite contre Brissot et son parti dans la représentation nationale où je t'accuse? A ton retour de la Belgique, tu provoquas la levée en masse des patriotes de Paris pour marcher aux frontières. Si cela fût alors arrivé, qui aurait résisté à l'aristocratie qui avait tenté plusieurs soulèvements? Brissot ne désirait point autre chose, et les patriotes mis en campagne n'auraient-ils pas été sacrifiés? Ainsi se trouvait accompli le vœu de tous les tyrans du monde pour la destruction de Paris et de la liberté. Tu provoquas une insurrection dans Paris; elle était concertée avec Dumouriez; tu annonças même que s'il fallait de l'argent pour la faire, tu avais la main dans les caisses de la Belgique. Dumouriez voulait une révolte· dans Paris pour avoir le prétexte de marcher contre cette ville de la liberté, sous un titre moins défavorable que celui de rebelle et de royaliste.

Toi qui restas à Arcis-sur Aube avant le 9 août, opposant la paresse à l'insurrection nécessaire, tu avais trouvé ta chaleur au mois de mars pour servir Dumouriez, et lui fournir un prétexte honorable de marcher sur Paris. Desfieux, reconnu royaliste et du parti de l'étranger, donna le signal de cette fausse insurrection; le 10 mars un attroupement se porta aux Cordeliers, de là à la Commune, on lui demanda de se mettre à sa tête, il s'y refusa. Fabre alors s'agitait beaucoup; le mouvement, dit-il à un député, a été aussi loin qu'il le fallait. Le but de Dumouriez se trouva rempli; il fit de ce mouvement la base de son manifeste séditieux et des lettres insolentes qu'il écrivit à la Convention.

Desfieux, tout en déclamant contre Brissot, reçut de Lebrun, complice de Brissot, une somme d'argent pour envoyer dans le Midi des adresses véhémentes où la Gironde était improuvée, mais qui tendaient à justifier la révolte projetée des fédéralistes. Deslieux fit arrêter ses propres commis à Bordeaux, d'où l'adresse fut envoyée à la Convention nationale; ce qui donna lieu à Gensonné de dénoncer la Montagne, et à Guadet de déclamer contre Paris.

Deslieux déposa depuis en faveur de Brissot au tribunal révolutionnaire. Mais, Danton, quelle contradiction entre cette mesure extrême et dangereuse que tu proposas et la modération qui te fit demander une amnistie pour tous les coupables, qui te fit excuser Dumouriez, et te fit, dans le comité de défense générale, appuyer la proposition faite par Guadet d'envoyer Gensonné vers ce général? Pouvais-tu être aveugle à ce point sur l'intérêt public? Oserait-on te reprocher de manquer de discernement?

Tu t'accommodais à tout. Brissot et ses complices sortaient toujours contents d'avec toi. A la tribune, quand ton silence était accusé, tu leur donnais des avis salutaires pour qu'ils dissimulassent davantage. Tu les menaçais sans indignation, mais avec une bonté paternelle; et tu leur donnais plutôt des conseils pour corrompre la liberté, pour se sauver, pour mieux nous tromper, que tu n'en donnais au parti républicain pour les perdre. La haine, disais-tu, est insupportable à mon cœur, et tu nous avais dit, je n'aime point Marat. Mais n'es-tu pas criminel et responsable de n'avoir point haï les ennemis de la patrie? Est-ce par ses penchants privés qu'un homme public détermine son indifférence ou sa haine, par l'amour de la patrie que n'a jamais senti ton cœur. Tu fis le conciliateur, comme Sixte-Quint fit le simple pour arriver au but où il tendait. Éclate maintenant devant la justice du peuple, toi qui n'éclatas jamais lorsqu'on attaqua la patrie! Nous t'avions cru de bonne foi lorsque nous accusâmes le parti de Brissot: mais depuis, des flots de lumière sont tombés sur ta politique. Tu es l'ami de Fabre; tu l'as défendu, tu n'es pas homme à te compromettre: tu n'as donc pu que te défendre toi-même dans ton complice... Tu abandonnas le parti républicain au commencement de notre session, et depuis as-tu fait autre chose que nuancer d'hypocrisie les délibérations?

Fabre et toi, fûtes les apologistes de d'Orléans, que vous vous efforçâtes de faire passer pour un homme simple et très-malheureux. Vous répétâtes souvent ce propos. Vous étiez sur la montagne le point de contact et de répercussion de la conjuration de Dumouriez, Brissot et d'Orléans. Lacroix te seconda parfaitement dans toutes ces occasions.

Tu vis avec horreur la révolution du 31 mai. Hérault, Lacroix et toi demandâtes la tête d'Henriot qui avait servi la liberté, et vous lui fîtes un crime du mouvement qu'il avait fait pour échapper à un acte d'oppression de votre part. Ici, Danton, tu déployas ton hypocrisie : n'ayant pu consommer ton projet, tu dissimulas ta fureur; tu regardas Henriot en riant et tu lui dis : n'aie pas peur, va toujours ton train : voulant lui faire entendre que tu avais eu l'air de le blâmer par bienséance, mais qu'au fond tu étais de son avis. Un moment après tu l'abordas à la Buvette, et tu lui présentas un verre d'un air caressant, en lui disant : point de rancune. Cependant le lendemain tu le calomnias de la manière la plus atroce, et tu lui reprochas d'avoir voulu t'assassiner. Hérault et Lacroix t'appuyèrent; mais n'as-tu pas envoyé depuis un ambassadeur à Wimpfen et à Pétion dans le Calvados? Ne t'es-tu pas opposé à la punition des députés de la Gironde? N'avais-tu pas défendu Stengel qui avait fait égorger les avant-postes de l'armée à Aix-la-Chapelle? Ainsi, défenseur de tous les criminels, tu n'en as jamais fait autant pour un patriote. Tu as accusé Roland, mais plutôt comme un imbécile acrimonieux que comme un traître; tu ne trouvais à sa femme que des prétentions au bel esprit. Tu as jeté ton manteau sur tous les attentats pour les voiler et les déguiser.

Tes amis ont tout fait pour toi ; ils placent ton nom dans tous les journaux étrangers et dans les rapports journaliers du ministre de l'intérieur, les rapports dont je parle, envoyés tous les soirs par le ministre de l'intérieur, te présentent comme l'homme dont tout Paris s'entretient : tes moindres réflexions y sont rendues célèbres. Nous avons reconnu depuis longtemps que tes amis ou toi rédigez ces rapports.

Danton, tu fus donc le complice de Mirabeau, de d'Orléans, du Dumouriez, et Brissot. Les lettres de l'ambassadeur d'Espagne à Venise, au duc d'Alcudia, disent qu'on te soupçonnait à Paris, et Lacroix d'avoir eu des conférences au Temple avec la reine. L'étranger est toujours très-instruit sur les crimes commis en sa faveur : ce fait est connu de Luillier et peut s'éclaircir dans la procédure.

L'ambassadeur d'Espagne dit dans la même lettre, écrite au mois de juin dernier : Ce qui nous fait trembler est le renouvelles du comité de salut public. Tu en étais, Lacroix, tu en étais, Danton.

Mauvais citoyen, tu as conspiré : faux ami, tu disais, il y a deux jours, du mal de Desmoulins, instrument que tu as perdu, et tu lui prêtais des vices honteux ; méchant homme, tu as comparé l'opinion publique à une femme de mauvaise vie, tu as dit que l'honneur était ridicule; que la gloire et la postérité étaient une sottise. Ces maximes devaient te concilier l'aristocratie; elles étaient celles de Catilina. Si Fabre est innocent, si d'Orléans, si Dumouriez furent innocents, tu l'es sans doute. J'en ai trop dit, tu répondras à la justice...

Achevons de dépeindre ces hommes qui, n'osant se déclarer, ont conspiré sous la poussière ; ils eurent toutes les qualités des conspirateurs de tous les temps ; ils se louaient mutuellement et disaient l'un de l'autre tout ce qui pouvait tromper les jugements. Les amis du profond Brissot avaient dit de lui qu'il était un inconséquent, un étourdi même. Fabre avait dit de Danton qu'il était insouciant, que son tempérament l'entraînait à la campagne, aux bains, aux choses innocentes. Danton disait de Fabre que sa tête était un imbroglio, un répertoire de choses comiques, et le présentait comme ridicule parce que ce n'est presque qu'à ce prix qu'il pouvait ne pas passer pour un traître, par le simple aperçu de sa manière tortueuse de se conduire. Danton riait avec Ducos, faisait le distrait avec d'Orléans et le familier avec Marat qu'il détestait, mais qu'il craignait...

Il est encore quelque rapprochements à faire de la conduite de ces hommes en différents temps. Danton fut un lion contre Lafayette, l'ennemi de d'Orléans ; Danton fut plein d'indulgence pour Dumouriez, l'ami de d'Orléans. Danton proposait, il y a trois ans, aux Jacobins la loi de Valérius qui ordonnait aux Romains de tuer sur l'heure ceux qui parleraient de Tarquin ; Danton ne trouva plus ni d'éloquence, ni de sévérité contre Dumouriez qui trahissait ouvertement la patrie et voulait faire un roi...

Danton, comme je l'ai dit, opina d'abord pour le bannissement du tyran, et pour sa mort ensuite. Il avertit souvent certains membres du comité de salut public qu'il fallait beaucoup de courage pour y rester, parce que l'autorité qu'on lui confiait était dangereuse pour lui-même. Ce fut Danton qui proposa les 50, 000, 000 ; ce fut Hérault qui l'appuya ; ce fut Danton qui proposa qu'on érigeât le comité de salut public en comité de gouvernement ; c'était donc un piége qu'il lui tendait.

Danton ayant été expulsé du comité, dit à quelqu'un : je ne me fâche point, je n'ai pas de rancune, mais j'ai de la mémoire. Que dirai-je des prétentions de ceux qui se prétendirent exclusivement les vieux Cordeliers ? Ils étaient précisément Danton, Fabre, Desmoulins et le ministre, auteur des rapports sur Paris, où Danton, Fabre, Camille et Philippeaux sont loués, où tout est dirigé dans leur sens et dans le sens d'Hébert? Que dirai-je de l'aveu fait par Danton qu'il avait dirigé les derniers écrits de Desmoulins et de Philippeaux?

Vous êtes tous complices du même attentat ; tous vous avez tenté le renversement du gouvernement révolutionnaire et de la représentation ; tous vous avez provoqué son renouvellement au 10 août dernier ; tous vous avez travaillé pour l'étranger qui jamais ne voulut autre chose que le renouvellement de la Convention qui eût entraîné la perte de la République.

Je suis convaincu que cette faction des indulgents est liée à toutes les autres, qu'elle fut hypocrite dans tous les temps ; vendue d'abord à la nouvelle dynastie, ensuite à toutes les factions. Cette faction a abandonné Marat, et s'est ensuite parée de sa réputation ; elle a tout fait pour détruire la République en amollissant toutes les idées de la liberté ; elle eut plus de finesse que les autres, elle attaqua le gouvernement avec plus d'hypocrisie et ne fut que plus criminelle...

L'été dernier, Hérault dit que Luillier, procureur-général du département de Paris, avait confié qu'il existait un parti en faveur du jeune Capet, et que si le gouvernement pouvait perdre faveur, et le parti arriver au degré d'influence nécessaire, ce serait Danton qui montrerait au peuple cet enfant.

Dans ce même temps Danton dîna souvent rue Grange-Batelière avec des Anglais ; il dînait avec Guzman, Espagnol, trois fois par semaine, et avec l'infâme Saint-Amarante, le fils de Sartine, et Lacroix ; c'est là que se sont faits quelques-uns des repas à cent écus par tête...

Citoyens, ces factions méditent chaque jour votre perte, tous les fripons se rallient à elles ; elles s'attendent depuis quelques jours à être démasquées ; Danton, Lacroix disent : préparons-nous à nous défendre...

Un innocent parle-t-il de se défendre? A-t-il des tressail-
lements de terreur avant qu'on ait parlé de lui ? Les comités
ont prudemment gardé le silence, et l'opinion et le peuple
accusaient avant moi ceux que j'accuse ; ils s'accusaient.
ils se déguisaient eux-mêmes, avant que nous ayons parlé
d'eux ; ils se préparaient à demander si nous voulions
détruire la représentation nationale, parce que nous les
accusons.

Quand les restes de la faction d'Orléans, dévoués aujourd'hui à tous les attentats contre la patrie, n'existeront
plus, vous n'aurez plus d'exemple à donner, vous serez
paisibles ; l'intrigue n'abordera plus cette enceinte sacrée;
vous vous livrerez à la législation et au gouvernement;
vous sonderez ses profondeurs, et vous déroberez les feux
du ciel pour animer la République tiède encore, et enflammer l'amour de la patrie et de la justice.

Nous avons cru ne devoir plus temporiser avec les coupables, puisque nous avons annoncé que nous détruirions
toutes les factions ; elles pourraient se ranimer et prendre
de nouvelles forces, l'Europe semble ne plus compter que
sur elles. Il était donc instant de les détruire, afin qu'il ne
restât dans la République que le peuple et vous, et le gouvernement dont vous êtes le centre inviolable.

EXTRAIT DU PROJET RÉDIGÉ PAR ROBESPIERRE DU RAPPORT FAIT A LA CONVENTION NATIONALE PAR SAINT-JUST.

Danton vécut avec Lafayette et avec les Lameth; il eut à Mirabeau une obligation bien remarquable : celui-ci lui fit rembourser sa charge d'avocat au conseil; on assure même que le prix lui en a été payé deux fois. Le fait du remboursement est facile à prouver. (C'est par la protection de Mirabeau que Danton fut nommé administrateur du département de Paris, en 1790, dans le temps où l'Assemblée électorale était décidément royaliste.)

Les amis de Mirabeau se vantaient hautement d'avoir fermé la bouche à Danton; et, tant qu'a vécu ce personnage, Danton resta muet.

Je me rappelle une anecdote à laquelle j'attachais dans le temps trop peu d'importance : dans les premiers mois de la révolution, me trouvant à dîner avec Danton, Danton me reprocha de gâter la bonne cause, en m'écartant de la ligne où marchaient Barnave et Lameth, qui alors commençaient à dévier des principes populaires.

Danton tâchait d'imiter le talent de Fabre! mais sans succès, comme le prouvent les efforts impuissants et ridicules qu'il fit pour pleurer, d'abord à la tribune des Jacobins, ensuite chez moi.

Il y a un trait qui prouve une âme ingrate et noire : il avait hautement préconisé les dernières productions de Desmoulins : il avait osé aux Jacobins, réclamer en leur faveur la liberté de la presse, lorsque je proposais pour elles les honneurs de la brûlure. Dans la dernière visite dont je parle, il me parla de Desmoulins avec mépris : il attribua ses écarts à un vice privé et honteux, mais absolument étranger à la révolution. Laignelot était témoin. La contenance de Laignelot m'a paru équivoque : il a gardé obstinément le silence. Cet homme a pour principe de briser lui-même les instruments dont il s'est servi, quand ils sont décrédités ; il n'a jamais défendu un seul patriote, jamais attaqué un seul conspirateur ; mais il a fait le panégyrique de Fabre à l'assemblée électorale dernière ; il a prétendu que les liaisons de Fabre avec les aristocrates, et ses longues éclipses sur l'horizon révolutionnaire étaient un espionnage concerté entre eux pour connaître les projets de l'aristocratie.

Pendant son court ministère, il a fait présent à Fabre, qu'il avait choisi pour son secrétaire du sceau et pour son secrétaire intime, des sommes considérables puisées dans le trésor public. Il a lui-même avancé 10,000 francs. Je l'ai entendu avouer les escroqueries et les vols de Fabre, tels que des souliers appartenant à l'armée, dont il avait chez lui magasin.

Il ne donna point asile à Adrien Duport comme il est dit dans le rapport ; mais Adrien Duport qui, le 10 août, concertait avec la cour le massacre du peuple, ayant été arrêté et détenu assez longtemps dans les prisons de Melun, fut mis en liberté par ordre du ministre de la justice, Danton... Danton rejeta hautement toutes les propositions que je lui fis d'écraser la conspiration et d'empêcher Brissot de renouer ses trames, sous le prétexte qu'il ne fallait s'occuper que de la guerre.

Au mois de septembre, il envoya Fabre en ambassade

auprès de Dumouriez. Il prétendit que l'objet de sa mission était de réconcilier Dumouriez et Kellermann qu'il supposait brouillés. Or, Dumouriez et Kellermann n'écrivaient jamais à la Convention nationale sans parler de leur intime amitié. Dumouriez, lorsqu'il parut à la barre, appela Kellermann son intime ami ; et le résultat de cette union fut le salut du roi de Prusse et de son armée. Or, quel conciliateur que Fabre pour deux généraux orgueilleux qui prétendaient faire les destinées de la France.

C'est en vain que dès lors on se plaignait à Danton et à Fabre de la faction girondine ; ils soutenaient qu'il n'y avait point là de faction, et que tout était le résultat de la vanité et des animosités personnelles. Dans le même temps, chez Pétion, où j'eus une explication sur les projets de Brissot, Fabre et Danton se réunirent à Pétion pour attester l'innocence de leurs vues.

Quand je montrais à Danton le système de calomnie de Roland et des Brissotins, développé dans tous les papiers publics, Danton me répondait : Que m'importe ! l'opinion publique est une putain, la postérité une sottise. Le mot de vertu faisait rire Danton : il n'y avait pas de vertu plus solide, disait-il plaisamment, que celle qu'il déployait toutes les nuits avec sa femme. Comment un homme à qui toute idée morale était étrangère, pouvait-il être le défenseur de la liberté ? Une autre maxime de Danton était qu'il fallait se servir des fripons : aussi était-il entouré des intrigants les plus impurs. Il professait pour le vice une tolérance qui devait lui donner autant de partisans qu'il y a d'hommes corrompus dans le monde. C'était sans doute le secret de sa politique qu'il révéla lui-même par un mot remarquable : ce qui rend notre cause faible, disait-il à un vrai patriote, en feignant de partager mes principes, c'est que la sévérité de nos principes effarouche beaucoup de monde.

Il ne faut pas oublier les thés de Robert, où d'Orléans faisait lui-même le punch, où Fabre, Danton et Wimpfen assistaient. C'était là qu'on cherchait à attirer le plus grand nombre des députés de la Montagne qu'il était possible, pour les séduire ou pour les compromettre.

Dans le temps de l'assemblée électorale, je m'opposai de toutes mes forces à la nomination de d'Orléans; je voulus en vain persuader mon opinion à Danton : il me répondit que la nomination d'un prince du sang rendrait la Convention nationale plus imposante aux yeux des rois de l'Europe, surtout s'il était nommé le dernier de la députation. Je répliquai qu'elle serait donc bien plus imposante encore s'il n'était nommé que le dernier suppléant; je ne persuadai point : la doctrine de Fabre d'Églantine était la même que celle du maître ou du disciciple, je ne sais trop lequel...

Analysez maintenant toute la conduite politique de Danton : vous verrez que la réputation de civisme qu'on lui a faite était l'ouvrage de l'intrigue et qu'il n'y a pas une mesure liberticide qu'il n'ait adoptée.

On le voit dans les premiers jours de la révolution montrer à la cour un front menaçant et parler avec véhémence dans le club des Cordeliers; mais bientôt il se lie avec les Lameth et transige avec eux; il se laisse séduire par Mirabeau et se montre aux yeux observateurs l'ennemi des principes sévères. On n'entend plus parler de Danton jusqu'à l'époque des massacres du Champ-de-Mars; il avait beaucoup appuyé aux Jacobins la motion de La Clos qui fut le prétexte de ce désastre et à laquelle je m'opposai. Il fut nommé le rédacteur de la pétition avec Brissot. Deux mille patriotes sans armes furent assassinés par les satellites de Lafayette. D'autres furent jetés dans les fers. Danton se retira à Arcis-sur-Aube, son pays, où il resta plusieurs mois, et il y vécut tranquille. On a remarqué, comme un indice de la complicité de Brissot, que, depuis la journée du Champ-de-Mars, il avait continué de se promener paisiblement dans Paris; mais la tranquillité dont Danton jouissait à Arcis-sur-Aube était-elle moins étonnante? Si l'on ne suppose pas un concordat tacite entre lui et Lafayette, était-il plus difficile de l'atteindre là qu'à Paris, s'il eut été alors pour les tyrans un objet de haine ou de terreur ?

Les patriotes se souvinrent longtemps de ce lâche abandon de la cause publique ; on remarqua ensuite que, dans toutes les crises, il prenait le parti de la retraite.

Tant que dura l'Assemblée législative il se tut. Il demeure neutre dans la lutte pénible des Jacobins contre Brissot et contre la faction girondine. Il appuya d'abord leur opinion sur la déclaration de guerre. Ensuite, pressé par le reproche des patriotes dont il ne voulait pas perdre la confiance usurpée, il eut l'air de dire un mot pour ma défense, et annonça qu'il observait attentivement les deux partis et se renferma dans le silence. C'est dans ce temps-là que, me voyant seul, en butte aux calomnies et aux persécutions de cette faction toute-puissante, il dit à ses amis : « Puisqu'il veut se perdre, qu'il se perde ! nous ne devons point partager son sort. » Legendre lui-même me rapporta ce propos qu'il avait entendu. Tandis que la cour conspirait contre le peuple, et les patriotes contre la cour, dans les longues agitations qui préparèrent la journée du 10 août, Danton était à Arcis-sur-Aube : les patriotes désespéraient de le revoir. Cependant, pressé par leurs reproches, il fut contraint de se montrer et arriva la veille du 10 août ; mais, dans cette nuit fatale, il voulait se coucher, si ceux qui l'entouraient ne l'avaient forcé de se rendre à sa section où une portion du bataillon de Marseille était rassemblée. Il y parla avec énergie ; l'insurrection était déjà décidée et inévitable. Pendant ce temps-là Fabre parlementait avec la cour. Danton et lui ont prétendu qu'il n'était là que pour tromper la cour. J'ai tracé quelques faits de son court ministère.

Quelle a été sa conduite durant la Convention ? Marat fut accusé par les chefs de la faction du côté droit. Il commença par déclarer qu'il n'aimait point Marat, et par protester qu'il était isolé et qu'il se séparait de ceux de ses collègues que la calomnie poursuivait ; et il fit son propre éloge ou sa propre apologie.

Robespierre fut accusé : il ne dit pas un seul mot, si ce n'est pour s'isoler de lui.

La Montagne fut accusée chaque jour ; il garda le silence. Il fut attaqué lui-même, il pardonna ; il se montra sans cesse aux conspirateurs comme un conciliateur tolérant ; il se fit un mérite publiquement de n'avoir jamais dénoncé ni Brissot, ni Guadet, ni Gensonné, ni aucun ennemi de la liberté ! Il lui tendait sans cesse la palme de l'olivier et le gage d'une alliance contre les républicains sévères. La seule fois qu'il parla avec énergie, ce fut la Montagne qui l'y força ; et il ne parla que de lui-même. Lorsque Ducos lui reprocha de n'avoir pas rendu ses comptes, il menaça le côté droit de la foudre populaire comme d'un instrument dont il pouvait disposer, et termina son discours par des propositions de paix. Pendant le cours des orageux débats de la liberté et de la tyrannie, les patriotes de la Montagne s'indignaient de son absence ; ses amis et lui en cherchaient l'excuse dans sa paresse, dans son embonpoint, dans son tempérament. Il savait bien sortir de son engourdissement lorsqu'il s'agissait de défendre Dumouriez et les généraux, ses complices, de faire l'éloge de Beurnonville que les intrigues de Fabre avaient porté au ministère.

Lorsque quelque trahison nouvelle dans l'armée donnait aux patriotes le prétexte de provoquer quelques mesures rigoureuses contre les conspirateurs du dedans et contre les traîtres de la Convention, il avait soin de les faire oublier ou de les altérer, en tournant exclusivement l'attention de l'Assemblée vers des nouvelles levées d'hommes.

Il ne voulait pas la mort du tyran ; il voulait qu'on se contentât de le bannir, comme Dumouriez qui était venu à Paris avec Westermann, le messager de Dumouriez auprès de Gensonné, et tous les généraux ses complices, pour égorger les patriotes et sauver Louis XVI. La force de l'opinion publique détermina la sienne, et il vota contre son premier avis, ainsi que Lacroix, conspirateur décrié, avec lequel il ne put s'unir dans la Belgique que par le crime. Ce qui le prouve le plus, c'est le bizarre motif qu'il donna à cette union : ce motif était la conversion de Lacroix qu'il prétendait avoir déterminé à voter la mort du tyran. Comment aurait-il fait les fonctions de missionnaire auprès d'un pécheur aussi endurci, pour l'attirer à une doctrine qu'il réprouvait lui-même ?

Il a vu avec douleur la révolution du 31 mai; il a cherché à la faire avorter ou à la tourner contre la liberté en demandant la tête du général Henriot, sous prétexte qu'il avait gêné la liberté des membres de la Convention par une consigne, nécessaire pour parvenir au but de l'insurrection, qui était l'arrestation des conspirateurs.

Ensuite, pendant l'indigne procession qui eut lieu dans les Tuileries, Hérault, Lacroix et lui voulurent faire arrêter Henriot, et lui firent ensuite un crime du mouvement qu'il fit pour se soustraire à un acte d'oppression qui devait assurer le triomphe de la tyrannie. C'est ainsi que Danton déploya toute sa perfidie. N'ayant pu consommer son crime, il regarda Henriot en riant et lui dit : « N'aie pas peur ; va toujours ton train ! » Voulant lui faire entendre qu'il avait eu l'air de le blâmer par bienséance et par politique, mais qu'au fond il était de son avis. Un moment après, il aborda le général à la buvette, et lui présenta un verre d'un air caressant, en lui disant. « Trinquons et point de rancune ! » Cependant le lendemain, irrité sans doute du dénoûment heureux de l'insurrection, il osa le calomnier de la manière la plus atroce à la tribune, et dit entre autres choses qu'on avait voulu l'assassiner, lui et quelques-uns de ses collègues. Hérault et Lacroix ne cessèrent de propager la même calomnie contre le général que l'on voulait immoler.

J'ai entendu Lacroix et Danton dire : « Il faut que Brissot

passe une heure sur les planches à cause de son faux passe-
port... »

Danton fit tous ses efforts pour sauver Brissot et ses complices. Il s'opposa à leur punition ; il voulait qu'on envoyât
des otages à Bordeaux. Il envoya un ambassadeur à Wimpfen dans le Calvados.

Danton et Lacroix voulaient dissoudre la Convention nationale et établir la Constitution du 24 juin 1793.

Danton m'a dit un jour : « Il est fâcheux qu'on ne puisse
pas proposer de céder nos colonies aux Américains : ce serait un moyen de faire alliance avec eux. » Danton et Lacroix ont depuis fait passer un décret dont le résultat vrai-
semblable était la perte de nos colonies.

Leurs vues furent de tout temps semblables à celles des
Brissotins. Le 8 mars, on voulait exciter une fausse insurrection, pour donner à Dumouriez le prétexte qu'il cherchait de marcher sur Paris, non avec le rôle défavorable
de rebelle et de royaliste, mais avec l'air d'un vengeur de
la Convention. Desfieux en donna le signal aux Jacobins :
un attroupement se porta au club des Cordeliers, de là à la
Commune. Fabre s'agitait beaucoup dans le même temps,
pour exciter ce mouvement, dont les Brissotins tirèrent un
si grand avantage. On m'a assuré que Danton avait été chez
Pache, qu'il avait proposé d'insurger, en disant que, s'il
fallait de l'argent, il mettrait la main dans la caisse de la
Belgique.

Danton voulait une amnistie pour tous les coupables; il
s'en est expliqué ouvertement, il voulait donc la contre-
révolution. Il voulait la dissolution de la Convention, ensuite la destruction du gouvernement : il voulait donc la
contre-révolution.

BULLETIN DU TRIBUNAL RÉVOLUTIONNAIRE.

Audience du 13 germinal, an II de la République française.

AFFAIRE CHABOT ET COMPLICES.

Interrogé sur son nom, surnom, âge, qualité et demeure Danton a répondu se nommer *Georges-Jacques Danton,* *âgé de 34 ans, natif d'Arcis-sur-Aube, avocat, député à la Convention, domicilié à Paris, rue des Cordeliers.* A la demande de son domicile, Danton a d'abord répondu : *bientôt le néant, et mon nom au Panthéon.*

Le Président. — Accusés, soyez attentifs à ce que vous allez entendre.

Le greffier lit le rapport d'Amar, rapport qui n'est que la répétition de celui qu'avait lu le 31 mars, devant la Convention, Saint-Just au nom du comité du salut public.

(Numéro 16 du *Bulletin du tribunal.*)

Le numéro 20 et une partie du 21e renferment les interrogatoires des coaccusés de Danton — puis commence celui de ce dernier inculpé.

Demande. — Danton, la Convention nationale vous accuse d'avoir favorisé Dumouriez, de ne l'avoir pas fait connaître tel qu'il était, d'avoir partagé ses projets liberticides, tels que de faire marcher une armée sur Paris, pour détruire le gouvernement républicain et rétablir la royauté.

Réponse. — Ma voix qui, tant de fois, s'est fait entendre pour la cause du peuple, pour appuyer et défendre ses intérêts, n'aura pas de peine à repousser la calomnie.

Les lâches qui me calomnient oseraient-ils m'attaquer en face, qu'ils se montrent et je les couvrirai eux-mêmes de l'ignominie, de l'opprobre qui les caractérise? Je l'ai dit et je le répète : *mon domicile est bientôt, dans le néant, et mon nom au Panthéon!*... Ma tête est là, elle répond de tout!... La vie m'est à charge, il me tarde d'en être délivré!...

Le Président à l'accusé. — Danton, l'audace est le propre du crime, et la modération est celui de l'innocence. Sans doute la défense est de droit légitime, mais c'est une défense qui sait se renfermer dans les bornes de la décence et de la modération, qui sait tout respecter, même jusqu'à ses accusateurs. Vous êtes traduit ici par la première des autorités; vous devez toute obéissance à ses décrets, et ne vous occuper que de vous justifier des différents chefs d'accusation dirigés contre vous; je vous invite à vous en acquitter avec précision, et surtout à vous circonscrire dans les faits.

Réponse. — L'audace individuelle est sans doute réprimable et jamais elle ne put m'être reprochée; mais l'audace nationale dont j'ai tant de fois donné l'exemple, dont j'ai servi la chose publique; ce genre d'audace est permis, et il est même nécessaire en révolution, et c'est de cette audace que je m'honore. Lorsque je me vois si grièvement, si injustement inculpé, suis-je le maître de commander au sentiment d'indignation qui me soulève contre mes détracteurs. Est-ce d'un révolutionnaire comme moi, aussi fortement prononcé qu'il faut attendre une réponse froide? Les hommes de ma trempe sont impayables, c'est sur leurs fronts qu'est imprimé en caractères ineffaçables le sceau de la liberté, le génie républicain; et c'est moi que l'on accuse d'avoir rampé aux pieds de vils despotes, d'avoir toujours été contraire au parti de la liberté, d'avoir conspiré avec Mirabeau et Dumouriez! Et c'est moi que l'on somme de répondre à la justice inévitable, inflexible!... Et toi, Saint-Just, tu répondras à la postérité de la diffamation lancée contre le meilleur ami du peuple, contre son plus ardent défenseur!... En parcourant cette liste d'horreurs, je sens toute mon existence frémir.

Danton allait continuer sur le même ton, lorsque le président lui observe de nouveau qu'il manque tout à la fois à la représention nationale, au tribunal et au peuple souverain, qui a le droit incontestable de lui demander compte de ses actions :

Marat fut accusé comme vous. Il sentit la nécessité de se justifier, remplit ce devoir en bon citoyen, établit son innocence en termes respectueux, et n'en fut que plus aimé du peuple dont il n'avait cessé de stipuler les intérêts. Marat ne s'indigna pas contre ses calomniateurs ; à des faits, il n'opposa point des probabilités, des vraisemblances, il répondit catégoriquement à l'accusation portée contre lui, s'appliqua à en démontrer la fausseté et y parvint. Je ne puis vous proposer de meilleur modèle, il est de votre intérêt de vous y conformer.

Réponse. — Je vais donc descendre à ma justification, je vais suivre le plan de défense adopté par Saint-Just. Moi, vendu à Mirabeau, à d'Orléans, à Dumouriez! Moi, le partisan des royalistes et de la royauté. A-t-on donc oublié que j'ai été nommé administrateur, contradictoirement avec tous les contre-révolutionnaires qui m'exécraient? Des intelligences de ma part avec Mirabeau ! Mais tout le monde sait que j'ai combattu Mirabeau, que j'ai contrarié tous ses projets, toutes les fois que je les ai crus funestes à la liberté. Me taisais-je sur le compte de Mirabeau lorsque je défendais Marat attaqué par cet homme altier? Ne faisais-je pas plus qu'on n'avait droit d'attendre d'un citoyen ordinaire? Ne me suis-je pas montré, lorsque l'on voulait soustraire le tyran, en le traînant à Saint-Cloud ?

(Numéro 21 du *Bulletin du tribunal.*)

Danton continue :

N'ai-je point fait afficher au district des Cordeliers la nécessité de s'insurger? J'ai toute la plénitude de ma tête lorsque je provoque mes accusateurs, lorsque je demande à me mesurer avec eux... Qu'on me les produise et je les replonge dans le néant dont ils n'auraient jamais dû sortir!... Vils imposteurs, paraissez, et je vais vous arracher le masque qui vous dérobe à la vindicte publique !

LE PRÉSIDENT. — Danton, ce n'est point par des sorties indécentes contre vos accusateurs que vous parviendrez à convaincre le jury de votre innocence. Parlez-lui un langage qu'il puisse entendre; mais n'oubliez pas que ceux qui vous accusent jouissent de l'estime publique, et n'ont rien fait qui puisse leur enlever ce témoignage sérieux.

RÉPONSE. — Un accusé comme moi, qui connaît les hommes et les choses, répond devant le jury, mais ne lui parle pas; je me défends et je ne calomnie pas.

Jamais l'ambition ni la cupidité n'eurent de puissance sur moi; jamais ces passions ne me firent compromettre la chose publique : tout entier à ma patrie, je lui ai fait le généreux sacrifice de mon existence.

C'est dans cet esprit que j'ai combattu l'infâme Pastoret, Lafayette, Bailly et tous les conspirateurs qui voulaient s'introduire dans les postes les plus importants, pour mieux et plus facilement assassiner la liberté. Il faut que je parle de trois coquins qui ont perdu Robespierre. J'ai des choses essentielles à révéler; je demande à être entendu paisiblement. Le salut de la patrie en fait une loi.

LE PRÉSIDENT. — Le devoir d'un accusé, son intérêt personnel veulent qu'il s'explique d'une manière claire et précise sur les faits à lui imputés ; qu'il établisse lumineusement sa justification sur chaque reproche à lui fait, et ce n'est que lorsqu'il a porté la conviction dans l'âme de ses juges, qu'il devient digne de quelque foi, et peut se permettre des dénonciations contre des hommes investis de la confiance publique ; je vous invite donc à vous renfermer dans votre défense et à n'y rien joindre d'étranger.

C'est la Convention tout entière qui vous accuse, je ne crois pas qu'il entre dans votre plan d'en faire suspecter quelques-uns ; car en admettant le bien fondé de ces soupçons envers quelques individus, l'accusation portée contre vous en nombre collectif n'en serait nullement affaiblie.

RÉPONSE. — Je reviens à ma défense. Il est de notoriété publique que j'ai été nommé à la Convention en très-petite minorité par les bons citoyens, et que j'étais odieux aux mauvais.

Lorsque Mirabeau voulut s'en aller à Marseille, je pressentis ses desseins perfides, je les dévoilai et le forçai de demeurer au fauteuil, et c'est ainsi qu'il était parvenu à me saisir, à m'ouvrir la bouche ou à me la fermer ! C'est une chose bien étrange que l'aveuglement de la Convention nationale, jusqu'à ce jour sur mon compte, c'est une chose vraiment miraculeuse que son illumination subite !

LE PRÉSIDENT. — L'ironie à laquelle vous avez recours ne détruit pas le reproche à vous fait de vous être couvert en public du masque du patriotisme, pour tromper vos collègues et favoriser secrètement la royauté. Rien de plus ordinaire que la plaisanterie, les jeux de mots aux accusés qui se sentent pressés, et accablés de leurs propres faits, sans pouvoir les détruire.

RÉPONSE. — Je me souviens effectivement d'avoir provoqué le rétablissement de la royauté, la résurrection de toute la puissance monarchique, d'avoir protégé la fuite du tyran, en m'opposant de toutes mes forces à son voyage de Saint-Cloud, et faisant hérisser de piques et de baïonnettes son passage, en enchaînant en quelque sorte ses coursiers fougueux; si c'est là se déclarer le partisan de la royauté, s'en montrer l'ami, si à ces traits on peut reconnaître l'homme favorisant la tyrannie, dans cette hypothèse j'avoue être coupable de ces crimes. J'ai dit à un patriote rigide, dans un repas, qu'il compromettait la bonne cause en s'écartant du chemin où marchaient Barnave et Lameth, qui abandonnaient le parti populaire.

Je·soutiens le fait de toute fausseté, et je défie à qui que ce soit de me le prouver. A l'égard de mes motions relatives au Champ-de-Mars, j'offre de prouver que la pétition à laquelle j'ai concouru, ne contenait que des intentions pures, que, comme l'un des auteurs de cette pétition, je devais être assassiné comme les autres, et que des meurtriers furent envoyés chez moi pour m'immoler à la rage des contre-révolutionnaires. Étais-je donc un objet de reconnaissance pour la tyrannie, lorsque les agents de mes cruels persécuteurs, n'ayant pu m'assassiner dans ma demeure d'Arcis-sur-Aube, cherchaient à me porter le coup le plus sensible pour un homme d'honneur, en obtenant contre moi un décret de prise de corps, et essayant de le mettre à exécution dans le corps électoral.

Le Président. — Ne vous êtes-vous pas émigré au 17 juillet 89? N'êtes-vous pas passé en Angleterre?

Réponse. — Mes beaux-frères allaient en ce pays pour affaire de commerce, et je profitai de l'occasion; peut-on m'en faire un crime?

Le despotisme était encore dans toute sa prépondérance; et alors, il n'était encore permis que de soupirer en secret pour le règne de la liberté. Je m'exilai donc, je me bannis, et je jurai de ne rentrer en France que quand la liberté y serait admise.

Le Président. — Marat, dont vous prétendez avoir été le

défenseur, le protecteur, ne se conduisait pas ainsi, lorsqu'il s'agissait de poser les fondements de la liberté; lorsqu'elle était à son berceau et environnée du plus grand danger, il n'hésitait pas à le partager.

Réponse. — Et moi, je soutiens que Marat est passé deux fois en Angleterre, et que Ducos et Fonfrède lui doivent leur salut.

Dans le temps où la puissance royale était encore la plus redoutable, je proposai la loi de Valérius Publicola, qui permettait de tuer un homme sur la responsabilité de sa tête. J'ai dénoncé Louvet; j'ai défendu les sociétés populaires au péril de ma vie, et même dans un moment où les patriotes étaient en très-petit nombre.

L'ex-ministre Lebrun étant au fauteuil, a été par moi démasqué; appelé contre lui, j'ai démontré sa culpabilité avec Brissot.

On m'accuse de m'être retiré à Arcis-sur-Aube, au moment où la journée du 10 août était prévue, où le combat des hommes libres devait s'engager avec les esclaves.

A cette inculpation je réponds avois déclaré à cette époque que le peuple français serait victorieux ou que je serais mort; je demande à produire pour témoin de ce fait le citoyen Payen; il me faut, ai-je ajouté, des lauriers ou la mort.

Où sont donc tous ces hommes qui ont eu besoin de presser Danton pour l'engager à se montrer dans cette journée? Où sont donc tous ces êtres privilégiés dont il a emprunté l'énergie?

Depuis deux jours le tribunal connaît Danton, demain il espère s'endormir dans le sein de la gloire, jamais il n'a demandé grâce, et on le verra voler à l'échafaud avec la sérénité ordinaire au calme de la conscience.

Pétion, sortant de la commune, vint aux Cordeliers, il nous dit que le tocsin devait sonner à minuit, et que le lendemain devait être le tombeau de la tyrannie; il nous dit que l'attaque des royalistes était concertée pour la nuit, mais qu'il avait arrangé les choses de manière que tout se ferait en plein jour et serait terminé à midi, et que la victoire était assurée pour les patriotes.

Quant à moi, dit Danton, je n'ai quitté ma section qu'après avoir recommandé de m'avertir, s'il arrivait quelque chose de nouveau.

Je suis resté pendant douze heures de suite à ma section, et y suis retourné le lendemain, à 9 heures. Voilà le repos honteux auquel je me livrai, suivant le rapporteur. A la municipalité, on m'a entendu demander la mort de Mandat. Mais suivons Saint-Just dans ses accusations. Fabre, parlementant avec la cour, était l'ami de Danton. Et, sans doute, on en donnera pour preuve le courage avec lequel Fabre essuya le feu de file qui se faisait sur le Français.

Un courtisan disait que les patriotes étaient perdus. Que fait Danton? Tout pour pouver son attachement à la Révolution.

On se demande quelle est l'utilité de l'arrivée de Danton à la Législature?

Et je réponds qu'elle est importante au salut public, et que plusieurs de mes actions le prouvent. J'ai droit d'opposer mes services lorsqu'ils sont contestés, lorsque je me demande ce que j'ai fait pour la Révolution.

Pendant mon ministère, il s'agit d'envoyer un ambassadeur à Londres pour resserrer l'alliance des deux peuples. Noël, journaliste contre-révolutionnaire, est proposé par Lebrun, et je ne m'y oppose pas. A ce reproche je réponds que je n'étais pas ministre des affaires étrangères. On m'a présenté les expéditions : je n'étais pas le despote du conseil. Roland protégeait Noël; l'ex-marquis Chauvelin disait que Noël était un trembleur, et qu'ils se balanceraient l'un l'autre avec Merger, jeune homme de dix-huit ans, qui était mon parent.

J'ai présenté à la Convention nationale Fabre comme un homme adroit. J'ai annoncé Fabre comme l'auteur du Philinte et réunissant des talents. J'ai dit qu'un prince du sang, comme d'Orléans, placé au milieu des représentants du peuple, leur donnerait plus d'importance aux yeux de l'Europe.

Le fait est faux : il n'a d'importance que celle qu'on a voulu lui donner. Je vais rétablir ce fait dans son intégrité. Robespierre disait : Demandez à Danton pourquoi il a fait nommer d'Orléans : il serait plaisant de le voir figurer dans la Convention comme suppléant.

Un juré observe que d'Orléans était désigné comme devant être nommé le vingt-quatrième suppléant, et qu'il le fut effectivement dans cet ordre de rang.

Danton poursuit : On m'a déposé cinquante millions, je l'avoue; j'offre d'en rendre un fidèle compte : c'était pour donner de l'impulsion à la Révolution.

Le témoin Cambon déclare avoir connaissance qu'il a été donné 400,000 liv. à Danton pour dépenses secrètes et autres, et qu'il a remis 130, 000 liv. en numéraire.

Reponse. — J'ai dépensé, à bureau ouvert, 200, 000 liv. Ces fonds ont été les leviers avec lesquels j'ai électrisé les départements. J'ai donné 6, 000 liv. à Billaud-Varennes, et m'en suis rapporté à lui.

J'ai laissé Fabre à la disponibilité de toutes les sommes dont un secrétaire peut avoir besoin pour déployer toute son âme ; et en cela je n'ai rien fait que de licite.

On m'accuse d'avoir donné des ordres pour sauver Duport à la faveur d'une émeute concertée à Melun, par mes émissaires, pour fouiller une voiture d'armes.

Je réponds que le fait est de toute fausseté, et que j'ai donné les ordres les plus précis pour arrêter Dupont, et j'invoque, à cet égard, Panis et Duplain.

Ce fait pourrait regarder Marat plutôt que moi, puisqu'il a produit une pièce ayant pour objet de sauver Duport, qui a voulu m'assassiner avec Lameth : le jugement criminel des relaxations existe; mais je n'ai pas voulu suivre cette affaire, parce que je n'avais pas la preuve acquise de l'assassinat prémédité contre moi.

Marat avait une acrimonie de caractère qui, quelquefois, le rendait sourd à mes observations, il ne voulut pas m'écouter sur l'opinion que je lui donnais de ces deux individus : Duport et Lameth.

On m'accuse encore d'être d'intelligence avec Guadet, Brissot, Barbaroux et toute la faction proscrite. Je réponds que le fait est bien contradictoire avec l'animosité que me témoignaient ces individus; car Barbaroux demandait la tête de Danton, de Robespierre et de Marat.

Sur les faits relatifs à mes prétendues intelligences avec Dumouriez, je réponds ne l'avoir vu qu'une seule fois, au sujet d'un particulier avec lequel il était brouillé, et de 17, 000, 000 dont je lui demandais compte.

Il est vrai que Dumouriez essaya de me ranger de son parti, qu'il chercha à flatter mon ambition en me proposant le ministère, mais je lui déclarais ne vouloir occuper de pareilles places, qu'au bruit du canon.

On me reproche encore d'avoir eu des entretiens particuliers avec Dumouriez, de lui avoir juré une amitié éternelle, et ce, au moment de ses trahisons. A ces faits ma réponse est facile. Dumouriez avait la vanité de se faire passer pour général; lors de sa victoire remportée à Sainte Menehould, je n'étais pas d'avis qu'il repassât la Marne, et c'est à ce sujet que je lui envoyais Fabre en ambassade, avec recommandation expresse de caresser l'amour-propre de cet orgueilleux. Je dis donc à Fabre de persuader à Dumouriez qu'il serait généralissime, et à Kellermann qu'il serait nommé maréchal de France.

On me parle aussi de Westermann, mais je n'ai rien eu de commun avec lui; je sais qu'à la journée du 10 août, Westermann sortit des Tuileries, tout couvert du sang des royalistes, et moi je disais qu'avec 17, 000 hommes, disposés comme j'en aurais donné le plan, on aurait pu sauver la patrie.

(Numéro 22 du *Bulletin du tribunal révolutionnaire.*)

Danton. — Les jurés doivent se souvenir de cette séance des Jacobins, où Westermann fut embrassé si chaudement par les patriotes.

Un juré. — Pourriez-vous dire la raison pour laquelle Dumouriez ne poursuivit par les Prussiens, lors de leur retraite.

Réponse. — Je ne me mêlais de la guerre que sous des rapports politiques; les opérations militaires m'étaient totalement étrangères. Au surplus, j'avais chargé Billaud-Varennes de surveiller Dumouriez; c'est lui qu'il faut interroger sur cette matière. Il doit un compte particulier des observations dont il était chargé.

Le juré. — Comment se fait-il que Billaud-Varennes n'ait pas pénétré les projets de Dumouriez, qu'il n'ait pas pressenti ses trahisons et ne les ait pas dévoilées?

Réponse. — Lorsque l'événement a prononcé, il est bien facile de juger; il n'en est pas de même tant que le voile de l'avenir existe; mais d'ailleurs, Billaud-Varennes a fait à la Convention son rapport sur Dumouriez et ses agents.

Billaud m'a paru fort embarrassé sur le compte de ce Dumouriez. Il n'avait pas une opinion bien déterminée sur ce fourbe adroit qui avait l'assentiment de tous les représentants : « Dumouriez, me disait Billaud, nous sert-il fidèlement, ou est-ce un traître? Je n'ose le décider. »

Quant à moi, dit Danton, cet homme m'était suspect à certains égards; aussi me suis-je fait un devoir de le dénoncer.

Danton parlait depuis longtemps avec cette véhémence, cette énergie qu'il a tant de fois employée dans les assemblées. En parcourant la série des accusations qui lui étaient personnelles, il avait peine à se défendre de certains mouvements de fureur qui l'animaient ; sa voix altérée indiquait assez qu'il avait besoin de repos. Cette position pénible fut sentie de tous les juges, qui l'invitèrent à suspendre ses moyens de justification, pour les reprendre avec plus de calme et de tranquillité.

Danton se rendit à l'invitation et se tut. (Numéro 23 du *Bulletin du tribunal révolutionnaire.)*

Suit l'interrogatoire de quelques-uns des autres accusés ; ceux-ci se récriant, l'accusateur public leur dit ;

Il est temps de faire cesser cette lutte tout à la fois scandaleuse et pour le tribunal, et pour tous ceux qui vous entendent ; je vais écrire à la Convention pour connaître son vœu, il sera bien exactement suivi.

(Numero 24 du *Bulletin du tribunal.)*

Dans la séance de la Convention du 15 germinal, Saint-Just, au nom du comité de salut public et de sûreté générale, monte à la tribune et dit :

L'accusateur public du tribunal révolutionnaire a mandé que la révolte des coupables avait fait suspendre les débats de la justice jusqu'à ce que la Convention ait pris des mesures. Vous avez échappé au danger le plus grand qui jamais ait menacé la liberté ; maintenant tous les complices sont découverts, et la révolte des criminels aux pieds de la justice même, intimidés par la loi, explique le secret de leur conscience ; leur désespoir, leur fureur annonce que la bonhomie qu'ils faisaient paraître, est le piége le plus hypocrite qui ait été tendu à la Révolution.

Quel innocent s'est jamais révolté devant la loi ? Il ne faut pas d'autres preuves de leurs attentats que leur audace. Quoi ! ceux que nous avons accusés d'être les complices de Dumouriez et d'Orléans, ceux qui n'ont fait une révolution qu'en faveur d'une dynastie nouvelle ; ceux-là qui ont conspiré pour le malheur et l'esclavage du peuple, mettent le comble à leur infamie !

S'il est ici des hommes véritablement amis de la liberté, si l'énergie qui convient à des hommes qui ont entrepris d'affranchir leur pays, est dans leur cœur, vous verrez qu'il n'y a plus de conspirateurs cachés à punir, mais des conspirateurs à front découvert, qui comptant sur l'aristo-cratie avec laquelle ils ont marché depuis plusieurs années, appellent sur le peuple la vengeance du crime.

Non, la liberté ne reculera pas devant ses ennemis : leur coalition est découverte. Dillon, qui ordonne à son armée de marcher sur Paris, a déclaré que la femme de Des-moulins avait touché de l'argent pour exciter un mouve-ment, pour assassiner les patriotes et le tribunal révolution-naire. Nous vous remercions de nous avoir placés au poste de l'honneur ; comme vous, nous couvrirons la patrie de nos corps.

Mourir n'est rien pourvu que la Révolution triomphe ; voilà le jour de gloire, voilà le jour où le Sénat romain lutta contre Catilina, voilà le jour de consolider pour jamais la liberté publique. Vos comités vous répondent d'une sur-veillance héroïque. Qui peut vous refuser sa vénération dans ce moment terrible, où vous combattez pour la der-nière fois contre la faction qui fut indulgente pour vos ennemis, et qui aujourd'hui retrouve sa fureur pour com-battre la liberté ?

Vos comités estiment peu la vie, ils font cas de l'honneur. Peuple, tu triompheras, mais puisse cette expérience te faire aimer la Révolution par les périls auxquels elle expose tes amis.

Il était sans exemple que la justice eût été insultée ; et si elle le fut, ce n'a jamais été que par des émigrés insensés, prophétisant la tyrannie. Eh bien, les nouveaux conspirateurs ont récusé la conscience publique. Que faut-il de plus pour achever de nous convaincre de leurs attentats? Les malheureux, ils avouent leurs crimes en résistant aux lois. Il n'y a que les criminels que l'équité terrible épouvante. Combien étaient-ils dangereux tous ceux qui sous des formes simples cachaient leurs complots et leur audace. En ce moment on conspire dans les prisons en leur faveur ; en ce moment l'aristocratie se remue : la lettre qu'on va vous lire vous démontrera vos dangers.

Est-ce par privilége que les accusés se montrent insolents? Qu'on rappelle donc le tyran, Custine et Brissot du tombeau, car ils n'ont point joui du privilége épouvantable d'insulter leurs juges. Dans le péril de la patrie, dans le degré de majesté où vous a placés le peuple, marquez la distance qui vous sépare des coupables. C'est dans ces vues que le comité vous propose le décret suivant :

« La Convention nationale, après avoir entendu le rapport de ses comités de salut public et de sûreté générale, décrète que le tribunal révolutionnaire continuera l'instruction relative à la conjuration de Lacroix, Danton et autres, que le président emploiera tous les moyens que la loi lui donne pour faire respecter son autorité et celle du tribunal révolutionnaire, et pour réprimer toute tentative de la part des accusés pour troubler la tranquillité publique, et entraver la marche de la justice :

« Décrète que tout prévenu de conspiration, qui résistera ou insultera la justice nationale, sera mis hors des débats sur-le-champ.

Billaud-Varennes. — Avant de rendre ce décret, je de-

mande que la Convention entende la lecture de la lettre que
les comités ont reçue de l'administration de la police; on
verra quel péril menace la liberté, et quelle intimité règne
entre les conspirateurs traduits au tribunal et ceux des prisons; cette lecture contient le récit de leurs attentats.

Un secrétaire fait lecture de cette lettre, elle est ainsi
conçue :

Commune de Paris, cejourd'hui 13 germinal.

Nous, administrateurs du département de police, sur une
lettre à nous écrite par le concierge de la maison d'arrêt du
Luxembourg, nous nous sommes à l'instant transportés en
ladite maison d'arrêt, et avons fait comparaitre devant nous
le citoyen Laflotte, ci-devant ministre de la République à
Florence, détenu en ladite maison depuis environ six jours,
lequel nous a déclaré qu'hier, entre 6 et 7 heures du soir,
étant dans la chambre du citoyen Arthur Dillon, que lui
déclarant a dit ne connaître que depuis sa détention, ledit
Dillon, après l'avoir tiré à part, lui avait demandé s'il avait
eu connaissance de ce qui avait eu lieu cejourd'hui au tribunal révolutionnaire; que sur une réponse négative de la
part dudit Laflotte, ledit Dillon lui avait dit que les accusés
Danton, Lacroix, Hérault, avaient déclaré ne vouloir parler qu'en présence des membres de la Convention, Robespierre, Barrère, Saint-Just et autres, que le peuple avait
applaudi; que le jury embarrassé avait écrit une lettre à la
Convention qui était passée à l'ordre du jour; qu'à la lecture dudit décret, le peuple avait donné de fortes marques
d'improbation, qui s'étaient répandues jusque sur le pont
(bruit que ledit Dillon avait eu soin de répandre dans la
prison); que sa crainte était que les comités de salut public
et de sûreté générale ne fissent égorger les prisonniers
détenus à la Conciergerie, et que le même sort ne fût ré-

servé aux détenus des autres maisons d'arrêt; qu'il fallait résister à l'oppression ; que les hommes de tête et de cœur devaient se réunir; que ledit Dillon dit encore qu'il voulait la République libre.

Dillon ajouta qu'il avait un projet concerté avec Simon, député de la Convention, et qui était détenu dans ladite maison d'arrêt, homme de tête froide et de cœur chaud, qu'il voulait le communiquer à lui déclarant; que lui déclarant, sentant l'importance dont il pourrait être de découvrir le projet pour la chose publique, prit le parti de dissimuler et d'entrer dans ses vues; que ledit Dillon lui dit qu'il viendrait le trouver chez lui, qu'il amènerait Simon, qu'il ferait en sorte aussi d'amener Thouret, député détenu; il donna alors à un porte-clefs, que lui déclarant croit se nommer Lambert, une lettre; sur l'observation du porte-clefs, le dit Dillon coupa la signature, qu'il lui dit alors que ladite lettre était pour la femme de Desmoulins; qu'elle mettait à sa disposition mille écus, à l'effet de pouvoir envoyer du monde autour du tribunal révolutionnaire; après quoi, il sortit de la chambre; que lui déclarant se rendit dans la sienne et que, réfléchissant sur l'importance dont pouvait être la découverte de leur projet, il se décida à avoir l'air de partager leurs idées pour mieux connaitre leur plan.

Vers huit heures et demie arrivèrent, en effet, Dillon et Simon, après lui avoir tous les deux confirmé les nouvelles que Dillon lui avait précédemment dites, ils cherchèrent à émouvoir en lui toutes les passions qui pouvaient le porter à adopter leurs projets, tantôt en éveillant les mécontentements qu'ils lui supposaient de sa détention; tantôt en lui faisant voir la gloire à laquelle il pouvait participer, en travaillant à rétablir la liberté qu'ils disaient perdue, tantôt enfin en cherchant à exciter son ambition par l'espérance des places auxquelles il devait être porté. Enfin quand ils crurent s'être assurés de sa personne, quand ils s'imaginèrent l'avoir associé à leurs infâmes complots, ils lui détaillèrent et discutèrent devant lui les différents projets.

Ne cherchant qu'à gagner du temps et à connaître ses complices, lui déclarant accéda à tout; quand il se fut persuadé qu'ils étaient les seuls dépositaires de leur secret; quand ils lui eurent donné parole de ne point le révéler avant d'avoir appris les nouvelles du lendemain, il les congédia contents de s'être acquis une créature. Il était 9 heures du soir, les guichets étaient fermés; et il ne pouvait faire sa déposition sans donner l'alarme à la prison; il eut la présence d'esprit, pour ne point donner suspicion à Dillon, de rentrer encore dans sa chambre et de rester jusqu'à onze heures à une partie de whist. Il veilla toute la nuit et à la pointe du jour il descendit au guichet, dont il se fit ouvrir la porte, et accourut dire au citoyen Coubert, qui a la confiance du concierge, ce qui s'était passé la veille, afin qu'il en fît son rapport au concierge pour s'assurer des conspirateurs.

Quant au projet discuté par Simon et Dillon dans sa chambre, il se réserve, sous le bon plaisir des comités de salut public et de sûreté générale, d'aller lui-même en faire le rapport, croyant que la prudence l'exige ainsi.

Lecture faite au citoyen Laflotte, il a dit que la présente déclaration contient vérité et a signé avec nous; ajoutant encore le déclarant que, sur l'escalier du sieur Benoît, concierge, ayant rencontré le citoyen Laminière, aussi détenu, celui-ci lui avait dit que le citoyen Arthur Dillon était descendu dans les autres chambres, vers les 8 heures; qu'il lui avait aussi fait part de ces nouvelles et de ses craintes, que ledit Laminière avait traitées de chimères, et que ledit déclarant lui avait dit qu'il allait voir à en conférer avec lesdits citoyens Simon, Thouret, et lui déclarant a signé.

ALEXANDRE LAFLOTTE.

17.

Sur quoi nous, administrateurs de police, disons qu'il sera à l'instant référé aux comités de sûreté générale et de salut public, pour par eux être ordonné ce qu'il appartiendra.

WITCHENILE, administrateur de police.

Le décret présenté par Saint-Just est adopté à l'unanimité.

ROBESPIERRE. — Je demande que cette lettre et le rapport de Saint-Just soient envoyés au tribunal révolutionnaire, et qu'il lui soit enjoint de les lire à l'audience.

Ces propositions sont adoptées.

(*Moniteur* du 5 avril 94.)

Pendant que le rapport de Saint-Just et la dénonciation de Laflotte se lisaient à la Convention, l'interrogatoire se poursuivait au tribunal révolutionnaire.

L'ACCUSATEUR PUBLIC. — Danton, vous êtes accusé d'avoir blâmé Henriot dans la journée du 31 mai ; de l'avoir accusé de vouloir vous assassiner et d'avoir demandé la tête de ce patriote qui servait si bien la liberté ; et en cela vous étiez d'accord avec Hérault et Lacroix ; vous lui faisiez un crime du mouvement qu'il avait fait pour échapper à un acte d'oppression de votre part ; comme vous présagiez la perte de Paris.

DANTON. — C'est une monstrueuse calomnie dirigée contre moi ; je ne fus point l'ennemi de la révolution du 31 mai, ni de pensées, ni d'actions, et je combattis fortement les opinions d'Isnard ; je m'élevai fortement contre les présages ; je dis : y a-t-il cinquante membres comme nous, cela suffirait pour exterminer les conspirateurs.

(N° 24 du *Bulletin du tribunal.*)

L'ACCUSATEUR PUBLIC. — N'ayant pu consommer votre projet, vous dissimulâtes votre fureur, vous regardâtes Henriot, et lui dîtes d'un ton hypocrite : N'aie pas peur, va toujours ton train.

DANTON. — Bien longtemps avant l'insurrection, elle avait été prévue par moi, et ne nous sommes présentés devant la force armée que pour constater que la Convention n'était pas esclave. Je somme de nouveau les témoins qui pourraient m'accuser, comme j'invoque l'audition de ceux propres à m'absoudre... Je n'ai point demandé l'arrestation d'Henriot, et je fus un de ses plus fermes appuis.

(N° 25 du *Bulletin du tribunal.*)

A l'ouverture de la troisième séance, Danton et Lacroix ont renouvelé leurs indécences, et ont demandé, en termes peu respectueux, l'audition de leurs témoins : on voyait que leur but était de soulever l'auditoire, et d'exciter quelque mouvement propre à les sauver.

L'accusateur public, pour arrêter les suites de ces sorties scandaleuses, a invité le greffier à faire lecture du décret tout récemment rendu par l'Assemblée nationale, qui mettait hors des débats tout accusé qui ne saurait pas respecter le tribunal; il a déclaré bien formellement aux accusés Lacroix et Danton, qu'il avait une foule de témoins à produire contre eux, et qui tous tendaient à les confondre ; mais qu'en se conformant aux ordres de la Convention, il s'abstiendrait de faire entendre tous ces témoins, et qu'eux accusés ne devaient point compter de faire entendre les leurs; qu'ils ne seraient jugés que sur des preuves écrites, et n'avaient à se défendre que contre ce genre de preuves.

Il a également rendu compte des tentatives faites par Dillon, dans les prisons, pour soulever les détenus contre toutes les autorités constituées, et de sommes répandues dans le public pour sauver les accusés. Les débats ont ensuite été repris.

Après plusieurs interrogatoires adressés aux frères Frey, Danton et Lacroix demandaient à continuer leur défense, lorsque l'accusateur public, conformément au décret qui veut que le jury soit interrogé, s'il est suffisamment éclairé, quand une affaire a duré plus de trois jours, a invité les jurés à faire leur déclaration à cet égard.

Ils ont demandé à se retirer dans leurs chambres pour délibérer.

Alors les accusés et principalement Lacroix et Danton ont crié à l'injustice et à la tyrannie : nous allons être jugés sans être entendus, ont-ils dit. Point de délibération, ont-ils ajouté, nous avons assez vécu pour nous endormir dans le sein de la gloire; que l'on nous conduise à l'échafaud.

Ces sorties indécentes ont déterminé le tribunal à faire retirer les accusés; le jury de retour s'est déclaré suffisamment instruit, les questions ont été posées, et, d'après la question unanime du jury, il est intervenu le jugement suivant :

» D'après la déclaration du jury portant :

» Qu'il a existé une conspiration tendante à rétablir la monarchie, à détruire la représentation nationale et le gouvernement républicain;

» Que Danton est convaincu d'avoir trempé dans cette conspiration.

» Le tribunal, faisant droit sur le réquistoire de l'accusateur public, condamne le dit Danton à la peine de mort, conformément à la loi du 23 ventose dernier ; déclare les biens dudit condamné acquis à la République conformément à l'article 2 du titre 2 de la loi du 10 mars 1793.

» Ordonne qu'à la diligence de l'accusateur public, le présent jugement sera mis à exécution dans les 24 heures, sur la place de la Révolution, à Paris, imprimé et affiché dans toute la République. » (Numéro 26 du *Bulletin du tribunal révolutionnaire*.)

FIN

APPENDICE

Nous rétablissons ici le *Rapport sur le manifeste des rois ligués contre la République*, qui a été omis dans les *OEuvres de Robespierre* par une erreur de mise en page.

RAPPORT SUR LE MANIFESTE DES ROIS LIGUÉS CONTRE LA RÉPUBLIQUE.

CONVENTION. — *Séance du 5 décembre 1793.*

(15 frimaire an II de la République française.)

Les rois coalisés contre la république nous font la guerre avec des armées, avec des intrigues et avec des libelles. Nous opposerons à leurs armées des armées plus braves; à leurs intrigues, la vigilance et la terreur de la justice nationale; à leurs libelles la vérité.

Toujours attentifs à renouer les fils de leurs trames secrètes, à mesure qu'ils sont rompus par la main du patriotisme; toujours habiles à tourner les armes de la liberté contre la liberté même, les émissaires des ennemis de la France travaillent aujourd'hui à renverser la République par le républicanisme, et à rallumer la guerre civile par le philosophisme. Avec le grand système de subversion et d'hypocrisie coïncide merveilleusement un plan perfide de diffamation contre la Convention nationale, et contre la nation elle-même.

Tandis que la perfidie ou l'imprudence, tantôt énervait l'énergie des mesures révolutionnaires commandées par le salut de la patrie, tantôt les laissait sans exécution, tantôt les exagérait avec malice, ou les expliquait à contre sens; tandis qu'au milieu de ces embarras, elles excitaient les agents des puissances étrangères, mettaient en œuvre tous les mobiles, détournaient notre attention des véritables dangers et des besoins pressants de la République, pour la tourner tout entière vers les idées religieuses; tandis qu'à une révolution politique, ils cherchaient à substituer une révo-

lution nouvelle, pour donner le change à la raison publique
et à l'énergie du patriotisme; tandis que les mêmes hommes
attaquaient ouvertement tous les cultes et encourageaient
secrètement le fanatisme, tandis que sans aucun intérêts
ils faisaient retentir la France entière de leurs déclamations
insensées, et osaient abuser du nom de la Convention nationale pour justifier les extravagances réfléchies de l'aristocratie déguisée sous le manteau de la folie, les ennemis
de la France marchandaient de nouveaux ports; vos généraux rassuraient le fédéralisme épouvanté; vos agents in-
triguaient chez tous les peuples étrangers pour multiplier
vos ennemis, armaient contre vous les préjugés de toutes
les nations; ils opposaient l'empire des opinions religieuses
à l'ascendant naturel de vos principes moraux et politiques,
et les manifestes de tous les gouvernements vous dénonçaient
à l'univers comme un peuple de fous et d'athées.

C'est à la Convention nationale d'intervenir entre le fanatisme qu'on réveille et le patriotisme qu'on veut égarer,
et de rallier tous les citoyens aux principes de la liberté, de
la raison et de la justice; car les législateurs qui aiment la
patrie, et qui ont le courage de la sauver, ne doivent plus
ressembler à des roseaux sans cesse agités par le souffle des
factions étrangères. Il est du devoir du comité de salut public de vous les dévoiler, et de vous proposer les mesures
nécessaires pour les étouffer : il le remplira sans doute. En
attendant, il m'a chargé de vous présenter un objet d'a-
dresse dont le but est de confondre les lâches impostures
des tyrans ligués contre la République, et de dévoiler aux
yeux de l'univers leur hideuse hypocrisie.

Dans ce combat de la tyrannie contre la liberté, nous
avons tant d'avantage, qu'il y aurait de la folie de notre
part à l'éviter, et puisque les oppresseurs du genre humain
ont la témérité de vouloir plaider leur cause devant lui,
hâtons-nous de les suivre à ce tribunal redoutable, pour
hâter l'inévitable arrêt qui les attend.

Réponse de la Convention nationale aux manifestes des rois ligués contre la République.

La Convention nationale répondra-t-elle aux manifestes des tyrans ligués contre la République française? Il est naturel de les mépriser, mais il est utile de les confondre, il est juste de les punir.

Un manifeste du despotisme contre la liberté! Quel bizarre phénomène! Comment ont-ils osé prendre des hommes pour arbitres entre eux et nous? Comment n'ont-ils pas craint que le sujet de la querelle ne réveillât le souvenir de leurs crimes, et ne hâtât leur ruine?

De quoi nous accusent-ils? De leurs propres forfaits.

Ils nous accusent de rébellion. Esclaves révoltés contre la souveraineté des peuples, ignorez-vous que ce blasphème ne peut-être justifié que par la victoire. Mais voyez donc l'échafaud du dernier de nos tyrans, voyez le peuple français armé pour punir ses pareils; voilà notre réponse.

Les rois accusent le peuple français d'immoralité! Peuples, prêtez une oreille attentive aux leçons de ces respectables précepteurs du genre humain. La morale des rois, juste ciel! et la vertu des courtisans! Peuples, célébrez la bonne foi de Tibère et la candeur de Louis XVI; admirez le bon sens de Claude et la sagesse de George; vantez la tempérance et la justice de Guillaume et de Léopold; exaltez la chasteté de Messaline, la fidélité conjugale de Catherine et la modestie d'Antoinette; louez l'invincible horreur de tous les despotes passés, présents et futurs, pour les usurpations et pour la tyrannie, leurs tendres égards pour l'innocence opprimée, leur respect religieux pour les droits de l'humanité.

Ils nous accusent d'irréligion, ils publient que nous avons

déclaré la guerre à la divinité même. Qu'elle est édifiante la piété des tyrans! et combien doivent être agréables au Ciel les vertus qui brillent dans les cours, et les bienfaits qu'ils répandent sur la terre! De quel Dieu nous parlent-ils? En connaissent-ils d'autres que l'orgueil, que la débauche et tous les vices? Ils se disent les images de la Divinité! est-ce pour forcer l'univers à déserter ses autels! ils prétendent que leur autorité est son ouvrage. Non, Dieu créa les tigres, mais les rois sont les chef-d'œuvre de la corruption humaine. S'ils invoquent le ciel, c'est pour usurper la terre ; s'ils nous parlent de la Divinité, c'est pour se mettre à sa place. Ils lui renvoient les prières du pauvre et les gémissements du malheureux: ils sont eux-mêmes les dieux des riches, des oppresseurs et des assassins du peuple. Honorer la Divinité et punir les rois, c'est la même chose. Et quel peuple rendit jamais un culte plus pur que le nôtre à ce grand être, que celui sous les auspices duquel nous avons proclamé les principes immuables de toute société humaine? Les lois de la justice éternelle étaient appelées dédaigneusement les rêves des gens de biens; nous en avons fait d'importantes réalités. La morale était dans les livres des philosophes: nous l'avons mise dans le gouvernement des nations. L'arrêt de mort des tyrans dormait oublié dans les cœurs abattus des timides mortels: nous l'avons mis à exécution. Le monde appartenait à deux ou trois races de tyrans, comme les déserts de l'Afrique aux tigres et aux serpents; nous l'avons restitué au genre humain.

Peuples, si vous n'avez pas la force de reprendre votre part de ce commun héritage, s'il ne vous est pas donné de faire valoir les titres que nous vous avons rendus, gardez-vous du moins de violer nos droits, ou de calomnier notre courage. Les Français ne sont point atteints de la manie de rendre aucune nation heureuse et libre malgré elle. Tous les rois auraient pu végéter ou mourir sur leurs trônes ensanglantés s'ils avaient su respecter l'indépendance du peuple français. Nous ne voulons que vous éclairer sur leurs impudentes calomnies.

Vos maîtres vous disent que la nation française a proscrit toutes les religions; qu'elle a substitué le culte de quelques hommes à celui de la Divinité; ils nous peignent à vos yeux comme un peuple idolâtre ou insensé. Ils mentent. Le peuple français et ses représentants respectent la liberté de tous les cultes, et n'en proscrivent aucun. Ils honorent la vertu des martyrs de l'humanité sans engouement et sans idolâtrie; ils abhorrent l'intolérance et la persécution, de quelques prétextes qu'elles se couvrent; ils condamnent les extravagances de philosophisme, comme les crimes du fanatisme. Vos tyrans nous imputent quelques irrégularités, inséparables des mouvements orageux d'une grande révolution; ils nous imputent les effets de leur propre intrigues et les attentats de leurs émissaires. Tout ce que la Révolution française a produit de sage et de sublime est l'ouvrage du peuple français. Tout ce qui porte un caractère différent appartient à nos ennemis. Tous les hommes raisonnables et magnanimes sont du parti de la République. Tous les êtres perfides et corrompus sont de la faction de vos tyrans. Calomnie-t-on l'astre qui anime la nature pour des nuages légers qui glissent sur son disque éclatant? L'auguste liberté perd-elle ses charmes divins, par ce que les vils émissaires de la tyrannie cherchent à la profaner? Nos malheurs et les vôtres sont les crimes des ennemis communs de l'humanité. Est-ce pour vous une raison de nous haïr? Non ; c'est une raison de les punir !

Les lâches osent vous dénoncer les fondateurs de la république française. Les Tarquins modernes ont osé dire que le sénat de Rome était une assemblée de brigands. Les valets mêmes de Porsenna traitèrent Scévola d'insensé. Suivant les manifestes de Xerxès, Aristide a pillé le trésor de la

Grèce. Les mains pleines de rapines et teintes du sang des Romains, Octave, Antoine et Lépide ordonnent à tous les Romains de les croire seuls justes et seuls vertueux. Tibère et Séjan ne voient dans Brutus et Cassius que des hommes de sang et même des fripons.

Français, hommes de tous les pays, c'est vous qu'on outrage en insultant à la liberté dans la personne de vos représentants ou de vos défenseurs ; on a reproché à plusieurs membres de la Convention des faiblesses ; à d'autres des crimes. Eh ! qu'a de commun avec tout cela le peuple français ! Qu'a de commun avec ces faits particuliers la représentation nationale, si ce n'est la force qu'elle imprime aux faibles, et la peine qu'elle inflige aux coupables? Toutes les armées des tyrans de l'Europe, repoussées, malgré cinq années de trahisons, de conspirations et de discordes intestines ; l'échafaud des représentants infidèles élevé à côté de celui du dernier tyran des Français; les tables immortelles où la main des représentants du peuple a gravé au milieu des orages le pacte social des Français; tous les hommes égaux devant la loi; tons les grands coupables tremblant devant la justice: l'innocence, sans appui, charmée de trouver enfin un asile dans les tribunaux ; l'amour de la patrie triomphant, malgré tous les vices des esclaves, malgré toute la perfidie de nos ennemis; le peuple, énergique et sage, redoutable et juste, se ralliant à la voix de la sagesse, et apprenant à distinguer ses ennemis sous le masque même du patriotisme; le peuple français courant aux armes pour défendre le magnifique ouvrage de son courage et de sa raison : voilà l'expliation que nous présentons au monde, et pour nos propres erreurs, et pour les crimes de nos ennemis !

S'il le faut, nous pouvons encore lui présenter d'autres titres. Notre sang a aussi coulé pour la patrie. La Convention nationale peut montrer aux amis et aux ennemis

de la France d'honorables cicatrices et de glorieuses muti-
lations.

Ici, deux illustres adversaires de la tyrannie sont tombés
à ses yeux sous les coups parricides d'une faction criminelle [1] ; là un digne émule de leur vertu républicaine,
renfermé dans une ville assiégée, a osé former la résolution généreuse de se faire, avec quelques compagnons, un
passage au travers des phalanges ennemies ; noble victime
d'une odieuse trahison, il tombe entre les mains des
satellites de l'Autriche, et il expie, dans de longs tour-
ments, son dévouement sublime à la cause de la liberté [2] !
D'autres représentants pénètrent au travers des contrées
rebelles du Midi, échappent avec peine à la fureur des
traîtres, sauvent l'armée française livrée par des chefs perfides, et reportent la terreur et la fuite aux satellites des
tyrans de l'Autriche, de l'Espagne et du Piémont.

Dans cette ville exécrable, l'opprobe du nom français,
Bayle et Beauvais, rassasiés des outrages de la tyrannie,
sont morts pour la patrie et pour ses saintes lois. Devant
les murs de cette cité sacrilége, Gasparin, dirigeant la
foudre qui devait la punir. Gasparin emflammant la valeur
républicaine de nos guerriers, a péri victime de son
courage et de la scélératesse du plus lâche de tous ses ennemis [3].

Le Nord et le Midi, les Alpes et les Pyrénées, le Rhône
et l'Escaut, le Rhin et la Loire, la Moselle et la Sambre,
ont vu nos bataillons républicains se rallier à la voix des
représentants du peuple, sous les drapeaux de la liberté et
de la victoire : les uns ont péri, les autres ont triomphé.

---

1. Lepelletier et Marat.

2. Drouet, fait prisonnier par les Autrichiens vers la fin d'octobre.

3. Gasparin mourut à Orange le 11 novembre (21 brumaire 1793).
— Les uns disent que sa faible santé n'avait pu suffire au rude mé-
tier de représentant du peuple, d'autres qu'il mourut empoisonné.

La Convention tout entière a affronté la mort et bravé la fureur de tous les tyrans.

Illustres défenseurs de la cause des rois, princes, ministres, généraux, courtisans, citez-nous vos vertus civiques; racontez-nous les importants services que vous avez rendus à l'humanité : parlez-nous des forteresses conquises par la force de vos guinées ; vantez-nous le talent de vos émissaires, et la promptitude de vos soldats à fuir devant les défenseurs de la République; vantez-nous votre noble mépris pour le droit des gens et pour l'humanité ; nos prisonniers égorgés de sang-froid, nos femmes mutilées par vos janissaires, les enfants massacrés sur le sein de leurs mères, et la dent meurtrière des tigres autrichiens déchirant leurs membres sanglants ; vantez-nous vos exploits d'Amérique, de Gênes et de Toulon ; vantez-nous surtout votre suprême habileté dans l'art des empoisonnements et des assassinats: tyrans, voilà vos vertus !...

Illustre parlement de la Grande-Bretagne, citez-nous vos héros. Vous avez un parti de l'opposition.

Chez vous, le despotisme triomphe; la majorité est donc corrompue. Peuple insolent et vil, ta prétendue représentation est vénale, sous tes yeux et de ton aveu ; tu adoptes toi-même leurs maximes favorites : Que le talent de tes députés mêmes est un objet d'industrie comme la laine de tes moutons, et l'acier de tes fabriques; et tu oserais parler de morale et de liberté ! Quel est donc cet étrange privilége de déraisonner sans mesure et sans pudeur, que la patience stupide des peuples semble accorder aux tyrans ! Quoi ! ces petits hommes dont tout le principal mérite consiste à connaître le tarif des consciences britaniques ; qui s'efforcent de transplanter en France les vices et la corruption de leur pays ; qui font la guerre, non avec des armes, mais avec des crimes, osent accuser la Convention nationale de corruption, et insulter aux vertus du peuple français ! Peuple généreux, nous jurons, par toi-même, que tu seras vengé : avant

de nous faire la guerre, nous exterminerons tous nos ennemis, la maison d'Autriche périra plutôt que la France;
Londres sera libre avant que Paris redevienne esclave; les
destinées de la République et celles de la terre ont été pe-
sées dans les balances éternelles : les tyrans ont été trouvés
plus légers.

Français, oublions nos querelles et marchons aux tyrans;
domptez-les, vous, par vos armes, et nous par nos lois. Que
les traîtres tremblent, que le dernier des lâches émissaires
de nos ennemis disparaisse, que le patriotisme triomphe,
et que l'innocent se rassure. Français, combattez; votre
cause est sainte, vos courages sont invincibles; vos représentants savent mourir, ils peuvent faire plus : ils savent
vaincre!

FIN

INDEX

TABLE

—

APPENDICE

FIN DE LA TABLE

POISSY. - TYP. ET STÉR. DE A. BOURET.